中世軍忠状とその世界

漆原　徹著

吉川弘文館

目次

序――問題の所在と展望

南北朝初期は、中世のなかでもとりわけ激動の動乱期であり、当時の時代相として軍事社会であったという社会的特質は否定できない。南北朝の動乱期にその成立をみた室町幕府は、全国統治の中心的機能を守護に依存することから、幕府・守護体制とよばれる権力機構をその基本構造としていると評価されている。このような構造上で最重要課題であったのは、南朝勢力の圧服のための幕府・守護・国人三者間を最も有効に機能させる軍事体制の整備であった。

それにもかかわらず、その基本構造の解明の核となるべき軍事関係文書についての研究は、相田二郎・中村直勝両氏以来の型式的な様式分類を中心としており、個別のすぐれた研究を例外として、いまだ充分に文書の機能が明らかにされていないと思われる。つまり、この時代の軍事関係文書の機能論的研究は、現在の歴史研究の水準からみると、必ずしもその要求に合致しなくなっているように見受けられる。南北朝期の政治史的、制度史的研究は近年著しい進捗を見せているものの、社会経済史の分野に比較して立ち遅れていることは戦前の影響がなお影を落としているのかもしれないが、重要ないくつかの文書の機能が厳密に検討されていないことにも一因が伏在しているのではないだろうか。

本書は、年来著者が、このような問題関心から研究してきた南北朝初期の文書機能的な研究と、政治史的、制度史的な分野に関する論考をまとめたものである。第一部は、軍忠状・着到状・感状・挙状などの軍事関係文書が当該期にどのように機能していたのかを考察する作業を通じて、その定義や機能の再検討を行った論考を集めた。これらの論考は南北朝初期において用いられた武家文書で、幕府・守護・御家人三者の関係、とくに軍事指揮統率の関係を考察するのに必要な一連の軍事関係文書について考察したものである。第二部は、軍事関係文書の発給状況から足利一門守護・大将が、外様出身守護に優越した軍事権限を与えられていたことを明らかにした論考を所載した。第三部は、足利尊氏政権成立に重要な建武三年という時期に、九州より上洛し京都占拠が成功した要因として、室津軍議の意味の再検討と、この軍議に先行して行われた篠村軍議による諸将発遣について指摘する。以下、本書に所収した各論考について若干解説を加えておきたい。

第一部　南北朝期の軍事関係文書

第一章「軍忠状の機能と型式」では、軍忠を合戦ごとに逐次申請する逐次型と、長期にわたる複数の軍忠を一括申請した長文日記体の一括申請型の二型式の軍忠状について、佐藤進一氏の時代的変化と理解する従来説の再検討により、軍忠申請の申請段階による型式相違と理解すべきものとの見解を示した。南北朝動乱期に戦闘が激化、継続する状況から、逐次上申型軍忠状による、即時の戦功認定方法を省略して、戦闘が一段落してから長期間にわたる戦闘の軍忠を記す長文日記体の一括申請型軍忠状による戦功認定方法に改変されたという解釈が、建武五年に確認される分捕切棄法との関連からも説明されてきた。しかし一括申請型軍忠状の記載項目を子細に検討すると、各項目ごとに即時型軍忠状を提出していたらしい記述が見出せることや、複数の即時型軍忠状を合成して作成した一括申請型軍忠状の存在が確認されることから、この二型式の軍忠状は時代的変化に伴う型式変化ではなく、戦功認定の段階の相違によるものであることを論じた。

第二章「軍忠認定における着到状の意味」では、到着した時に即刻提出して認定を受ける複合文書としての機能と概念が想定されている一方で、「着到」の文言を含む文書を、すべて着到状と称する現在の古文書学上の混乱を、「着到」文言の多様性から軍忠記録や軍忠状との区別をなしがたい点を指摘した。南北朝期の着到状には、軍勢として到着した際に即刻提出する本来的定義を持つ着到状だけでなく、従軍の期間や場所などの申告を、着到後さらに合戦も終了してから提出される軍忠状とえらぶところがないような着到状もある。したがって着到状にも軍忠状と同じく、到着後即刻提出する即時型着到状と、従軍という事実を事後確認する軍忠状的な着到状の二型式が存在することなどを論じた。

第三章「守護挙状の機能と特徴」では、挙状がその機能として、恩賞給付の前提である戦功認定と、同じく最終段階である感状授与双方の手続きに不可欠な関係にあったことと、その発給が足利一門出身守護・大将に集中していた事実を指摘する。南北朝期に多用された挙状は、軍忠・恩賞・訴訟・安堵の各挙状に分類されるが、国人の所領保全と拡大の欲求に答える必要に迫られた各国守護は、指揮下国人の軍忠を現地段階で認定し、最終的には幕府に推挙して恩賞給付などにふさわしい戦功であることを保証した。幕府もまた現地守護にその国人の戦功認定権限を委ねざるを得なかったので、守護級部将の発給する挙状の制度は、恩賞給付という軍忠の最終的目的達成のために不可欠な文書として、全国統治に重要な制度的機能を果たしていたものであることを論じた。

第四章「挙状成立と戦功認定」では、一連の軍事関係文書の成立の契機といわれる蒙古襲来の時における戦功認定方法および挙状と軍忠状の成立について考察した。蒙古襲来が、源頼朝以来の戦功認定方法の変更をもたらし、従来口頭申請であった手続部分が文書による申請方式へと変化したことを論じた。そして戦功申請者の軍忠の申状と、戦功を認定する守護の挙状とが、以後戦功認定手続上重要不可欠な文書として成立したことを明らかにした。

第二部　足利一門の軍事指揮権

第一章「軍勢催促状と守護」では、南北朝初期における足利尊氏・直義の発給する軍勢催促状の文言には、一般国人に対しては、「相催一族」、守護正員に対しては、「相催一族幷国中地頭御家人」と記しており、催促範囲と権限が明確に区別されていた。この点からみて当該期の中国地方の外様出身守護の中には、国内全域に対する一国催促権限のない守護が存在したことを指摘すると同時に、外様出身守護に対して優越した軍事指揮権を有する足利一門守護が存在したことを明らかにした。

第二章「守護発給感状からみた足利一門」では、南北朝初期の足利尊氏・直義兄弟の発給感状の文言の相違からその政治的立場を分析した羽下徳彦氏の研究を踏まえ、さらに当該期に守護・大将級部将の発給する感状に分析を加え、恩賞給付に言及する文言を有する感状は、足利一門の発給に限定されていた事実を指摘した。感状が恩賞給付に至る手続きとして重要な文書であることは明らかであるが、従来は足利尊氏・直義兄弟の感状にのみ関心が集中していた。一方、南北朝期において守護級部将が発給する感状が存在しているが、これらは、臨機の士気高揚という目的のために、戦闘終了後即刻授与される即時型感状であったことを忘れてはならない。これは足利尊氏などの感状が授与送付されてくるまでの時間的経過からいって当然の措置であったと見られる。このような守護発給の即時型感状や、尊氏感状と同様な文言を有する守護感状は、いずれも足利一門守護の発給に集中している事実が確認できることを明らかにした。

第三章「足利一門関係文書」では、守護発給の軍勢催促状と感状が、足利一門出身者に集中していた事実を指摘し、また畿内戦域では外様守護指揮下の国人は、一括申請型軍忠状同文二通を提出し、一方を所属の外様守護、もう一方を足利一門大将に提出して証判を得る二重証判制度が存在していたことを明らかにした。この事実は、恩賞給付の前提である戦功認定の最終段階で、足利一門守護が関与する制度が存在したことを意味した。このような一括申請型軍忠状の二重証判制度と、軍勢催促状と感状などの軍事関係文書の発給概況などから総合的に鑑みて、南北朝初期における足利一門守護・大将の起用は、外様出身の鎌倉以来の旧族守護に優越した軍事指揮権限を伴って実施されていたことを論ずる。

第三部　室津軍議と守護制度

第一章「室津軍議と備前守護」では、室津軍議における山陽道諸国への大将発遣について検討して、備前国では建武三年初頭段階で、赤松氏が足利方守護に任命されていた事実を明らかにした。このことによって、室津軍議では『梅松論』に記載されていない国や人物を含め、山陽道諸国のすべての国で守護・大将併置策が採用されていたことが判明する。

第二章「篠村軍議と室津軍議」では、建武三年の足利尊氏九州落去に際して、播磨室津で決定された山陽道諸国への諸将発遣に先行して、丹波篠村でも軍議が開かれ、九州落去を前提としないで、短期に京都奪回を目的とする畿内近国への諸将分遣が実施されていたことを指摘する。したがって篠村軍議による短期的作戦目的で発遣された京都包囲諸将と、長期的展望のもとに配置された室津軍議による派遣諸将が確認される。結果としてこの二つの軍議による諸将配置が、建武三年中に京都奪回を成功させた体制であったことを論じた。

第一部　南北朝期の軍事関係文書

第一章　軍忠状の機能と型式

一

軍忠状は、南北朝期の研究には重要な役割を果たす材料である。しかし古文書学上の史料としての位置付けについて、軍忠状そのものの基礎的研究は、未だ充分になされているとはいい難い。したがってその概念が漠然としており、機能的には本来異なる目的を持って作成されたものも含め、多くの類型が一括して「軍忠状」として取り扱われている現状である。これは軍忠状が機能的に明確化されていないことから、その定義が曖昧であるところに起因していると考えられる。ここでは、佐藤進一氏の『古文書学入門』に示された軍忠状の二型式についての理解に再検討を加え、軍忠の認定過程からその機能的推察を行うことによって新たな解釈を明らかにしてみたいと思う。

従来軍忠状は、逐次上申の初期型から、長期にわたる軍忠を列挙して一括申請する日記体の後期型へと移行したものと考えられてきた。その変化の理由としては、建武五年二月以前の分捕切棄法に端的に表現されるように、南北朝期の戦闘規模の拡大、恒常化といった当該期の一般的傾向にあると説明され、漸次、時代状況に適応した後期型軍忠状へ時期的推移したと解釈され定説化している。しかしながら後期型とされている一括申請の長文日記体軍忠状の記述を仔細に検討してみると、列挙されている各項目の合戦直後に、初期型とされている軍忠状の提出がすでになされている事実を示す史料を見出し得ること、また比較的短期間の軍忠を記述する軍忠状の中には、記載の軍忠内容に具体性を欠き、それ自身のみの提出では戦功認知を受けることが困難であるようなものが存在することなどは、やはりすでに詳細な内容を持つ軍忠状が提出済みである可能性を予測させる。すなわち軍忠状の二型式は、これを時期的推移の結果としてその理由を求めるのではなく、戦功認定手続きの段階性によって重層的に作成提出されていたこととして明らかにできるのではないかと考えられる。

なお現在、「軍忠状」とされている文書は、鎌倉末期にあらわれ、戦国期に及んで残されているが、ここでは軍忠申請の手続制度がより複雑で、史料としての重要性が高い南北朝期の二型式の問題に限り、その基礎的な考察を行いたい。

二

軍忠状の形態については、書式の多様性が知られているが、その申告内容の基本的性格から、従来大きく二つに分類されている。(1)

一つは、一回の戦闘による軍忠を即刻上申するものであり、他の一つは、数回の長期にわたる各軍忠を一括して記述申告する型式をもつものである。次にその代表的な例として考えられている二型式の軍忠状を各々示してみる。

※以下、引用史料中の傍線等は筆者。

[史料1](2)

(異筆)「資信（花押）」

(端裏書)「熊谷小四郎」

熊谷小四郎直経手負注文　　　　　　　能秀（花押）」

＼若党道山左衛門二郎経行、左ノ膝ノ節ノ上、（異筆）「深」

＼長尾又太郎有能、ヲトカイヲ射透サル、（異筆）「深」

幡サシ中平三景能、右ノ目ノシリヲ石ニウタレ候、

右手負者今月廿六日朝、茅岩屋城大手ノ北ノ堀ノナカヨリ、ヘイノキワエせメアカリ、先ヲカケ、新野一族相共ニ、合戦ノ忠ヲイタシ候ニヨテ、手負注文如件、

正慶二年壬二月廿七日　　　　平直経（花押）

［史料2］(3)

目安

野本能登四郎朝行今者死去、子息鶴寿丸申軍忠事、

右、朝行為当家一流跡、自祇候　将軍家以来、或捨所領、或軽命、致無弐忠節事、無其隠之上者、始而雖不能挙功、粗注進之、

一去建武二年十二月八日、将軍鎌倉御立之間、朝行御共、同十一日、於伊豆国愛沢原合戦之時、最初馳向、懸先致合戦之忠畢、其子細、上椙兵庫入道幷侍所三浦因幡守等令見知畢、同日、中山合戦之時、御方之先陣、依御敵等強敷、少々被引退之間、結城判官手勢、朝行若党岩瀬彦太郎信経、同又五郎光家、同又太郎胤経、同孫五郎家綱等、相共十余騎、入替懸先、切落御敵一騎、欲取頸之処、山名伊豆守殿為日大将、令見知之上者、雖不取頸、可進于先之由、被仰之間、随彼命、則追落御敵於河鰭、預大将軍御感畢、此子細等、翌日被付着到畢、

一同十二日、同国佐野河合戦之時、自中手渡河、致軍忠畢、

一同十三日、伊豆国府合戦之時、中間平五郎男令打死畢、

□（一）建武三年正月三日、近江国伊幾寿宮合戦、朝行若党岩瀬彦太郎信経、最初押寄城之辰巳角、切入城垣之処、信経左右之保宇於被射抜畢、仍大将兵部大輔殿、山名伊豆守殿有御見知而及御感畢、加之、同若党丸山彦次郎為時、片切五郎成義被疵畢、翌日於野路宿、被付著到畢、

□（一）同八日、朝行若党岩瀬彦太郎信経、同又五郎、同又太郎、同孫五郎、結城手勢相共、追落八幡御敵、至于大渡橋之際、懸先、亦彼等四人、打破橋上之箭蔵、切入之処、踏落中橋桁之後、岩瀬又太郎胤経被疵畢、其子細等、高武蔵守之陣為橋上之間、則申入之畢、

□（一）同十六日合戦、朝行若党信経、光家等懸先、追籠御敵於法勝寺脇而、纐纈直垂所着之武者一騎切落之畢、其子細、土岐伯州禅門、佐々木左衛門七郎等、所令見知也、

□（一）同廿七日合戦之時、亦朝行若党信経、光家、胤経、家綱、高田弥三郎光幸等懸先、自中賀茂之西、鞍馬法師三人生捕之、於戦場、侍所佐々木備中守所令見知也、同日山河判官被懸中賀茂比之間、信経、光家等、亦責付御敵之楯際而相戦之刻、被射信経之乗馬畢、仍山河判官以下令見知畢、

一同三十日合戦、於法成寺西門前、朝行朗党椙本余一吉弘、組落太田判官家人関孫五郎而、則取頸畢、而侍所佐々木備中守令見知畢、

一同二月一日、朝行自丹波国志野村、至于幡广（ママ）国兵庫、将軍御共仕、同十日、摂津国西宮合戦之時、属左馬頭殿御手、進于御前令登山、致軍忠畢、其子細、大高伊予守被見知畢、

一同十一日、摂津国手嶋河原合戦之時、於河原被取御宿陣之処、俄兵庫江御帰之間、其夜被召具御共畢、

一同十二日、左馬頭殿、自兵庫摩那城御発向之間、御共仕之処、皆以可有打死之由、被相触之間、存其旨之処、

亦俄被召御舩之刻、夜陰之間、朝行不存知之、不御共仕之条、失本意畢、且雖相似不忠之至、西国居住一族等、猶以如此、朝行当所不知案内上、御敵已近付来之間、失為方而無力交入京都、同三十日、逃下京都之処、於参河国、為野伏等欲落命事及度々畢、且其子細、高五郎兵衛尉、高美作太郎等、委細所被存知也、其後被向遠江国井原城之間、追落御敵之後申暇、関東江令下向畢、

一小山城合戦事、将軍鎮西御下向之後者、前国司方軍勢等令蜂起、人民無安思、然而当城者為一陣之間、御方仁存御志一族等、馳籠彼城、連々尽合戦忠者也、去年(建武三)十一月三日、横田毛原合戦之時、分取頸一、入大将見参畢、加之、郎党大淵彦九郎入道被疵之間、所被付着到也、此次第、一族等令見知畢、(a)仍大将幷小山常犬丸祖母証判状在之、亦桃井駿河守殿着到、同給之畢、

一今年(建武四)三月十日、小田宮内権大輔春久幷益戸虎法師丸等、為張本率数輩凶徒等、出向常州府中之間、朝行代官岩瀬彦太郎信経、致合戦之忠節之処、切落御敵一人畢、而益戸常陸介広政馳合、所令見知也、(b)随而佐竹刑部大輔一見状分明也、

一同年七月八日、常州関城合戦之時、鶴寿丸代官等数輩馳向之内、金崎右衛五郎、堺又太郎、肥田七郎、新妻又次郎等、山河判官、結城犬鶴丸等手勢相共懸先、追越絹河、至于関郡盤若原幷城際責寄、致忠節之間、新妻又次郎胤重令討死畢、将又、一族庶子野本五郎高宣以下若党四人、同所令討死也、此等次第、山河判官、小山常犬丸代官等、令見知畢、(c)仍桃井駿河守殿一見状分明也、

一下総国神崎庄内多賀郷合戦事、当郷者朝行所領也、而千葉下総守一族等、為先帝御方、令乱入之間、千葉余三清胤、朝行代官等相共為御方、連日致合戦之間、若党等数輩被疵畢、其上、差置代官多賀七郎行胤、小栗左衛門次郎重高、多賀七郎三郎等於千葉大隅守留守大嶋城畢、亦常州大枝郷栗俣村等、同朝行知行分也、而前国司

勢并小田勢等、率大勢責来之間、朝行代官等焼払在所、妻子交山林畢、是併非奉公之一分哉、
以前条々、如斯、朝行存日、将軍御帰洛之時、最前馳参可懸御目之処、相待合戦静謐之刻、今年三月廿七日、
令他界畢、鶴寿丸亦為彼跡、則可令参洛処、未幻少之上、可召具若党等合戦最中之間、所及遅々也、以此旨、
為被載御注進、粗目安如件、

建武四年八月　日

「一見了（花押）」

［史料1］と［史料2］は、軍忠状型式の各々の典型例としてすでに注目されている文書であるが、この問題について現在通説として、一般的に考えられている佐藤進一氏の解釈を『古文書学入門』(4)から引用してみよう。

さて一般に軍忠状に記載される軍忠の内容は、敵に与える打撃（敵首の分捕、生捕、追落その他）と自身及び従者の蒙った損害（討死、手負＝負傷等）であるが、その記述の仕方は大きくわけて二種類ある。一つは、一回の戦闘における軍忠を記述するものであり、他の一つは数回の戦闘における軍忠を一括して記すものである。

そして次に、その型式分類理由について以下のように続けて述べておられる。

（熊谷直経のもののように）戦闘が一回終わるごとに軍忠状を提出して証判をもらう（したがって当然、戦闘の日時と軍忠状の日付は近接する）のが、恐らく軍忠状の原初的な形であったであろう。ところが、南北朝の争乱がうちつづくうちに、戦闘が一回終わるごとに戦闘参加者が軍忠状を提出し、部隊の指揮者がその内容を認定するような悠長な戦闘形態は姿を消し、戦闘状況の大きな段落ごとに軍忠状を提出するようになって、軍忠状の第二の形式、すなわち長期間の戦闘と軍忠を時間的順序にしたがって記述する形式が次第に一般化する。このような形式の軍忠状は、内容的には一種の戦闘日記と見ることもできる。建武四年（一三三七）の野本朝行子息鶴寿丸の軍忠状

（『熊谷家文書』二二五号）などは、この形式の早い例であって（以下略）。

現在、軍忠状型式の二大別について一般的解釈と考えられている佐藤進一氏の右のような見解は、その型式の相違を、南北朝期の戦闘規模の拡大と恒常化によって、軍忠状による戦功の逐次認定という手続きの困難化からもたらされた時代的推移の結果であるとするものである。この従来説では、軍忠の認定方法は、戦闘の激化に伴い、合戦終了後ただちに文書＝軍忠状による逐次の申請が困難となっていった結果、各合戦ごとの文書申請をあきらめ合戦が一段落した後に、比較的長期間にわたる軍忠を一括して記した軍忠状によって、申請される方式にあらためざるを得なかった、と推定しているのであって、つまり、軍忠申請の認定手続きが簡略化したということが、その解釈の前提となっているのである。

さてそこで、従来説では、後期型の典型例として考えられてきた、先に掲げた野本鶴寿丸軍忠状の検討から始めることにしよう。

この軍忠状は、［史料1］熊谷直経のものと比較するまでもなく、きわめて長文であって、内容も長期にわたっての申告がなされているが、その記述に注意して見ると、先の前提となる解釈に対して基本的な疑問が指摘されよう。傍線部（a）「仍大将幷小山常犬丸祖母証判状在之、亦桃井駿河守殿着到、同給之畢」、傍線部（b）「随而佐竹刑部大輔一見状分明也」、傍線部（c）「仍桃井駿河守殿一見状分明也」、以上三カ所の部分に、看過し得ない文言が含まれていると考えられる。(5)というのは、ここに記されている「証判状」、あるいは「一見状」という文言は、周知のように軍忠状の別称であるから、各々の軍忠項目に示される合戦において、従来初期型とされていた軍忠状が、そのたびごとに逐次作成提出されたことを表示していると考えられるからである。

すなわち軍忠状の二型式について従来の解釈を、厳密にこの文書にあてはめて考えるならば、この軍忠状の提出者、野本鶴寿丸の父朝行は、戦闘の恒常的継続と激化という当該期の傾向から、最初の軍忠項目の建武二年十二月十一日の合戦から、その死去する建武四年三月までの間に、文書＝（初期型）軍忠状をもってする軍忠の上申＝認定は、受けなかった、ということになる。とすれば、恩賞獲得を達成する手段としての手続きは、途中一通の軍忠状も上申せず、建武二年以来の軍忠を列挙する本文書一通の提出を行うことによって、軍忠の承認を受け、かつ所期の目的を達しようとしたことになるのである。

しかしながら、本文書によって軍忠が申請される以前に、少なくとも（a）（b）（c）各部分に見出し得るように、各合戦ごとにすでに、逐次型の軍忠状による軍忠の申請と確認が行われていたと推定される。そしてその推定が正しいとするならば、軍忠認定の文書申請手続きの重層性が予測できることになり、従来の解釈のように、軍忠状の二型式を時期的推移に伴う変化と考えるのは、不自然であるといえよう。しかも従軍もしていない「未幼少」の鶴寿丸が亡父野本朝行の連戦の経過と軍忠をどのようにして文書化できたのであろうか。

三

貞和五年正月十八日、石見守護上野頼兼は、配下の軍勢として活動した田村盛泰の軍忠を幕府侍所へ注進している。その挙状(6)は、注進書出しで建武三年二月から暦応四年八月まで所領を離れて武家方として軍忠を致した旨を記す条項にはじまり、以下、建武三年五月十一日、同年八月二十五日、暦応五年六月二十四日、同年九月十日、康永二年八月二十日、同年十一月二十八日、同三年六月二十四日、貞和四年四月九日、同年八月二十八日と、軍忠の各条を列記している。さらに続いて暦応四年以来の要害警護を勤仕している旨を述べ、最後に「可被経恩賞御沙汰候哉、戦功之至若偽申候者、可罷蒙八幡大菩薩御罰候、以此旨可有御披露候、恐惶謹言」と起請の詞で結ぶきわめて長文のものである。軍忠を列記する各条には、合戦の日付、場所、ならびに討死、負傷の一族若党の氏名が記されているのみならず、負傷についてはさらに、疵の種類（射疵、打疵）とその箇所が明示されるという詳細な内容を有している。

この挙状にみられるように、建武三年から貞和五年にもわたる長期の軍忠について、負傷の箇所までも明記するという詳細な内容を、守護が幕府侍所に中継し得たという事実は、挙状作成者の上野頼兼側で、この間の軍忠の詳細について記録が保管されていたことを意味している。というのは仮に、田村盛泰が建武三年以来の軍忠を幕府侍所へ注進することを要求するため、［史料２］野本鶴寿丸のような長文日記体の軍忠状によって、守護上野頼兼に対して軍忠申請を行ったとしよう。これに従って守護側が、作成したのが貞和五年正月十八日挙状であったと考えると、明らかに不都合な問題が生じてくる。すなわち建武三年以来の軍忠を貞和五年の段階で、はじめて軍忠状によって申請しても、時間的経過の甚だしい建武三年当時の負傷と、その箇所についての実否の確認は、守護側に予めその詳細な記録が存在していなければ不可能であるということなのである。

ここで先に野本鶴寿丸軍忠状について指摘しえた疑問と考えあわせると、以下のような手続きが行われていたと推測されよう。上野頼兼は、挙状に記された各項目の合戦ごとに、田村盛泰から即時性を有する従来初期型とされていた軍忠状の提出を受け、その都度自身あるいは軍奉行が実検して証判する。このとき証判された軍忠状はただちに本人に返却されるので、実検し、証判した事実内容を同時に実検帳に写して保管したに違いない。(7)

一方、田村盛泰は、各合戦ごとに軍忠状を提出し、証判を受けて返却され所持している。そして軍忠状提出の最終目的である恩賞給付についての何らかの基準に達したと考えるに至った時、その時点までに提出返却されている軍忠状の内容を一括して列記した［史料２］野本鶴寿丸のような長文日記体の軍忠状を作成して、上野頼兼に提出したものと思われる。なおこの時期においては、恩賞地給付の最高決定権は、将軍に実質的に留保されており、この提出段階では、単に軍忠の事実確認としての守護の証判を請求することが目的ではなく、おそらく、田村盛泰は幕府侍所への注進を要求する文言をその末尾に記したと判断される。(8)

さて受理した上野頼兼側では、提出されてきた長文日記体の軍忠状の内容について、すでに保管してある実検帳によって校合確認して証判し、幕府へ注進すべき旨を記した書下とともに本人に返却し、一方この内容を挙状に作成して幕府侍所へ挙達したと考えられる。

軍忠状は、申請提出の時点では上申文書であるが、証判の後は下達文書として機能することが期待されているので、提出者本人に返却されることが基本的条件とされている。しかし提出された軍忠状への証判は、その後の効力、公験を考えると、熊谷直経［史料1］の型では本人の面前で実検し、ただちに証判、返却されたであろうが、田村盛泰の場合や、次に述べる見知証人の請文を必要とする段階、およびその手続きの軍忠状では、実否の確認手続きの後に証判したと考えられ、提出した後、ただちに証判、返却されたと見ることはできない。当該期においては、恩賞沙汰の遅延は、一般的傾向として予想され、その間も戦闘は継続されて軍忠は新たな申請を加えて行われている。したがって、軍忠申請者、証判者相互に、時間的経過に対応できる軍忠確認手続きが不可欠となるのである。

さて以上のようなシステムは、申請された軍忠内容の実否の検討の過程で提出されてくる見知の証人請文からも確認できる。(9)

［史料3］(10)

備後国津口庄内賀茂郷一分地頭山内七郎入道観西謹言上

早欲為追討凶徒、属御手致合戦、追落御敵刻、於手者或討死或被疵上者、預御証判子細之事、右、於当国則光西方城、挙中黒幡御敵蜂起之間、属御手懸先、致合戦之処、若党真室弥次郎被疵、中間宗四郎令討死候畢、御実検之上者、早為預御証判、恐々言上如件、

建武三季（年）七月十八日　沙弥観西

進上　御奉行所

「承了（花押）（武田信武）」

[史料4](11)

長弥三郎信仲謹言上

去七月十五日、於備後国則光西方城、小早河七郎、石井源内左衛門入道以下凶徒依楯籠、山内七郎入道観西相共彼城押寄、(a)同十七日夜半、御敵於追落刻、中間惣四郎令討死、若党真室弥次郎被疵左足被射、(b)同八月晦日、当国竹内弥次郎兼幸、小早河掃部助以下凶徒、令蜂起之間、馳向御調之広瀬、終日致合戦刻、中間藤五郎左股被射、夫一人被討畢、(c)同九月四日、又竹内弥次郎、小早河掃部助、青目寺別当弁房以下之凶徒、大田庄并津口庄令乱入之間、馳向大田与重永堺、数刻致合戦刻、中間二人被疵畢、(d)同廿七日、重永之城槨於追落、或同所合戦、或国中之事候間、令存智（知）候、若偽申候者、日本国中之大小神可罷蒙御罰候、以此旨可有御披露候、恐惶謹言、

建武三年十月十日　長谷部信仲

進上　御奉行所

軍忠認定の手続上、関連して作成提出された「山内首藤家文書」の二通を検討してみよう。

[史料4]長信仲のそれは、『大日本古文書』に、全く同文のいま一通の史料大田佐賀寿丸代藤原光盛のものとともに(12)に、「軍忠状写」と文書名を付されているが、文書末尾の起請文言と、[史料3]との関連からいって、山内観西の

軍忠申請に対して行われた軍忠審査の過程で提出された、見知の証人請文とするのが正しい。

［史料3］山内観西軍忠状は、若党の負傷と中間の討死という軍忠を記し、建武三年七月十八日の日付をもって提出され、安芸国守護武田信武の証判を受けているものであるが、この軍忠がいつ行われた合戦によるものなのか、換言すれば、合戦から本文書提出までの時間的経過は、この軍忠状のみからでは、知ることはできない。そこで［史料4］、見知証人の請文を見ると、山内観西の若党真室弥次郎が負傷し、中間宗四郎が討死した合戦は、傍線部（a）の建武三年七月十七日の夜半に行われたことがわかる。

したがって［史料3］山内観西軍忠状は、建武三年七月十七日夜半の軍忠について、翌十八日には軍忠状として即刻提出されたものであるという事実が明らかとなる。

次に「山内首藤家文書」に徴してみると、［史料4］の文中に示される合戦期間中、すなわち建武三年七月十五日から同年十月十日までの提出日付を有する山内観西の軍忠状は、［史料3］に示した一通のみである。しかしながら、［史料4］は証明すべき軍忠を述べている傍線部（a）のほかに、（b）（c）（d）の各部分で山内観西の軍忠について、証人請文として起請しているのである。これは、（a）部分以外の（b）（c）（d）の各項目の軍忠についても、大将武田信武側から長信仲と大田佐賀寿丸代官藤原光盛の二人に対して、軍忠の実否について答申要求のあったことを意味している。つまり現在史料として残存してはいないものの、山内観西から守護侍所[13]に宛てて、［史料3］のように即時性をもつ逐次申請方式の軍忠状によって、（b）八月晦日、（c）九月四日などの軍忠項目についても、そのつど、即刻申請提出されていたと考えて間違いないであろう。

そこで山内観西の場合の軍忠認定手続きを整理してみよう。山内観西は、［史料3］で示された建武三年七月十七日夜半の合戦をはじめとして、請文に示されている（a）（b）（c）などについての軍忠を、そのたびごとに申請し、証判を受けて返却されている。そしておそらく合戦の一段落した（d）の同年九月二十七日から、［史料4］の請文提出の十月十日以前までの間に、先に逐次提出し返却されていた四通分の軍忠を、一括して列記し、長信仲および藤原光盛代官の二人の名を見知証人として書き加えて作成した一括申請型の軍忠状を提出したと考えられる。一方、証判者＝守護側でも、先に述べた田村盛泰の場合と同じく、各合戦ごとに提出された四通の軍忠状に証判して返却すると同時に、実検帳に内容を写して保存する。ついで数通分の軍忠と、二人の見知証人を記載する一括型軍忠状が提出されてくると、実検帳との照合を行う。またこの時、守護侍所は、山内観西の同所合戦の見知証人である長信仲と大田佐賀寿丸代官の二人に対し、問状を発して起請の詞をもってする事実認知の答申を要求する。この結果として提出されたのが、［史料4］の見知証人請文となるのであり、先の田村盛泰の例で検討したように、この手続きに加えて守護の挙状を幕府へ上申するような上級段階の手続過程を経て、恩賞給付の目的を達成しようとしたと考えられる。この一連の手続きが、当時の文言でいう軍忠認定過程の「御施行」の内容であるとみられる。(14)

したがってこれまで検討してきて、問題としなければならないのは、軍忠の認定過程において指摘された軍忠状の段階的な提出という手続方法であろう。この「山内首藤家文書」の例では、その『大日本古文書』の文書名の誤りでも容易にわかるように、末尾の起請文言を除いてほぼ同文の軍忠状が、一連の最後の戦闘である建武三年九月二十七日の後間もなく山内観西から提出されたことは明らかである。これはすでに述べた田村盛泰の例でも、同様に行われたであろう手続きなのである。

すなわち、長期の軍忠を列挙する従来説による後期型軍忠状は、一連の合戦の終了後に突然提出されるのではなく、各々の小合戦においても原則的には、従来初期型とされていた即時性を有する軍忠状による申請確認が行われていたと考えるのが自然である。ついでしかる後に逐次型軍忠状を前提にして長文日記体の軍忠状が作成される、逐次→一括型という軍忠申請の段階的システムが想定し得るのである。

四

これまで検討して想定された問題を論証するために、「相馬文書」の一連の軍忠状を掲げてみよう。

［史料5］(15)

注進

松(相)馬松鶴(胤頼)丸中養父相馬弥次郎光胤討死以下軍忠事、

一、(a)建武三年三月十六日、陸奥国東海道宇多庄熊野堂合戦事、

相馬弥次郎光胤家人須江八郎分取一人白川上野入道家人六郎左衛門入道□

同人家人木幡次郎討死

相馬九郎五郎胤景分取二人　相馬小次郎胤顕生捕二人白川上野入道家人小山田八郎 同人中間四郎三郎

相馬小次郎家人木幡三郎兵衛尉分取一人

相馬彦次郎胤祐分取一人

一、(b)同年三月廿二日、広橋修理亮以下凶徒等、寄来小高城致□之時、追散御敵討取凶徒等事、

相馬弥次郎光胤家人石町又太郎討取御敵標葉蒔田十郎□

相馬小次郎胤盛分取一人　相馬小次郎胤顕御敵一人 討取□人

相馬孫次郎行胤家人小嶋田五郎太郎被打取了　相馬孫五郎長胤家人三郎太郎討死

相馬孫次郎胤経家人大畠彦太郎被疵　相馬九郎胤国中間五郎太郎討死

相馬弥次郎実胤中間九郎太郎被疵　相馬五郎胤経家人増尾十郎被疵

一、(b)同月廿七日、大泉平九郎相共、標葉庄凶徒対治事、

相馬弥次郎光胤家人田信彦太郎主(生)捕一人標葉孫七郎

相馬九郎五郎胤景討取標葉孫四郎

相馬孫次郎行胤主(生)捕二人標葉弥九郎　同孫十郎

相馬小次郎胤盛主(生)捕二人自身被疵標葉三郎四郎　長田孫四郎

相馬小次郎胤顕主(生)捕一人落合弥八

相馬弥次郎光胤家人田信彦太郎主(生)捕一人標葉孫□郎

相馬六郎長胤被疵畢

相馬弥次郎光胤家人木幡三郎左衛門尉分取一人

一、(c)同年五月六日、宇多庄熊野堂合戦事、

相馬弥次郎光胤家人五十嵐弥四郎入道　田信乗阿　同子息左衛門三郎等討死

一、(c)同七日、同所合戦事、

相馬弥次郎光胤差遣家人等、討取御敵十三人畢、

一、同五月廿四日、顕家卿攻小高城之時、相馬一族以下討死事、

相馬弥次郎光胤討死　相馬六郎長胤同

相馬七郎胤沼同
相馬四郎成胤同
相馬十郎胤俊同

一、若党討死事、
田信彦太郎　光胤家人
吉武弥次郎　胤俊家人
田中八郎三郎長胤家人
松本四郎　光胤家人

一、建武四年正月廿六日、松鶴丸引率一族、押寄宇多庄熊野堂致合戦事、

右粗注進如件、

暦応二年三月　日

（押紙）
白川上野入道者結城入道々忠事、於伊勢国病死、堕地獄云々、

［史料6A］(16)

相馬弥次郎光胤申軍忠事、

右、白川上野入道家人等、宇多庄熊野堂楯築間、今月十六日馳向彼所、致合戦分取手負事、

相馬九郎五郎胤景分取二人
須江八郎分取一人白川上野入道家人六郎左衛門入道頭二
相馬小次郎胤顕生補二人白川上野入道家人小山田八郎同人中間四郎六郎
相馬小二郎家人木幡三郎兵衛尉分取一人
相馬彦二郎胤祐分取一人
新田左馬亮経政代田嶋小四郎分取一人
標葉孫三郎教隆分取一人

相馬助房家人
東条七郎左衛門尉分取一人　被疵畢　　木幡二郎討死畢

右、此外雖有数輩切捨略之畢、仍追(退)散敵対治畢、

建武三年三月十七日　　惣領代子息弥次郎光胤

進上　御奉行所　「承了(氏家道誠)(花押)」

[史料6B](17)

相馬弥次郎光胤申軍忠事、

右、今月廿二日為広橋大将(経泰)寄来小高城御敵等事、

相馬小次郎胤盛家人出帳(張)分取一人　　惣領家人 石町又太郎標葉打取□□

相馬小次郎胤顕敵一人打取畢　　相馬孫二郎家人 小嶋田五郎太郎頭□□

相馬孫五郎長胤家人三郎二郎打死畢　　相馬五郎胤経家人大畠彦太□被疵畢

相馬九郎胤国中間五郎太郎打死畢　　相馬弥二郎実胤中間九郎太郎被疵畢

相馬五郎胤経家人増尾十郎被疵畢　　相馬四郎良胤家人三郎太郎被疵畢

惣領家人 須江八郎中間被疵畢　　相馬助房家人 青田新左衛門尉被疵畢

右、如此合戦之間、同廿四日追散敵畢、然除矢戦幷残手疵畢、捧注進状処、為尻攻御内侍所大泉平九郎後馳来、以次、

標葉庄為対治(退)合戦次第今月廿七日

相馬九郎五郎胤景標葉孫四郎打取畢(捕)　　相馬孫次郎行胤生(捕)補二人標葉弥九郎 孫十郎

相馬小次郎胤盛生補二人標葉三四郎、長田孫四郎 胤盛自身被疵畢

相馬小次郎家人生補（捕）一人落合弥八郎　田信彦太郎生補（捕）一人標葉孫七郎
武石左衛門五郎胤通酒田孫五郎打取畢　相馬助房家人渡野部六郎兵衛尉□一人
惣領家人木幡三郎左衛門尉分取一人　相馬六郎長胤被疵畢
相馬九郎次郎胤直被疵畢　相馬五郎胤綱家人被疵畢
右、此合戦次第、侍所大泉平九郎被実検畢、然早為御判、注進状如件、
建武三年廿八日　惣領代子息弥次郎光胤
進上側奉行所「承了（証判）（氏家道誠）（花押）」

［史料６Ｃ］(18)
相馬弥次郎光胤申、
今月六日於宇多庄熊野堂致合戦、若党五十嵐弥四郎入道・田信乗阿・同子息左衛門三郎討死仕了、同七日自小高城差遣軍勢致合戦、御敵十三人切懸了、為後証可賜御証判候、仍注進如件、
建武三年五月九日　平光胤上
進上　御奉行所「承候訖（証判）（氏家道誠）（花押）」

［史料５］相馬松鶴丸胤頼の軍忠状は、［史料２］野本鶴寿丸のそれと全く同じような型式をとっており、佐藤進一氏の従来説によれば、やはり典型的な後期型と考えられているものである。したがって既述したように、従来的な解釈では、文書＝軍忠状による逐次の軍忠申請が行われなくなった結果、後期型の長文日記体型式へと移行すると説明しているから、［史料２］の場合で指摘したことと同様の点が問題とされよう。つまり［史料５］に即してこの解釈をあてはめると、傍線部（ａ）、建武三年三月十六日の合戦から、この文書の提出された暦応二年三月に至るまで

の間、軍忠状提出という手段による軍忠申請は、行われていないということになる。ところが、同じく「相馬文書」には、［史料5］で述べている内容と同じ合戦について申請している他の三通の軍忠状が伝えられている。今、この三通の軍忠状［史料6］のＡＢＣを、［史料5］と照合検討してみると、これに関する問題点の事実関係がはっきりとしてこよう。

まず［史料6Ａ］の軍忠状は、建武三年三月十六日、宇多庄熊野堂での合戦の軍忠を、翌十七日にただちに申請提出したものであり、［史料5］の傍線部（ａ）の同日条の内容に該当している。次に［史料6Ｂ］は、同二十二日および二十七日両度にわたる合戦の軍忠を、二十八日になって申請提出しているものであるが、二十二日小高城合戦の軍忠分についても、「仍欲捧注進状処……」とあって、本来ならば、「注進状」＝軍忠状をもってただちに申告しようとしていたことが明らかである。この軍忠状は、［史料5］の傍線部（ｂ）にその内容が述べられている。さらに［史料6Ｃ］の軍忠状についても同様に、［史料5］の同日条の部分が該当する。

したがって［史料5］の長文日記体の一括申請型の軍忠状は、実は従来初期型と考えられてきた［史料6］のＡＢＣ三通の逐次申請型の軍忠状が、複合されて作成提出されたものであることが確実である。このことは、すでに前項までに考察して推測してきた問題を明らかにするものであると考えられる。

すなわち、軍忠状の二型式は、時代的推移に伴う軍忠申請の手続変化からもたらされたものではなく、軍忠認定の手続段階の異なる次元で提出される機能的な差の表現として理解されるべきものなのである。

次に南北朝期において、軍忠認定の方法上の変化として理解されている分捕切棄法との関連についてふれてみたい。

［史料7］[19]

古河彦次郎経久申軍忠事

一今年二月廿八日、南都御合戦之時、於奈良坂東山致軍忠、追帰御敵畢、分捕事可為切棄之由被定法之間、於奈良坂切捨御敵一騎之条、高橋中務丞、長門四郎令見候了、

一同三月十六日、天王寺御合戦之時、馳向安陪野致合戦、任切捨之法頸一取候了、且河匂左京進入道、薬師寺彦次郎令見知候了、

一同五月廿二日致合戦事、被射乗馬事、屋代彦六、豊田六郎所及見也、

右、属于御手、致軍忠上者、給一見書為備後証、恐々言上知件、

建武五年七月日　　藤原経久（裏花押）

進上　御奉行所

「承了（花押）《（高師冬）》」

分捕切棄法は、「史料7」に示した建武五年七月、吉川経久軍忠状によって知られ、佐藤進一氏が南北朝期の戦闘激化傾向に伴って余儀なくされた、軍忠認定方法上の変化の端的な表現であると考えられているものである(20)。つまり合戦後、はじめて行う軍忠の認定方法は、従来は、負傷や分捕はただちに軍忠認定を行う権限を有する者の面前において、「史料1」熊谷直経のもののような型式の軍忠状での実検、校合を行う同時進行的な手続きであったのが、この法発布後、分捕首は打捨てにし、同所合戦人に確認を受け、一連の合戦の後、一括して軍忠を記して提出される「史料2」のような型式の軍忠状によって認定を受けるという手続方法に変化したことを示すものとされるのである。ここでいま一通の史料を掲げてみる。

「史料8」(21)

大友一族狭間大炊四郎入道正供《（政道）》申軍忠事、

今年三月十三日属于当御手、於男山・洞当下、致至極軍忠之刻、若党兵衛五郎直光左股被射、同十六日於（摂津国）天王寺安部野原致合戦軍忠之処、遠江向井介手者生捕、紀藤五入道令切頸訖、於当寺致不退警固、同五月十六日令発向和泉国堺津、同廿二日堺浜合戦之時、馳向新田綿内致太刀打之条、詫磨大炊助政秀令見知訖、同廿五日令帰洛、同廿九日経宇治路、六月一日致男山合戦、自同日取陣洞当下、致不退警固、同十八日自葛和路押寄一城戸、正供致軍忠之刻、乍被射左肘、及太刀打、御敵於城内追籠訖、随而取陣城戸口、致日々夜々合戦、抽抜群軍忠者也、将又自六月一日迄于七月十二日凶徒没落之期、不去陣内致合戦軍忠者也、此等次第惣領大友式部丞氏泰代出羽三郎蔵人師宗証判状分明之上者、預御一見状、為備後代亀鏡、仍言上如件、

建武五年八月　日

執事（高師直）判

（裏書）「在判

河津左衛門

在判　（一カ）

高橋孫五郎」

裏書云、

大友蔵人一見状、

校合畢、

この狭間正供の軍忠状は、長期にわたる複数の合戦の軍忠を列挙していることから、書式体裁こそ、［史料2］野本鶴寿丸や、［史料5］相馬胤頼のそれと異なるが、基本的には、［史料7］とともに、同じ分類のものとすべきである。

この軍忠状で注目すべきことは、軍忠状の二型式について従来説の解釈に関連深い、建武五年二月以前分捕切棄法の知られる［史料7］吉川経久軍忠状と、その時期および地域を同じくしているという点である。

内容についてみると、「此等次第惣領大友式部丞氏泰代出羽三郎蔵人師宗証判状分明之上者」とあって、すでに文中に述べている軍忠について、軍忠状＝出羽三郎蔵人師宗証判状の提出、証判によって確認された内容の再申請であることがわかる。そして「裏書云」として、「大友蔵人一見状」、すなわち本文中末尾にいう出羽三郎蔵人師宗証判状と、「校合畢」という確認作業が本文書正文に行われたことが知られるのである。校合を行っている二人の奉行人は、この時期の当該戦域における、「時之軍奉行」[22]であって、軍忠状の段階的な申請の手続きを明白に示しているといえよう。おそらく、狭間正供は、総領代大友蔵人師宗に各合戦の軍忠の認定を受け、しかる後に返却を受けていたそれら数通の即時型軍忠状を支証として、本文書とともに幕府侍所へ申請提出し、施行を要求したものと考えられる。

一方同じく、［史料7］吉川経久も、二月二十八日、三月十六日、五月二十二日の合戦の軍忠を、七月になってはじめて、軍忠状に作成して申請したとは思われず、事実、同年四月二十五日には、三月十三日の軍忠を申請した軍忠状[23]が別に残されている。

またやはり同じ一連の戦闘に参加した野上資頼の建武五年七月付軍忠状[24]には、「……抽戦功之刻、令分捕之条、被経御注進上……」とあって、すでに軍忠内容が中継上申せられていたことを知ることができる。この時期の軍忠の認定は、証人請文に至るまで、口頭ではなく、文書によってのみ行われていたと考えられるので、野上資頼の場合も、狭間正供、吉川経久らと同じく、各合戦ごとに戦功の認定を受けるための、逐次の軍忠状提出をすでに行っていたと考えるのが自然である。一方［史料2］の破線部、建武二年十二月八日の項に見られるように、場合によっては建武五年以前にもすでに事実上の分捕切棄が、行われていたことを知ることもできる。こうしてみると、分捕切棄法は、同時期に、同地域において戦闘に加わっている武士の残した軍忠状の、段階的、重層的手続きから推測して、軍忠認定の書面による認定手続きを省略せしめるような法効力を有していたとは考えられず、おそらくは、限定された状況下での合戦において発布された臨時法であったと結論できよう。

同じ時期と地域における一連の合戦、という設定を、さらに同一の合戦という条件の次元にすすめて考えてみよう。軍忠状の二型式についての従来的解釈は、くり返すように戦功の逐次上申の困難化から、一括して申請する手続きにならざるを得なかったとする、時代的経過に伴う型式の変化、という立場に立つから、同じ合戦の内容について申請された軍忠状群の中に、二型式が混在することはあり得ないことになる。

しかし、建武三年三月から十月十二日にかけて行われた豊後国玖珠城の攻防を通じて残された軍忠状群についてみると、この合戦に関して残された軍忠状は、『南北朝遺文』所収のもので二一通であるが[25]、内容的には二型式が見られる。同じく同三年十一月に提出されたものだけをみても、深堀時広の軍忠状は、同年三月二十七日の軍忠についてのみ申請するものであり[26]、野中道棟のそれは[27]、同年四月十九日、六月五日、八月二十九日、九月十二日、十月十二日、の五項目を列挙する日記体の型式を有するものなのである。提出の状況も城攻めの開始された同年三月に早くも作成されたものがあり、約半数が落城以前の合戦中に認定を受けており、遅いものは翌建武四年三月のものが二通ある。したがって決して一連の合戦が終了して一段落した後になって作成提出された軍忠状群としては一括できない内容となっているといってよい。

すでに軍忠状は、逐次型→一括型という段階申請のシステムが存在することは明らかにしたが、同じ合戦において作成提出された軍忠状群に、問題にしている異なる二型式が存在することは、やはり時代的経過による変化として解釈することの不自然さを示しているのである。

五

恩賞給付に充分な軍忠があると考えられる時、仮に、一通の軍忠状の提出のみで、所期の目的を果たすことが期待されるものとしてみよう。この時その軍忠状には手続上の必要として、①合戦の日付、②合戦の場所、③軍勢指揮者、④見知の証人、⑤軍忠の具体的内容、の五項に関する記載は不可欠であると思われる。しかしながら軍忠状の中には、これらの条件を欠くものが少なからず存在している。とりわけ軍忠の内容について、具体的内容を記さないものは、その一通のみの提出によって、所期の目的を達成できたと推測することは困難である。このことからみて、やはりいくつかの段階的な軍忠認定手続きの過程で異なる役割を果たしていたものが、すべて一括して同様の機能を想定されていることに問題があるといわねばならない。

次に示す軍忠状は、建武三年九月二十日の日付で提出されているが、同年八月三十日の豊福原合戦に関して申告しているものである。

［史料9］[28]

筑後国豊福原（上妻郡）合戦之時、同国河合庄（上妻郡）一分地頭相良又五郎忠頼就守護代抽軍忠候之条、同時合戦之間、豊前国片山五郎三郎・当国新庄三郎等令見知候訖、以此旨可有御披露候、恐惶謹言、

建武三年九月廿日　　藤原（相良）忠頼上

承候了（花押）

進上　御奉行所

これを先ほどの条件で検討してみると、①合戦の日付は、当時は「筑後国豊福原合戦」という名称で限定し得たと思われ、②および③、それに④も記されているので、欠けているのは軍忠状にとって最も重要であるはずの、⑤軍忠の内容、についてである。この疑問を解くために、この相良忠頼軍忠状の残された時期と地域とを同じくし、文中に「勘文」という文言を有する軍忠状との、軍忠認定手続上の機能的な比較を行ってみよう。(29)

ここで言及するのは、いわゆる日時の勘文という場合のそれではなく、合戦後ただちに提出される最初の軍忠状としてのものである。この軍忠状としての勘文の存在は、比較的多くの史料から知ることが可能である。

いくつかの例をあげると、前項で述べた玖珠城合戦で提出された建武三年十一月、大神惟世軍忠状(30)には、七月十一日合戦の若党の負傷について、「御勘文炳焉也」としているし、同年六月、肥前松浦党の斑島渟の軍忠状(31)は、同五月十六日の菊池方との合戦の軍忠について、その具体的内容などには触れずに、「令分取之御勘文炳焉上」とのみ記している。さらに年代的にやや下っても、康永二年七月六日、藤原通厚軍忠状(32)には、同年五月二十九日の合戦における旗差の負傷を述べ、「云御勘文、云御着到、明白之上」と記述している。これらの例の場合は、勘文の語に、「御」の文字が付され、「御勘文」となっているが、これは、守護側の実検帳をさしての敬語を意味しない。すなわち周知のように、軍忠状は、本人提出の上申書ではあるが、証判を受けて返却される段階では下達文書として機能するからであって、軍忠状の別称である一見状に、「御」字を付して、御一見状と呼ぶことがあるのと全く同じ理由として理解されよう。そして事実、［史料10］(33)には「於大将軍御前被実検了、仍彼勘文状進上之上」とあるし、同じく青方高直の同年五月の軍忠状には、「先日勘文進上了」とあって、合戦後、ただちに提出された軍忠状であることは間違いないと考えられる。

［史料10］(34)

肥前国五嶋青方孫四郎高直謹言上

欲早任軍忠、給御教書備向後亀鏡、菊池城合戦事、

右、就今月三日御教書、同十一日発向菊池城、於搦手致合戦、自身左目下被疵之間、於大将軍御前被実検了、仍彼勘文状進上之、然早給御教書、為備後証言上如件、

建武三年三月十五日

承了

［史料10］は、提出日、三月十五日の四日前の、三月十一日の合戦の負傷を申請しているものだが、その間に文中にいうところの勘文をすでに提出済みであるという経過を示している。したがってこれを［史料9］相良忠頼軍忠状と比較してみると、その性格の相違が明らかである。

［史料10］では合戦後わずか四日の間に、二度にわたって文書による軍忠の具体的内容を申請しているのに対し、［史料9］では、同じく一回分の合戦による軍忠申請であるのに、合戦後二〇日間を経過している上に、軍忠の具体的内容については、全くこれを欠いている。［史料9］と［史料10］との軍忠状が、同時期・同地域において作成され、同じく単一の合戦による軍忠の申請という条件を共有しているにもかかわらず、この相違があることは、軍忠審理の手続上、異なる段階の機能を果たしていることを示唆しているのである。同じ建武三年八月三十日、筑後豊福原合戦に参加した小代重峯の九月十八日の軍忠状[35]には、［史料10］と同様、「令分捕之条、勘文分明也」とあって、すでに勘文を提出済みであることがわかる。またやはりこの合戦に参加した肥前国御家人深堀明意の軍忠申請[36]に対して、同九月二十四日の日付をもって、彼の軍忠の見知人である大村妙言、奈良田弁西の二人に対して、侍所佐竹重義が、連署奉書による実否の確認を行っていることは注目すべきである[37]。

同一の合戦に、同地域から参集した武士の軍忠の認定は、同じ手続段階をもって行われたと想像されるので、「史料9」を特殊な例外と考えることはできない。したがって、九月二十日に提出された相良忠頼の軍忠状の目的は、豊福原合戦に参加した他の武士に対して、戦功の事実確認が少なくとも二十四日には開始されていることから考えても、おそらく、片山五郎三郎、新庄三郎という見知の証人名の申告にあるのであって、軍忠内容の事実を申請しようというものではなかったのである。いうまでもなく、軍忠の事実内容については、相良忠頼は、「史料9」を提出する以前に、即時性を有し、かつ具体的内容を記した軍忠状（＝勘文と呼ばれたものであろう）によって申請済みなのである。

このように、一つの合戦における同じ内容の戦功が、重複申請される際に、手続上では異なった役割が期待されている軍忠状でも、書式の上では同じ体裁をとることがあるという新たな問題が指摘されねばならない。これは軍忠状の記述作成が、申請する各人によってかなり幅広い恣意性に委ねられていたことによると思われる(38)。おそらく、上級認定機関の施行上において、証人名の要求に対しての証人名、というような各段階の手続上の要求については、必ずこれを記す以外、他の項に関しての記述は自由であったのであろう。その結果として、ある者は、同一の合戦について、同文の軍忠状を何度も提出しているようにみえることもあるのである。

しかし軍忠状の重複申請の原因のすべてが、このような理由にのみよるわけではない。やはりそこには、軍忠と恩賞との対応について、当時武家社会でどのような規準が存在したか、あるいはしなかったか、という問題が介在すると思われる。恩賞給付と対応する軍忠の規準といった関係は、軍忠状そのものの存在形態とその変化の理由という点に深い関わりをもつので、前提として充分明らかにしておきたいのではあるが、当時の史料上では、単に「任傍例……」「任先例……」と記されるのみであり、これはきわめて難かしいといわざるを得ない。たしかに勲功地の検出は可能であり、一方史料としての軍忠状は豊富に残されている。しかし勲功地の規模と、それがいかなる内容の軍忠によって与えられたのか、しかも給付された人物のレベルはどうか、といった一連の因果関係を連結して明らかにできる例は、現在、ほとんど見出し得ない。(39)

また軍忠として軍忠状に記されている内容をみてゆくと、「被射折弓候」(40)とか、「被射乗馬」(41)などと、討死や分取にくらべて著しく重要性を欠くと思われる事柄を記して申告するものが多く見受けられる。この細大もらさず上申しようとする姿勢は、多様な軍忠概念と、その軍忠の積み重ねがどの程度の規模の恩賞と結びつくものなのか、当時の軍忠申請者自身にも曖昧であったということを意味しているのではないだろうか。別の言葉でいうなら、武家社会において、厳密な軍忠概念と恩賞給付との具体的対応の規準といったものは、統一的には成立せず、地域的時代状況と、慣習的先例とによって、漠然とした関係がイメージされていたにすぎないと思われる。当時においても、厳密な軍忠の概念と恩賞給付との規格的な対応関係は曖昧であってみれば、合戦に参加する武士は、討死、分捕などの比較的顕著な戦功以外では、各合戦ごとに細大もらさず軍忠状に記載して提出したことであろう。そしてそれは、いわば積み重ね効果を期待すべく、以前のものも書き加え、あるいは連ねてしだいに長文となったものが提出されたこともあったに違いない。

したがって以上のように、軍忠状の提出が重複的、重層的になされていた理由は、大きく二つにしぼることができよう。一つは軍忠認定手続きの過程に従った正規の段階的提出であり、他の一つは、いま述べたように、認定者側からの何らかの反応が得られるまでの積み重ね的効果を目的とする、重複申請である。しかし現在、残されている軍忠状からこの二つの理由を明確に分離できるものは、それほど多くはないのである。

さて、すでに知られているように軍忠状の書式は多様であるが、日付および宛所の有無という点の関係を除くと、書止めの文言の相違などによって、機能的な差があったとは考えにくい。ここでは、軍忠の申請および審理の手続段階において、文中の文言内容から、少なくとも三つの分類が、段階的機能として存在したと思われるので次に示す。

① 合戦直後に軍忠の事実内容の認定を要求したものであり、多くは、「然早下給御判」と証判を請求しているもの。即時型軍忠状。

② ①の軍忠状を前提にして、「為預御注進」と述べ、より上級の認定権、すなわち恩賞給付者に近いレベルへの注進を請求することに最も重点の置かれているものでやはり証判を受ける。長文日記体の一括申請型軍忠状。

③ 前提としての他の軍忠状（①ないし②）を支証文書として副進し、「為欲恩賞」とか、「欲恩賞、弥為弓箭面目」などと述べるもの。証判をもたない訴状としての申状。

他にも分類の方法の設定は可能であり、不都合な点もあるが、軍忠認定の審理過程を考察する上で、この三段階の機能的側面からの分類は、一応の指標となると考えられる。ただし留意すべき点としては、この三段階は、決してある申請者が、ある合戦についての軍忠に関して、三通の軍忠状を提出して恩賞給付を受けられたのではない、ということである。当然、理論的にはそのような場合もあったかもしれないが、ほとんどの実際では、①および②③の各段階で何度か、同じ段階での重複申請をしたものといって差し支えない。これは、すでに述べたように、守護の書下、つまり中央に注進すべき旨を記した文書や、感状など、恩賞給付に近づく手段としての効力が期待される文書などを受理するために、書き加えつつ重複申請したという先述の理由からである。また①の段階では、地域的、時期的に限定される手続きであった可能性もあるが、相良忠頼の場合でみたように、証人審理などの施行の過程ではさらに細分化されて提出していたものと推測される。③の段階の軍忠状については、［史料11］にその例を示してみる。

［史料11］(43)

薩摩国比志嶋彦一《範平》丸代頼秀謹言上、

欲早預重御注進、浴恩賞、代官孫三郎範経彦一丸舎兄并若党常陸房六郎入道討死、親類右衛門六郎弁房以下若
党等被疵事、

副進

一通　大将嶋津三郎（頼久）左衛門尉書下
　　　并彦一郎申状

一通　奉行人遠矢入道返状
　　　并彦一丸代申状

右、彦一丸幼少之間、差遣舎兄孫三郎以下輩、去年八月押寄当国市来城（日置郡）致合戦、親類弁房被疵了、同九月卅日重
致軍忠之時、範経・常陸房・旗差又二郎令討死了、同十月十八日夜寅刻、凶徒矢上左衛門高澄以下為夜討寄来
比志嶋（日置郡）城彦一丸居所令防戦之時、若党六郎入道令討死之上、親類左衛門六郎・若党六郎太郎・五郎四郎入道被疵了、
雖然不被破当城、所致合戦忠也、比等之子細大将可有御注進之由、被成御書下候上者、重預御注進、為浴恩賞、
言上如件、

建武五年二月

この型式は一見して理解されるように、型式的には分別は容易なのであるが、軍忠状として扱うべきかどうかについての基本的な異論もあるのである。

これは近年、荻野三七彦氏によって発表された軍忠状に関する一連の論考の中に示されているものである。(44)荻野氏は、軍忠状の初見として佐藤進一氏の紹介された弘安五年二月の比志嶋時範申状を、(45)軍忠状として不適当であると指摘されている。ここで氏は、比志嶋時範申状は、(1)合戦後九カ月も経過しており、即刻証判を要求する軍忠状とは、

様式上よりも本質的な違いがあること、(2)証判を要求していないこと、(3)したがって複合文書となっていないこと、(4)上申者の手許に返付されていないこと、(5)軍忠状の要素である恩賞請求の文言を積極的に押し立てておらず、中状作成の態度が穏当であること、などの諸点を軍忠状の定義に対する基本的差異として、比志嶋時範中状については軍忠状として見做し難い旨を述べておられる。

しかしながらすでに明らかにしてきたように、軍忠状が、段階的に異なる機能をもって提出されていたことを考えあわせると、この見解には誤りがあるように思われる。すなわち、最も顕著な点をあげるならば、荻野氏の指摘のうち、(1)と(3)は、各々異なる段階で提出されている軍忠状（①および③段階）に対してはあてはまるが、両者を含めて軍忠状全体の統一的定義として適用することはできないのである。(1)は合戦後、ただちに上申される逐次型の最初の段階の軍忠状、(3)は恩賞給付に至る最後の段階の軍忠状（[史料11]など）の基本的性格について正しく反証しているが、現状で軍忠状と分類されているもの全体に統一的定義として考えようとすると、必然的に矛盾が生じるといわざるを得ないのである。

六

以上検討を加えて明らかにしてきたように、従来説で後期型とされていた軍忠状の存在する地域、時期に、初期型とされてきた逐次型軍忠状の積極的な機能と存在が確認できた。したがって軍忠状の二型式について、従来説となっていた佐藤進一氏の、時代的推移に伴う手続変化の結果としてこれを解釈することは適当ではなく、軍忠状が重層的に作成提出されていたことによる、軍忠申請の段階の相違として理解すべきであろうと結論できるのである。しかし軍忠状の段階的な提出が、恩賞給付に至るまでにどのように機能していたかも実はまだ充分には明らかにされてはいない。当然そのことは、時期によっても異なる上に、軍忠状提出者の所属する集団によっても、この問題は多様な結果が予測されるのである。たとえば、幕府中央にあって、将軍や侍所直轄軍を構成する者と、地方の守護に属する者は明らかに、軍忠上申のルートは異なるし、後の奉公衆の前身と、一般国人とのそれも同様な相違が推測される。この点は、軍忠状提出者の資格であり、いわば軍忠状提出権といってもよい。

時期的にみても比較検討しなければならない点は多岐にわたる。幕府侍所の権限の変化消長と守護侍所の成立、幕府と守護および九州探題などとの政治的関連、管領制の成立前後の変化、これら戦功認定権および恩賞給付権の所在の推移を充分に考慮しつつ、統計的にも対処しなければならない。このような莫大な作業を必要とすることは、軍忠状のもつ史料的可能性も示しているわけであり、幕府、守護、軍忠申請者などの相互の政治的結合関係を研究する上で、その詳細かつ正確な手続経路の解明は不可欠である。加えて、軍忠状形態の変化そのものを機能上の変容として捉え、時代的幅を増して政治的背景のもとでさらに充分明らかにしてゆくならば、室町幕府守護領国制の軍事的側面を体系的に構成することもできよう。

ここでは、その手がかりとして、その基礎的な位置付けのための指摘にとどまるが、このような軍忠状に対する従来説の再検討を通じての史料としての基礎的考察は、戦功の申請、審理および認定から恩賞給付に至る手続過程について、従来以上の詳細な検討を加えることを可能にすることを強調しておきたい。

註

(1) 軍忠状の二型式の分類は、相田二郎氏によって示された(『日本の古文書』上、岩波書店、八二一頁)。ただしこの中では、日記体の軍忠状を室町前期とし、中期以後を一つの合戦を申請する軍忠状様式となったとされ、時代的対象をやや下げたため、佐藤進一氏の見解とは逆の経過として述べられている。

(2)『熊谷家文書』(『大日本古文書』)四一。初期型軍忠状の例としてすでに引かれることの多いものなので掲げたが、この手負注文型式のものは、軍忠認定の手続きとしては、南北朝期とは異なっている(南北朝期といっても一様ではないが)と考えられるので、必ずしも適当な例ではないと思われる。

(3)『熊谷家文書』(『大日本古文書』)二二五。

(4)佐藤進一氏『古文書学入門』(法政大学出版局、一九七一年)二四六～二四八頁。

(5)他の傍線部についても、軍忠申請を申告していると考えられるが、着到の意味に関しては機会を改めて言及したい。

(6)『萩藩閥閲録』。

(7)『萩藩閥閲録』建武三年七月六日平賀共兼軍忠状に、「実検奉行執事御内、須多大弐房幷二階堂信濃入道代大部又太郎、羽尾六郎加見知、被入実検帳候畢」とあるのはその例である。

(8)守護に闕所預置権が委ねられるなど、漸次守護の恩賞配分に関与する権限と実情が拡大していくと、守護による管国内一般国人の軍忠の注進が、幕府侍所に対してその数を減少させる傾向が見られる。

(9)鎌倉期の蒙古合戦における軍忠の見知証人に対する証人審理は、原則としては本人出頭による口頭審問であった(「野上文書」弘安七年六月十九日付大友頼泰召文、など)。しかし一方で、証言に不審があった場合などには、起請文言をもつ請文提出による審理も実施されていた(東大史料編纂所所蔵「斑島文書」建治三年七月五日付大友頼泰書下)。

筑後国御家人守部彌次郎盛通、同四郎盛時、同六郎光盛等申蒙古合戦事、申状如此、任実証、載起請詞、可令申左右給、依執達如件、

建治三年七月五日　頼泰(花押)

斑島右衛門三郎殿

そして南北朝期に入るとその方法は、証人請文による書面審理がその中心となったようである(「有馬文書」建武三年三月十七日足利尊氏侍所奉行人連署奉書「……令見知之旨申之、為事実否、載起請詞、不日可注申、依執達如件」)。

(10)『山内首藤家文書』(『大日本古文書』)五三九。

(11)『山内首藤家文書』(『大日本古文書』)五四〇。

(12)『山内首藤家文書』(『大日本古文書』)五四一。

(13)守護侍所と幕府侍所との職掌関係などについては、未だ明らかではなく、今後軍忠申達の経路などから考察したい。多くの着到状ならびに軍忠状では、単に宛所に「御奉行所」とするのみであるが、この場合の審理では現地の守護侍所であることが明らかである。

(14)『薩藩旧記雑録』十八所収「小河文書」建武三年三月小河季久軍忠状写「……此等子細、同所合戦之輩、肥後国詫磨豊前太郎、肥後国曽禰崎左衛門三郎入道等令見知之間、被成御施行、被尋問実否之処、証人請文依無相違、被経御沙汰、被入御注進畢、……」。

(15)「相馬家文書」。

(16)同右。

(17)同右。

(18)同右。

(19)『吉川家文書之二』(『大日本古文書』)一〇二九。

(20)『南北朝の動乱』、中央公論社「日本の歴史」一九七頁。

(21)「筑後大友文書」(『南北朝遺文』一二三八)。

(22)『吉川家文書之二』(『大日本古文書』)一〇四七、吉川辰熊丸代河内道覚軍忠状。

(23)『吉川家文書之二』(『大日本古文書』)一〇二八。

(24)「諸家文書纂」十所収野上文書(『南北朝遺文』一二〇八)野上資頼軍忠状写。

(25)このうち、「豊後今村文書」(『南北朝遺文』七〇五)所収、建武三年七月廿九日掃部助入道等連署軍忠状は疑いがあり、「豊後野上文書」(『南北朝遺文』七一八)所収、延元元年八月十五日沙弥道円軍忠状は、大友貞順証判の南朝側のものである。

(26)「肥前深堀文書」(『南北朝遺文』七八三)。建武三年十一月には、前月の玖珠落城の後をうけ、六通の関連軍忠状が提出されているが、他の軍忠状が三月以来の軍忠を列挙するのに対し、本文書は三月二十七日のみの軍忠を申請するに止まるのは、深堀時広が、筑前筥崎で番役を勤仕(建武三年七月一日注進状、『南北朝遺文』六六六)し、あるいはまた一族明意とともに、同年八月三十日の筑後豊福原合戦に参加(建武三年九月深堀明意軍忠状、『南北朝遺文』七五一)するなど、他方面の戦線へ動員されたことによると考えることもできる。
(27)「豊前野中文書」(『南北朝遺文』七八三)。
(28)「相良家文書」(『南北朝遺文』七四八)。
(29)「勘文」の語を文中に有する軍忠状は、九州地方によく見られ、その勘文自身は提出されたのみで返却されなかった可能性もある。
(30)「豊後都甲文書」(『南北朝遺文』七九七)。
(31)「肥前有浦文書」(『南北朝遺文』六五二)。
(32)「肥前武雄文書」(『南北朝遺文』一九四〇)。
(33)「肥前青方文書」(『南北朝遺文』六二二)。
(34)「肥前青方文書」(『南北朝遺文』四七四)。
(35)「肥後小代文書」(『南北朝遺文』七四七)。
(36)「肥前深堀文書」(『南北朝遺文』七五一)、建武三年九月深堀明意軍忠状。
(37)「肥前深堀文書」(『南北朝遺文』七五二)、建武三年九月廿四日佐竹重義・行氏連署奉書。これを受けて、同年十月九日大村妙言請文案(「肥前深堀文書」)、同年十月十六日奈良田弁西請文案(「肥前深堀文書」)が提出されている。
(38)服部英雄氏「軍忠状の彼方に」(『史学雑誌』八九―七)。ここで氏は、おもに「相良家文書」の分析を中心に、同じ合戦では、同じ書式をもつ軍忠状が提出されているということから、軍奉行がひな型を提示した可能性を主張しておられるが、他の合戦の例をここでとりあげたもので考えると必ずしもそうではなく、また同筆なのは、後年の一括した写しである可能性もある。
(39)『相良家文書』(『大日本古文書』)一五五、一六六。文和四年四月五日一色範氏地頭職宛行状などは、わずかに手がかりを与えてくれる数少ない例である。
(40)「伊東文書」(『南北朝遺文』六四六)、建武三年六月植田寂円軍忠状。
(41)前註(19)[史料7]建武五年七月吉川経久軍忠状。
(42)羽下徳彦氏「足利直義の立場―その一　軍勢催促状と感状を通じて―」(『古文書研究』六)。ここで、感状の末尾文言によって恩賞期待の確実性によって二種の感状の存在を指摘された。

(43) 「比志嶋文書」(『南北朝遺文』一一四三)。

(44) 荻野三七彦氏「古文書と軍事史研究」(『軍事史学』九―三・四・五)。

(45) 『薩藩旧記雑録』所収、「比志嶋文書」。

第二章　軍忠認定における着到状の意味

一

着到状は軍勢催促状、軍忠状および感状などの文書と機能的に密接な関連を有し、室町幕府成立過程に重視すべき幕府ならびに守護の軍事力編成を考察する上での基本的史料として位置づけられる。しかしながら着到状の古文書学上での概念については、直接的に関係する軍忠状と同じく、機能と様式とにおいてなお検討されねばならない問題が残されていると思われる。

このことは、刊行されている史料集に収録される各々の文書名のつけ方が統一されておらず、同一の文書についてあるものは軍忠状としているものが、他の場合では着到状とされることがまま見受けられ、また軍忠状、着到状両者の性格が曖昧なために、申状、注進状など他の観点からその文書名を決定している場合もあり、文書名に異同の生じやすいことなどにもっともよく示されているといえよう。

［史料1］

着到

鹿嶋烟田刑部大輔重幹申軍忠事、

右、去二月廿八日、上方為小山若犬丸御対治、御進発之間、属惣領鹿嶋兵庫大夫入道永光（清包）手、最前馳参、至于武州府中、村岡、古河御陣、宿直警固仕畢、其後同五月廿七日、為奥州田村御追罰、御発向之間、於白河御陣警固仕已（ママ）、至于鎌倉御帰座之期、令供奉、抽忠節上者、賜御証判、為備後代亀鏡、仍着到之状如件、

応永三年六月　日

「承候畢（花押）」

（「烟田文書」）

［史料2］

改定着到之事

六拾五貫三百六十文　大間木

十三貫文　小淵之内中居

（中略）

以上弐百八拾四貫四百文

此着到

三本　大小籏持　具足皮笠

一本　指物持　同理

一張　歩弓侍　甲立物　具足　指物　志ない　地くろニあかき日之丸一ッ

二挺　歩鉄炮侍　同理

（中略）

以上卅六人

右着到、分国中何も等中付候間、自今以後、此書出之処、聊も不可有相違候、於違背者、越度由、可為如法度者也、仍如件、

（元亀三年）
壬申
正月九日　（虎印）

宮城（泰業）四郎兵衛尉

（「豊島宮城文書」）

［史料1］は、現在古文書学上では、着到軍忠状とよばれる典型的な型式を備えているものであるが、この文書名は、相田二郎氏によって提示され、「南北朝期において時代が下ると、『着到』の書き出しを持ちながら内容は軍忠状と変わらない文書が現れてくる」(1)とされて、わずかに触れられているもののほとんど説明されることなく今日に至っている。また［史料2］は、戦国期に後北条氏から被官宮城泰業に宛てて発給せられた文書で、これは機能的な内容からは軍役定書とされるべき性格の文書でありながら、(2)その文中に「着到」の文言を含むために、着到状と称される場合もあって、混乱がみられる。これらのことは、現在古文書学上では、着到状の定義が、軍勢の集結場所に到着したときに即刻提出される上申文書と限定され、一方で、文中に「着到」の文言を含むものを一括して型式分類してい

ることに問題があると思われる。ここでは、着到状ならびに軍忠状の概念が曖昧な理由を考察するために、着到軍忠状にみられるような両者の折衷的性格を付与されているものも含めて機能的検討を行い、実際史料の上で用いられている「着到」の意味を考え、その周辺について言及してみたいと思う。

二

着到状の制度的な成立の上限については、ただちに明確にすることはむずかしいので、機会を改めて述べたいと考えているが、『吾妻鏡』の文治五年七月二十八日の条に、次のような記載が見出せる。

御家人等面々、被注手勢、仍各進其着到(3)

これは軍務認定の意味の着到として、武家政権成立のごく初期にまでさかのぼって、その制度的存在を知り得る史料であるといえるものである。

ただし、この時期の実際の着到状そのものは残存していないので、現在着到状として一般に考えられている証判を受けて提出者本人に返却されるといった機能を有していたかどうかは不明である。おそらく、後述するように鎌倉末期に軍忠認定方式の変化が認められることと、当該期の信ずべき着到状の残存が皆無であること、および『吾妻鏡』記載の内容の三点から推測するならば、折紙を用いた本人作成になる上級所轄認定機関への提出だけで、証判ならびに返却はなされなかったものと思われる。

さて現存する証判を持つ着到状の初見とされているものは次の［史料3］の広峰長祐の正応三年のものであり、これには六波羅探題の北条兼時が証判を加えている。(4)

［史料３］

（端裏書）
「六波羅殿御書下　朝原時馳参事」

播磨国御家人広峰治部法橋長祐、依朝原八郎事馳参候、以此旨可有御披露候、恐惶謹言、

正応三年卯月十日

進上　御奉行所

「承了（北条貞時）（花押）」

［史料４］

着到

依此御大事、能登国御家人万行又五郎胤成参勤仕候、

嘉元三年五月七日

ついで［史料４］は同じく鎌倉期の着到状であるが、書式上の特徴として［史料３］と異なり、「着到」の書出しによって記されている。そしてこの二つの着到状が、古文書学上では典型的な二型式とされているのである。

この点について相田二郎氏は、［史料３］のようなものを主に、中国、四国、九州をはじめとする西国御家人の書式であって、［史料４］のように「着到」の文言をその書出しに有する、いわば着到書出し型式のものを、東北、東国の御家人がおもに用いる東日本型式の着到状であると述べられ、これを地域的な特徴として説明されて今日に至っている。[5] そこで最初にこの問題から考察してみたい。

［史料５ａ］

左少将（花押）

陸奥国田村三川前司入道宗猷女子七草木村地頭藤原氏代備前房超円、今月二日令馳参御方候、於向後者可致軍忠候、以此旨可有御披露候、恐惶謹言、

元弘三年六月五日　　地頭代超円

進上　御奉行所

（「相馬文書」）

［史料5b］

「承候了

同日

平（花押）」

着到

相馬小六郎長胤

今月十日、自奥州行方郡令馳参候、仍着到、

元弘三年六月十一日

（「相馬岡田文書」）

この［史料5］のａｂ二通の着到状はいずれも東国の相馬氏の文書に伝えられ、しかもほとんど同じ時期に作成提出されているものである。これを比較すると［史料5ａ］の方は先に示した鎌倉期の着到状の二型式のうち、［史料3］に代表される西日本型式と考えられてきたものと同じ披露状型式の着到状となっている。一方同じく相馬家に伝えられるいま一通の、ほとんど同時期の元弘三年六月に提出された着到状は、先の鎌倉期の着到状二型式のうち、東

日本型式とされる着到の文言をその書出しに有している。すなわち、相田二郎氏の説明のように、［史料3］ならびに［史料4］のような着到状書式の相違を、地域的な特徴として捉えることは、東日本の相馬氏の同じ文書群中に含まれる同時期の着到状二通に、東日本型式および西日本型式とされる両様が見られることから、適当ではないという疑問が生じる。そこで、次の史料二通を比較してみたい。

［史料6a］

信濃国市河左衛門六郎助房、並舎弟十郎経助等、今月十八日、馳参御方候、以此旨可有御披露候、恐惶謹言、

元弘三年六月廿九日　神　経助

（裏花押）神　助房

進上　御奉行所

「承了（足利高氏）（花押）」

（「市河文書」）

［史料6b］

（花押）

着到

市河刑部大夫助房

市河大炊助朝房

右、越後国御発向之間、為供奉今月十六日馳参候、仍着到如件、

建武元年八月　日

（「市河文書」）

この二通の着到状は、いずれも東国信濃の「市河家文書」のものであるが、［史料６ａ］は西日本型式とされるものであり、同［６ｂ］の方は東日本型式の着到書出しのものとなっており、やはり同時期において同じ家で、両様の着到状型式を見出すことが可能である。このように東国においては、相馬、市河両氏の文書群の中から同時期の着到状に、各々両様の型式が混在していることが明らかになったので、一方、西国の例も取り上げて検討を加える。

［史料７ａ］

筑前国怡土荘中村孫四郎入道栄永、去五月廿五日、匠作英時誅伐之時、令馳参、自同廿六日迄于今、付于御着到候畢、以此旨可有御披露也、恐惶謹言、

元弘三年七月十九日　沙弥栄永上

進上　御奉行所

「承了（花押）」（少弐貞経）

（「広瀬文書」）

［史料７ｂ］

著到

松浦一族中村孫四郎入道栄永、今月十三日、為抽軍忠、馳向菊池城候、以此旨可有御披露候、恐惶謹言、

建武三年三月十六日　沙弥栄永上

進上　御奉行所　「承了（花押）」（仁木義長）

（「広瀬文書」）

［史料7a］と［史料7b］は、筑前国の御家人が提出した着到状であるが、ここで注目すべき点は、同一人が作成の主体となっている事実であろう。［史料7a］は、西日本型式とされるものであり、後者は、東日本型式とされる着到書出しの型式を備えている。すなわちここで同一人の作成にかかる着到状にも両様の型式が見出せるということであり、このことは、先に例示した東国の相馬、市河両氏の場合の、嫡庶の別など作成主体による個人次元の書式の差という要因を考慮する必要のないことを意味する。さらに西国の例を示してみよう。

［史料8a］

平賀三郎兼宗抽軍忠、馳参候、以此旨可有御披露候、恐惶謹言、

元弘三季（年）年六月廿五日　藤原兼宗状（花押）

進上　御奉行所

「承了（花押）」

（「平賀家文書」）

［史料8b］

著到

安芸国高屋保地頭平賀孫四郎共兼、為抽軍忠馳参候、以此旨可有御披露候、恐惶謹言、

建武三年三月八日　藤原共兼（裏花押）

進上　御奉行所

「承候了（花押）（高師泰）」

（「平賀家文書」）

［史料9］
豊後国都甲庄半分地頭四郎惟世、於御方為致軍忠馳参候、以此旨可有御披露候、恐惶謹言、
建武三年三月十日　大神惟世（花押）
進上　御奉行所
「承了（花押）」
（「都甲文書」）

この［史料8a・8b］はいずれも写しであるが、安芸の平賀氏のものである。やはり同じように［史料8a］の方は西日本型式とされるものであり、［史料8b］は東日本型式とされるものとなっている。また次の［史料9］は、九州の豊後都甲氏の着到状であるが、［史料8b］の平賀氏の着到状と、その作成提出の時期をほとんど同じくするにもかかわらず、平賀氏のそれは着到書出しであり、この都甲氏のものは異なる型式を有する着到状となっていることがわかる。したがって以上、［史料5］から［史料9］までの検討を通じて、東国の相馬、市河両氏の着到状にはそれぞれ、西日本型式、東日本型式とされるものの両様が見られ、同様に西国の例としてあげた九州筑前の中村、中国安芸の平賀の両氏に残る着到状にもやはり、二型式が併存しているという事実から、この書式上の二型式を、地域的な特徴として理解することは適当ではないと結論できよう。

さらに検討を加えると、相田氏は地域的二型式の説明の中で、前述した東日本型式のものは「着到」書出しで、末尾を「仍着到如件」とするものであり、西日本型式は、末尾を「以此旨可有御披露候」という文言で結ぶ披露状型式であるとも述べておられる。しかしこの点については、着到状、軍忠状ともに書出しと書止めの文言の関係は多様であり、定まった対応関係の組み合わせを全体的に規定することは困難と思われる。ことに着到状にこの関係が甚だし

い。先に挙げた例からごく一つをとりあげてみても、［史料8b］の平賀共兼の着到状は着到書出しでありながら、その末尾は「仍着到如件」ではなく、西日本型式とされる型式の末尾文言の「以此旨可有御披露候、恐惶謹言」で結んでいる。(6) 軍忠状の場合では、「謹言上」、「何某申」などの書出し文言と、「以此旨可有御披露候、恐惶謹言」または、「仍言上如件」「目安之状如件」その他の組み合わせによる多様な書式は、実は何らの軍忠申請の段階的な機能上の差を表出したものではなく、申請者の幅広い恣意性に委ねられていることからくる単なる表記上の文言の違いにすぎない。したがって、着到状においても同様のこととして理解されると考えられる。これは軍忠状ならびに着到状が、固有の書札礼をもたず、言上状、披露状、注進状など他の書式を借りて成立したため多くの型式が混在することになったことに起因しているのである。

三

さて以上のように、相田二郎氏によって示された着到状の文言からの型式分類による東日本、西日本両様の二型式の分類は不可能であると結論し得るのであるが、軍忠状にも機能的段階性が存在した(7)と同様に、着到状にも機能的に性格の異なる段階性が想定される。そこでこの問題について、若干の検討を加えたい。

［史料10（a）］

依謀叛人上総掃部助高政、左近大夫将監貞義事、肥前国竜造寺左衛門二郎入道最前馳参候了、以此旨可有御披露候、恐惶謹言、

建武元年七月廿四日　沙弥善智

進上　御奉行所
承候了（花押）
（「竜造寺家文書」）

[史料10（b）]

依謀叛人上総掃部助高政、左近大夫将貞義事、肥前国竜造寺左衛門次郎入道善智馳参候了、以此旨可有御披露候、
恐惶謹言、
建武元年七月廿四日　沙弥善智（裏花押）
進上　御奉行所
承候了
沙弥正遍（斎藤）（花押）
（「竜造寺家文書」）

[史料11]

宗像氏事書
一、方々雑掌使節并結番等奉公事
右、或糺巡儀、或依所帯之分限、且就当座之器量可勤仕、若御公事之外、称指合、於令辞退之仁者、為不忠之最
一、殊可行罪科、将又過于社恩越於傍輩、至于致奉公之族者、尤可有忠賞也、
次結番事、続調奉行人之着到与番頭之着到、可令勘合之、若不参及五ヶ度者、可処罪科、於非番之輩者、可有別
功之旨、載右状畢、

（「宗像文書」）

この［史料10（a）（b）］の二通の着到状は、双方とも同じ竜造寺善智が同日付で提出し、証判の花押のみ異なるものの、文言、書式、体裁などをまったく同じくする文書である。このことは、建武元年七月二十四日の同一の軍務であった着到の申告に関して、二通の文書の上申によって認定を受けるという手続きを示すものと考えられる。この二通が提出された事情については、［史料11］の宗像氏事書の傍線部分から窺うことができる。そこには奉行人と番頭との着到を「続調」ついで、「可令勘合」と記され、さらに不参のものに対しての罪科の規定も述べられている。すなわち結番して軍務を課せられている者の、着到の認定手続きが、奉行人と番頭双方に各々別個に記録され、照合するという方法を取っていたことを知ることができるのである。事実、先の［史料10］の二通と同様に、鎌倉期において、六波羅の南北両探題各々に着到状を提出すべき制規が指摘されている。また元弘争乱期には、大友、少弐両氏に同文の申上を別々に証判の申請を行うため二通作成提出している例が多いが、(8) これは大友、少弐両氏が鎌倉期に保有していた鎮西東方、西方の奉行の職務権限に由来するものと考えられている。(9) これらのことから少なくとも鎌倉期には、同一の文言書式を有する着到状二通を、別個の異なる上級認定者のもとに提出して、着到の認定を受けるという制規のあったことを知ることができよう。しかしながらこの二通の提出は、着到認定手続上同時に提出されるものであるが、［史料12］および［史料13］を検討すると、明らかに従来的な概念の着到状とは、その機能と時間的経過の段階性が異なるものであることがわかる。［史料12］は元弘三年六月二十六日からの宿直の勤仕であり、軍勢を率いて到着するいわゆる「着到」からの時間的経過も著しいことに加えて、申告内容も、「御着到」にはすでに、「令付候畢」と過去終了の事実として述べていることに注目すべきである。

［史料12］

「奏文候了（花押）」（少弐貞経）
一品親王自去月廿六日、臨幸大宰府原山之際、筑前国中村弥四郎入道栄永勤仕宿直、令付御着到候畢、以此旨可
有御奏達候也、栄永恐惶謹言、
元弘三年六月廿四日　沙弥栄永上
進上　御奉行所
（「広瀬文書」）

［史料13］
丹波国和智庄一分地頭片山虎熊丸申、篠村御座之由承候之間、今月二日馳参候了、於合戦者、可致忠勤候、以此
旨可有御披露候、恐惶謹言、
元弘三年五月二日　虎熊丸状
御奉行所　「承候了（花押）」
（「片山文書」）

［史料14］
着到
陸奥国御家人
式部伊賀左衛門三郎盛光
同伊賀左衛門次郎貞長
同伊賀四郎光重代木田九郎時氏

同式部次郎光俊代小河又次郎時長

右、去十一月二日御教書、同十二月二日御催促、幷廿日令到来之間、相催一族等、同廿四日所馳参也、仍着到如件、

建武二年十二月廿四日　沙弥（花押）

（「飯野八幡神社文書」）

さて一方、次の［史料13］は、［史料12］と同じ元弘三年のものであるが、提出日付の元弘三年五月二日は、文中の「今月二日馳参候了」という記述から到着したその当日であり、到着後直ちに作成提出されたことが知られるので、いわば一般に考えられている本来的意味の着到状であるといえよう。したがって［史料12］と［史料13］は証判の位置が異なるものの書式はほとんど同様であるが、その内容から機能的には、相違があるといわねばならない。

次いで［史料14］は、［史料12］および［史料13］とは型式を異にする着到状であるが、この建武二年十二月二十四日の提出日付を有する交名注文型式のそれは、文中に、「相催一族等、同廿四日所馳参也」とあって、機能的には軍勢を率いて到着した際に、即刻作成提出される本来的概念の着到状としての性格を持つものであり、その意味では［史料13］と同一の機能を果たしていると言ってよい。

したがって、軍忠状においても即刻上申型と長文日記型に示されたように、軍忠認定手続きの重層的な段階性が確認されたが、(10)着到状にも［史料12］のようなすでに軍勢の集結が終了してから相対的に時間的経過を長く経た後に作成提出される軍忠状的性格を有するものと、［史料13・14］のように参着後、即刻提出される参着同時型の二様の性格の着到状の存在が指摘し得るのである。さて、ここで先の［史料12］中村栄永の元弘三年六月二十四日の日付をもつ文書に表現される「令付御着到」の意味について検討を加えたい。(11)次にあげる［史料15・16］は、［史料12］と同

じ「着到」の用法によって表現される「着到」の文言を文中に含むものであり、「着到」と「軍忠」行為との関連と双方の時間的経過を示すものと考えられる。

［史料15］

美濃国鵜飼庄一方地頭太郎三郎家満申、依謀叛人蜂起事、去十八日、土岐伯耆入道代官神戸五郎入道相共令内談、同十九日、同道馳向所々、致軍忠、同日於垂井宿、（イ）令付御着到候畢、同廿日、馳向阿志賀渡、致軍忠、同廿一日、於大浦市場北、致合戦候畢、就中、同日戌時、土岐伯耆八郎相共渡阿志賀河之先陣、（ロ）於東岸付着到、馳向所々、致忠節候者也、然者、早預御注進、弥可成武芸勇之由相存候、以此旨、可有御披露候、恐惶謹言、

建武元年十二月廿三日　源家満（花押）

「承候了（花押）」

（「熊谷家文書」）

［史料16］

目安

野本能登四郎朝行今者死去、子息鶴寿丸申軍忠事、

右、朝行為当家一流之跡、自祇候　将軍家以来、或捨所領、或軽命、致無弐忠節事、無其隠之上者、始而雖不能挙功、粗注進之、

一去建武二年十二月八日、将軍鎌倉御立之間、朝行御共、同十一日、於伊豆国愛沢原合戦之時、最初馳向、懸先致合戦之忠畢、其子細、上杉兵庫入道并侍所三浦因幡守等令見知畢、同日、中山合戦之時、御方之先陣、依御敵敵等強敷、少々被引退之間、結城判官手勢、朝行若党岩瀬彦太郎信経、同又五郎光家、同又太郎胤経、同孫五郎

家綱等、相共十余騎、入替懸先、切落御敵一騎、欲取頸之処、山名伊豆守殿為日大将、令見知之上者、雖不取頸、可進于先之由、被仰之間、随彼命、則追落御敵於河鰭、（イ）預大将御感畢、此子細等、翌日被付着到畢、

一同十二日、同国佐野河合戦之時、自中手渡河、致軍忠畢、（中略）

□（一）建武三年正月三日、近江国伊幾寿宮合戦、朝行若党岩瀬彦太郎信経、最初押寄城之辰巳角、切入城垣之処、信経左右之保宇於被射抜畢、（ロ）仍大将兵部大輔殿（仁木頼章）、山名伊豆守殿有御見知而及御感畢、加之、同若党丸山彦次郎為時、片切五郎成義被疵畢、翌日於野路宿、被付着到畢、（中略）

□（一）小山城合戦事、将軍鎮西御下向之後者、前国司方軍勢等令蜂起、人民無安思、然而当城者為一陣之間、御方仁存御志一族等、(12)（ハ）馳籠彼城、連々尽合戦忠者也、去年（建武三）十一月三日、横田毛原合戦之時、分取頸一、入大将見参畢、加之、郎等大淵彦九郎入道被疵之間、所被付着到也、此次第、一族等令見知畢、仍大将并小山常犬丸祖母証判状在之、亦桃井駿河守殿着到、同給之畢、（中略）

建武四年八月日

「一見了（花押）」

（「熊谷家文書」）

［史料15］、傍線部の二カ所に使われる「着到」の文言に注意してみると、（イ）の「令付御着到」は、「同十九日、同道馳向、所々致軍忠」について垂井宿において行われた手続きであり、（ロ）の「於東岸付着到」は、「同廿日」の阿志賀渡の軍忠と、「就中、同日戌時、土岐伯耆八郎相共渡阿志賀河之先陣」を行ったことについて表現する「着到」であって、いわゆる到着して手に属する行為ではなく、すでに終結した過去の戦闘行為における軍忠の申請を意味していることがわかる。この点は、（イ）が、「去十八日」に、「令内談」した土岐伯耆入道代官とともに本来的意味の

「着到」を果たした意味をも多分に内包するとしても、翌々日に、(ロ)の部分で再び「着到」に付することは、一連の軍事行動として従軍中であることが明白であるので、ここでもやはり一般的意味としての「着到」が表現されていないことは確実であるといわねばならない。

［史料16］は長文日記体の軍忠状の典型例として知られる建武四年八月野本鶴寿丸軍忠状であるが、この点についてやはり同様の事実を知ることが可能である。傍線部(イ)の「被付着到」の表記は、建武二年十二月十一日の伊豆国愛沢原并中山合戦の時に、「切落御敵一騎」した軍忠に最も重点を置いた戦功の申請を行い、それを日大将山名伊豆守が実検帳に記録したことを示している。傍線部(ロ)は、建武三年正月三日、近江国伊幾寿宮合戦において、若党岩瀬信経が敵城内に切り入って顔に射創を受け桃井、山名両大将の実検済みである事実と、同じく若党丸山為時、片切成義が負傷した軍忠について上申を行い記録されたという経過を、「被付着到畢」と表現するものである。また(イ)(ロ)いずれの「着到」も、所属の大将を同じくする京都上洛へ西上途中の連続する軍事行動の中で記録されていることからも、先の［史料15］で指摘した点と同様のことがいえよう。したがって［史料15］［史料16］のように内容から考えるならば、軍忠の申請行為に対する記録という意味で「着到」の文言が使用されており、いわゆる到着した事実について、後日の確認手続きとしてのいわば従来的な意味でのそれを指すものでないことは明らかである。

次の［史料17］に現れる(ロ)の場合は、［史料16］の(ハ)と同じく軍忠記録そのもの、すなわち、ここでは菊池城攻囲の合戦中逐次に提出される軍忠状をさすものと考えられる。

［史料17］

肥後国発向之事、今月廿七日注進状(イ)今日到来、為先陣、既寄菊池城被合戦候由、各軍忠之至、感悦無極候、着到(ロ)注進之時、面々可賀申候、恐々謹言、

康永二年三月廿九日　　　氏泰判

先陣人々御中

（「志賀文書」）

またはじめの（イ）注進状とあるのは、他に軍忠状をさして注進状と呼ぶ例[13]もあるが、ここでは菊池城攻撃の大将宇都宮宗頼からの全体としての戦闘状況の報告であり、個々の戦闘参加者からの守護に対しての軍功申請ではなく、それは包囲軍が帰還の後、守護大友氏泰の面前において「注進」されたことと推定され、事実、同二十五日の戦功について宇都宮宗頼証判の軍忠状が存在している。[14]以上のように［史料15・16・17］の検討から、「着到」という文言が、実際史料上では軍忠の申請を記録するという意味、あるいは、軍忠記録そのものを表現した意味において使用されていることが多くあることを指摘できる。[15]そして「着到」の文言を含むことからの型式分類と、軍勢が到着した際に、直ちに提出される上申文書としての着到状の概念の混同が、はじめに述べた［史料1］の着到状の位置づけの曖昧さや、［史料2］のような文書が着到状とされてしまうような混乱を生じさせていると思われる。先に例示した［史料2］は、戦国大名があらかじめ定めた軍役定書と称すべきものでありながら文書始めに「着到」の文言があるために、着到状と呼称されている。これは「着到」という文言が軍忠記録そのものを意味することのあったことから、守護側の着到帳に記載されていた軍役の賦課人数を記録することから転じたと推測できよう。

このように着到の文言は、軍忠を記録する、あるいは軍忠の記録そのもの（軍忠状あるいは守護側の実検帳、着到帳の三者）を表現することがあり、着到状の定義を単に着到の文言を第一義にする用法に限定することはできない。したがってすでにみたように、現存する着到状には事件終了後に提出される軍忠状的性格が強いものと、軍勢として到着後、直ちに提出される即時性をもつ本来的意味の着到状の二様があり、軍忠状との厳密な分離はその文言の多重性からむずかしい。[16] ただし、機能的に見ると、当時においては両者はその手続きとして区別されており、認定者側の手続きでは、到着後直ちに提出される即時型着到状は、着到帳への記入確認が行われ、軍忠の申告に重点を置くものは実検帳への記入ないし即時型軍忠状との校合確認が行われたと考えられる。

四

左に掲示する表[17]は、九州地方における軍忠状、着到状、覆勘状の時期的な残存状況を概観するために作成したものである。

はじめに覆勘状についてみると、その存在がほぼ元弘争乱期以前に限定されていることに留意したい。これはすでに指摘されているように[18]、鎌倉期には［史料3］、あるいは［史料4］に見る通り、着到状は不時の急な参集の際の確認申告のために用いられており、異国警固番役、京都大番役など前もって結番されているような平常の番役の際には、統轄する守護側の作成する下達文書である［史料18］のような覆勘状による認定が行われていたという事情を反映している[19]。

西暦年次	軍忠状	着到状	覆勘状
1280～1284	0	0	17
1285～1289	0	0	17
1290～1294	0	11	23
1295～1299	0	0	16
1300～1304	0	0	8
1305～1309	0	0	3
1310～1314	0	0	1
1315～1319	0	0	0
1320～1324	0	9	0
1325～1329	0	0	0
1330～1332	0	8	0
1333	15	56	1
1334	0	14	0
1335～1339	175	63	2
1340～1344	52	8	0
1345～1349	15	1	0
1350～1354	64	10	0
1355～1359	26	0	0
1360～1364	7	0	0
1365～1369	2	1	0
1370～1374	24	0	0
1375～1379	36	0	0
1380～1384	6	0	0
1385～1389	3	0	0
1390～1394	3	0	0

瀬野精一郎編「九州地方中世編年文書目録」より作成。

［史料18］

警固番役事、被勤仕候了、仍執達如件、

延慶三

十二月十五日　本性（酒匂）（花押）

比志嶋孫太郎（忠範）殿

（「比志島文書」）

［史料19］

肥前国彼杵庄戸町浦地□（頭）深堀孫太郎入道明意（時通）、□（今）月十日箱崎夜廻事、任被□（仰）下之旨、令勤仕候了、以此旨可□（有）御

披露候、恐惶謹言、

建武三年六月十一日　沙弥明□（意）

承了（佐竹重義）（花押）

進上　御奉行所

（「深堀文書」）

ここで［史料18］［史料19］の検討を行ってこの間の事情について考えてみよう。

［史料19］は、鎌倉期の［史料18］と同じく博多の警固番役を結番警固したことについて申告するものであるが、番役勤仕者本人の作成であり、証判の上で提出者本人に返却されており、軍忠状および着到状と同じく複合文書としてその後の効力が期待される機能を有している。

この史料は着到状との概念比較と、軍忠状の成立とにおいて重要なものである。このような文書は従来、その文書名に定められるものがなく、「注進状」、あるいは「請文」などとされているのが現状である。機能的には、この文書は平常時の軍務認定の性格が強く、実際の着到状とされるものの二様のうち、軍忠状的性格の強いものとの区別は不

可能であり、むしろ全く同一のものといってもよい。即時型着到状と比べても定例の結番として行われている警固か、もしくは不時の召集による合戦へ移行する可能性がより高い状況での警固かの違いのみである。そこで、［史料19］のような文書は、「番役着到状」という文書名を付するのが、型式的にも、機能的実際から考えても適当かと思われる。

したがって鎌倉期において、異国警固番役など平常結番の勤仕といった軍務の認定は、御家人の軍務を統轄する守護側の作成する覆勘状によって証明が行われ、緊急に召集が行われる突発の変事に際しての出兵の軍務に対する認定は、本人作成提出による証判を受けて返却される着到状によってなされるという二つの軍務についての認定方式があったことが確認される。しかし建武三年には本人作成の証判型式の覆勘状が出現し、一方、従来の認定者側作成の覆勘状が暦応二年七月八日（「青方文書」同日付小俣正栄覆勘状）を最後として消滅することから、建武から暦応を過渡期として暦応年間までには平時の軍務と緊急の合戦の召集の双方共に、本人作成提出になる証判型式の着到状による認定方式に一本化されたことがわかる。このことは換言するならば、元弘争乱から南北朝初期へと展開する戦闘の激化、恒常化による不断の臨戦体制によって本来緊急性に対応した文書の確認手続きであった着到状に、時代状況に対処できなくなりつつあった覆勘状の機能が吸収されたということができよう。この点については軍忠の申請にも同じことが指摘し得る。すなわち、鎌倉期における軍忠の認定方式は、基本的には本人の口頭申請によって行われ、その審理過程が遅延ないし紛糾したときのみ申状によって軍忠の再申告がなされていた[20]。しかし元弘争乱期以降には、原則的には合戦直後の認定から文書＝即時型軍忠状によって軍忠申告ならびに確認作業が行われるようになったのである。

表の着到状の残存状態を概観してみると、軍忠状が南北朝期を通じて一応残されているのに対し、着到状の残存には、元弘争乱期および南北朝初期、すなわち一三三〇年代に集中しているという特徴が看取される。この点を考えてみると、本来、鎌倉幕府が規定していた各国守護ごとの国内御家人に対する軍勢催促権が崩解した元弘争乱、建武政権成立と崩壊、そして足利氏による幕府復活という激しい動乱期において、在地領主層の軍事的帰属という問題がきわめて重視されたという事情を反映したものといえよう。

軍勢の一員として、あるいは軍勢を率いて着到に加わる参軍という行為自体が、御家人各々の判断に全く委ねられるという状況のもとで、着到状の有する機能的な重要性もまた増大した結果が、表に見るように元弘争乱期、建武政権成立および南北朝争乱の初期という限定された時期に集中して着到状が作成提出されたという事情の重大な理由であるといわざるを得ない。そこで着到状作成の重要性にかかわる着到＝参軍という行為が軍忠概念の中でどのように捉えられ、また変化したのかという点に言及してみたい。

[史料20]

為誅伐新田右衛門佐義貞、宮庄地頭周防次郎四郎親家馳参御方候、以此旨可有御披露候、恐惶謹言、

建武二年十二月五日　藤原親家（裏花押）

進上　御奉行所

「承了（証判）（花押）（武田信武）」

（「吉川家文書」）

[史料21]

安芸国宮庄地頭周防次郎四郎親家申、去年（建武二）十二月五日、属御手、押寄当国矢野熊谷四郎三郎入道蓮覚城墩、到于同廿六日、自大手木戸切入城内処、親家被射左股畢、次親家旗差藤三郎男被射右股候畢、此等次第、御奉行人福島新左衛門入道、并武藤五郎入道所被加実検也、然者、為後証可賜御判候、以此旨可有御披露候、恐惶謹言、

建武三年五月七日　藤原親家状

（裏花押）

進上　御奉行所

「承候了（花押）（武田信武）」

（「吉川家文書」）

［史料20］と［史料21］はいずれも周防親家の提出にかかるものである。［史料20］は、建武二年の十二月五日の日付をもって提出され、安芸国守護武田信武の証判を受ける着到状の典型的な書式体裁を具えているが、すでに述べたようにこの着到状のみからでは、文中にある新田義貞誅伐のために守護のもとに参着した日付は確定することができない。しかし一方、［史料21］を見ると、これは周防親家同人が、翌建武三年五月に作成提出した軍忠状であるが、本文はじめに「去年十二月五日」の日付が記されており、その日付は守護の「属御手」した時であったことが明らかとなるのである。ここで初めて、［史料21］建武三年五月七日に提出された軍忠状の記載から、［史料20］の建武二年十二月五日の着到状は、［史料13］および［史料14］などと同じく、到着した際に即刻提出される本来的概念での即時型着到状という性格を持つものであることがわかる。そしてここで注意しなければならないことは、この着到状と軍忠状のように同一の着到事項の内容を含む関係の連結できる例は、きわめて少ないという点にある。この理由を明確にするために軍忠の概念について少し考えてみよう。鎌倉政権成立の以前から、武家社会における功労は、大別して官仕の労と、戦功にあるといわれている。ここで前提として問題となると考えられるのは官仕の労と軍務との区別である。というのは先に示したように着到状と軍忠状とともに密接な関連を持つ覆勘状が証明する内容事項には、この点の区別が不明確であると思われるのである。鎌倉政権成立以前から続けられる京都大番、さらに異国警固番役、あるいは鎌倉大番および守護所番役などの諸役のうち、すでに明らかにされた京都大番役については侍所所司ならび

に各国守護より発出せられる二様の催促状(21)により結番順序次第に勤仕が行われる。一方、武家の官仕の労が、右筆および法曹官僚層などを別とすれば、武家の性格上、軍務にその中心が置かれていることは当然であろうが、評定衆奉行人層といえども鎌倉末期から室町初期においては軍陣に加わり、戦闘行為を要求されるので、軍務から全く解放される対象は武家社会の構成員の中では例外的である。したがって、官仕の労といい、結番されている警固役といっても、不時の参集の際の着到との違いは、後者が前者二項より合戦へ移行する確実性において高いというにすぎない。ここに鎌倉期に、覆勘状と着到状が各々別個の機能的手続きを有して併存していたのにもかかわらず、ひとたび戦闘状態が恒常化し、または、参集せしめられる軍勢の数が増加していった南北朝期に入ると、［史料19］に見るように、ほどなく両者が着到状の型式に手続きを一体化させた理由があると思われる。鎌倉期の軍勢の召集から合戦に至るシステムはすでに多く明らかにされているのでくり返さないが、基本的には各国守護を番頭にする編成、すなわち平時の大番役の勤仕をその中核として一単位別の部隊を形成している。そして鎌倉幕府から出向する侍所の所司以下の職員が軍奉行として督戦にあたり、総軍の大将とともに各所属の守護を通じて戦功の検知を行ったと考えられている。

しかし南北朝期に移行すると行動する軍勢の編成は鎌倉期にくらべてはるかに複雑化したことが知られる。この時期においては、(1)尊氏、直義の直轄親衛軍、(2)守護軍、のほかに、とくに侍所の御手に属した旨を注記する軍忠状を多く見ることから(1)、(2)の部隊に付属せしめられる侍所職員のほかに、(3)として侍所そのものの小規模の軍勢の編成が行われ、各国地頭御家人は、(2)のみならず(1)および(3)に必要と事態の推移により付属されて部隊を編制し発向したと思われる（そして当初守護軍に派遣されて戦功の検知にあたった中央侍所職員を核にして守護侍所が成立した経過が予想されるが、この問題も機会を改めて述べたい）。したがって戦闘が恒常化するような当該期においては、二つの理由によって覆勘状型式の軍務認定方法の維持は困難となる。一つは、常番個所の多様化と動員軍勢の編成の組み替えがしばしば行われるなどの複雑化から、侍所が統一的に守護を通じて御家人の勤仕状況を把握、統制し得なくなったということ。二つには軍忠概念としての平常勤番の重要度の決定的低下である。軍忠には確かに多様な内容が確認されるが、実際の戦闘が多発するならば、討死、分捕、手負などの概念は、やはり平常勤番などの多分に経済的奉仕の側面を強く有する元来覆勘状が認定してきた官仕の労に近い軍務の功に優先することは明らかであろう。すなわち軍勢を率いて加わる参軍それ自体が、軍忠として認められていたとしても(22)、着到状が提出される緊急の着到は、事態が合戦に移行する確度のきわめて高い状況であるから、結果として、合戦という戦闘行為によって生じる討死、分捕りといった戦功が、より恩賞給付の対象に近いわけである。したがって着到状は、多くの場合引き続いて生じる戦闘行為について上申する軍忠状より、恩賞期待の効力に劣るので、その保存についても軍忠状ほどには留意されなかったと考えられる。つまり［史料21］のような軍忠状が作成提出され証判を受けて認定された段階で、［史料20］の着到状は単に［史料21］の具書という意味しか持たなくなり効力を失うに至ったものといわねばならない(23)。このように鎌倉期に存在した覆勘状と着到状の二つの軍務の文書認定手続きは、戦闘の激化により証判型式の着到状手続きに一体化させ、さらにその時代の動きは着到状の性格をも軍忠状との差を失わせ同質化することとなったと結論することができよう。

五

以上、着到状および「着到」の文言を含む文書の検討から、実際史料上での「着到」の語意の多様性と、南北朝初期の着到状機能の変化により、現在着到状とされる中には、本来的に軍忠状との厳密な区別をなし得ないものが多数残存している点が明らかにされよう。この結果、現在古文書学上で考えられている、到着の際即刻作成上申されるという性格を不可欠とする「着到状」の定義は、さらに該当文書群について詳細な機能的分類を行い、これに応じて、たとえば［史料19］のようなものには「番役着到状」というように新たな文書名を付していくか、あるいは従来より若干幅広い意味を付与する方向のいずれかで修正する必要があると考えられるのである。

註

（1）相田二郎氏『日本の古文書』上、八一九頁、岩波書店、一九四九年。
（2）柴辻俊六氏「戦国大名文書」（『日本古文書学講座』4中世編Ⅰ所収、二一五〜二一六頁、一九八〇年）。ここで［史料2］に掲出した「宮城文書」について、「これは後北条氏が武蔵豊嶋郡の宮城泰業に与えた着到状であるが、内容的にはむしろ前述した軍役定書ないし、軍勢催促状というべきであろう」と述べられている。
（3）『吾妻鏡』文治五年七月二十八日条。
（4）瀬野精一郎氏『概説古文書学』古代中世編所収、第六、上申文書一七五頁、吉川弘文館、一九八三年。
（5）相田二郎氏『古文書と郷土史研究』七、一七六頁、名著出版、一九七八年。
（6）同様の例を今一つ挙げる。

「吉川家文書」吉川家什書十三実経

着到　吉河又次郎実経申着到事

右今年二月十一日　馳参和州平田御陣者也、仍着到如件、

貞和四年二月日

「承候了（武田信武）（花押）」

この文書の吉川氏は駿河に本貫を有するいわゆる西遷御家人であって、元弘年間以降の幕府への上申文書には安芸国大朝本庄住人と明記しており（「吉川文書」元弘三年五月廿七日吉川経長軍忠状以下）、西国安芸大朝本庄に活動の根拠をおく有力御家人であるが、本文書のように「着到」に書きはじめ「仍着到如件」で結んでいる。
（7）拙稿「軍忠状に関する若干の考察」参照、『古文書研究』二一所収。

(8)「相良家文書」元弘三年六月十四日、相良頼広着到状二通はその例である。また元弘三年六月から八月にかけてみられる申状から、大友、少弐あるいは島津から各々覆勘状を受けそれを備進していることがわかる。一例を示す。

（花押）

原田大夫種直五代孫子、筑後国三原九郎種昭謹言上、

欲早且依合戦軍忠、且任定法給身暇令参洛浴恩賞、弥抽軍忠間事、

副進

一通　筑後入道状

一通　大友近江入道状

右者、五月廿五日武蔵修理亮英時誅伐之時種昭致合戦軍忠之条、筑後入道、近江入道状等顕然也、然間先々言上訖者、早任定法、給身暇、令参洛、為浴恩賞、恐々粗言上如件、

元弘三年八月日

（「三原文書」）

(9) 瀬野精一郎氏『鎮西御家人の研究』一九七五年。森茂暁氏「建武政権と九州」（『九州中世史研究』第二輯所収一一七頁注五、一九八〇年）。

(10) 拙稿前註(7)前掲論文。

(11) 一方、中村栄永は、［史料12］元弘三年六月二十四日のほかに、同年七月十九日にも次のような文書を提出している。

筑前国怡土荘中村孫四郎入道栄永去五月廿五日、匠作英時誅伐之時、令馳参自同二十六日迄于今付于御着到候畢、以此旨可有御披露也、恐惶謹言、

元弘三年七月一九日　沙弥栄永上

（少弐貞経）

進上　御奉行所「承了（花押）」

（「豊後広瀬文書」）

これを［史料12］と比較すると、証判の位置が異なるものの、申請内容はすでに終了した過去の宿直勤仕についての重複上申であり、軍忠状的性格が強く、本来的な着到状として規定されている機能と全く異なることはいうまでもない。

(12)「亦桃井駿河守殿着到、同給之畢」とあるのは、「着到」の文言を考える上のみならず、軍忠の認定方式の過渡的段階を示すものとして重要であると思われる。ここでの「着到」は、鎌倉期、とくに蒙古襲来の際で確認されるように、軍忠認定者側が作成したものであり、口頭申請者にこれを手交している点から、他の部分で「大将並小山常犬丸祖母証判状在之」と述べているように証判型式の軍忠状と、軍忠認定方式が併存しており、画一的に整備されていない実情を知ることができる。

(13)「相馬文書」建武三年三月二十八日相馬光胤軍忠状。

(14)大友氏泰が派遣した宇都宮宗頼を大将とする肥後菊池城攻撃の軍で、攻城期間中に作成提出されて証判を受けている軍忠状が残されているので次に示す。

「肥後志賀文書」

目安

志賀蔵人太郎頼房軍忠事、今月廿五日肥後国於鞍嶽山、先陣致合戦、若党進左衛門三郎威光左ノカヒナ被射疵、中間後藤六打死、同廿七日菊池城合戦之時、若党中条勘解由左衛門尉右ノ足被射疵之条御勘文之状明白也、仍目安之状如件、

康永二年三月廿九日

「承候了

備前介(宇都宮)宗頼（花押）」

(15)「熊谷家文書」正慶二年閏二月八日、熊谷直経着到状案、本書は端裏に「千葉(千早)城着到案文」とあることから『大日本古文書』の文書名もこれにしたがっているが、内容は現在の古文書学上では軍忠状とすべきものであると同時に、当時としての文書手続きの概念を示していると考えられる（瀬野精一郎氏「軍事関係文書」『日本古文書学講座』5中世編Ⅱ所収、一九八〇年）。また従来、証判型式軍忠状の初見は「忽那文書」元弘三年三月二十八日の伊予国御家人忽那重清のものとされるが、「熊谷文書」正慶二年壬二月から三月に作成された熊谷直経、直氏の「手負注文」として知られるものは、即刻上申型軍忠状であると考えられるので、このうち最も古い日付を有する、正慶二年壬二月二十七日付の、熊谷直経および直氏の手負注文両通を証判型式の軍忠状の初見とすべきであると思われる。

(16)

A

豊後国御家人富来次郎忠高自関東至于鎮西大宰府御共仕候、以此旨可有御披露候、恐惶謹言、

建武三年三月　日

進上　御奉行所　（高師泰）「承了（花押）」

（「富来文書」）

B

着到

吉河彦次郎経久申

右、為顕家卿誅伐、属御手、可発向海道之由、被成下御教書之間、自去正月廿日迄于今、警固黒地要害以下、致忠節候畢、以此旨可有御披露候、恐惶謹言、

建武五年二月四日　藤原経久状（裏花押）

進上　御奉行所　（高師冬）「承了（花押）」

（「吉川家文書」）

Aは「大友文書」康永元年九月日付、志賀頼房申状に「鎮西御供殊被賞翫歟」とあることから、軍忠状とすべきであり、Bの場合は「着到」の文言を含むものの、内容は要害警固をはじめAとまったく異ならない供奉の期間を申告するものであり、申告内容からの機能的差はないといえる。しかしＡＢいずれも内容に戦闘行為による分捕り、手負などが記載されず、鎌倉期には覆勘状による証明を受ける内容事項である。また、着到軍忠状と呼ばれる多くのものが、供奉と戦闘に従事した期間の申告に重点が置かれ、具体的な軍忠について述べるものが少ない。

(17)　瀬野精一郎氏編『九州地方中世編年文書目録』吉川弘文館、一九七四年、より作成。

(18)　相田二郎氏『日本の古文書』上、一九四九年、八一七頁。

(19)　元弘争乱期には、九州地方において元弘三年六月から八月に多くの申状が軍忠について上申するが、着到のみならず、戦功の認定に関しても、少弐、大友、嶋津などの覆勘状が発出されており、一方で京都周辺では証判型式軍忠状が見出される

ことから、辺境九州では南北朝期に一般化する証判型式の軍忠認定制度への過渡的段階を示していると考えられる。

(20)　相田二郎氏『蒙古襲来の研究』七章、一九五八年、竹崎季長絵詞。

(21)　五味克夫氏「鎌倉御家人の番役勤仕について」『史学雑誌』六三―九・一〇、「大友文書」康永元年九月志賀頼房申状。

(22)　前註(16)「大友文書」康永元年九月日志賀頼房申状。

(23)　軍忠状でも、即時型の残存が少ないのは、即時型を連載し、かつより上級認定者の証判を受ける長文日記体一括申請型に対して恩賞請求の訴訟の際に具書としての効力の劣るからにほかならないと考える。

第三章　守護挙状の機能と特徴

一

南北朝動乱の初期において諸国に発遣分置された大将・守護の軍事的機能は、幕府政治の展開にとってきわめて大きな意味を持つ。したがって幕府、大将・守護および国人相互の関係をその軍事指揮権から検討することは、当時が戦乱期の軍事社会であった実情からも有効性を認められる。しかしその基本史料となる当該期の着到状、軍忠状などの一連の軍事関係文書に関しては、相田二郎、中村直勝両氏の研究からさほど大きく進展しておらず、その定義や機能が明確となっていない。本章では南北朝初期における挙状について、当該期の幕府軍事体制下での発給状況からその機能と特徴を検討してみたい。観応擾乱以前の初期幕府軍事体制の特質については、足利一門・根本被官出身守護・大将の大量起用のみならず、一般外様守護に優越する軍事指揮権が与えられていた事実を指摘してきた。(1)当時の軍事関係文書との対応関係から、軍事指揮権とは、(1)軍勢催促権、(2)戦闘指揮権、(3)戦功認定権、(4)幕府への戦功および戦況注進権、(5)感状発給権などの諸要件によって構成されていたことは疑問の余地がなく、挙状もまた(3)、(4)の権限を考察する重要な軍事関係文書(2)であると判断される。まず挙状の定義から再確認してみよう。

相田二郎氏はその著『日本の古文書 上』で、吹挙状・挙状の項において次のようにいう。[3]

下位の者からの申出たことを、上位の者に取次いで吹挙する為に出す文書、又下位の者から上位の者に奉る文書を取次ぐ時に出す文書を、吹挙状若くは挙状と云ふ。下位の者から直接上位の者に申上ぐることの出来ない場合、また特に吹挙してその申出に信用を深めることを図る場合に、かかる文書が必要となってくるのである。

以上のように冒頭に定義され、例文を掲示する。その文書は、北畠顕家が指揮下の伊賀盛光の篝屋役の免除の申請について、津軽地方において味方として合戦に参加したことを事実として保証し、中御門宗兼宛てに中継上申した建武元年の挙状である。[4]そして下巻の図録にさらに三例を掲げる。その一は、九州探題渋川満頼が、阿蘇惟郷の大宮司職相続の申請を幕府に上申した応永二十二年のもの。[5]次に、能登守護吉見氏頼が指揮下国人の天野氏の押領された所領について安堵の裁許を申請した康安二年のもの。[6]そして最後に、伊豆国守護代が管国内闕所地に関して、先の遵行命令の結果提出されてきた走湯山衆徒の請文を中継上申するものである。[7]これらの四例から見ると、相田氏の吹挙状・挙状という文書名を有する文書の定義は、中間権限を持つものが下級申請者の要求を、文字通り上位者に推薦を伴う場合を含めて中継上申する文書であることが判明する。したがって挙状挙申者は、上位者にその要求を取り次ぐ任にあたると同時に、要求を提出してくる対象たる被推挙者を指揮統督する立場にあったということになる。本章では挙状の有するこのような基本的性格から、観応擾乱以前の南北朝初期における幕府軍事体制下における幕府と守護との関係を考察する好適な材料として類型化を試みて検討を加えたい。なお史料上では吹挙状または挙状と記すものが多いが、本章では推挙または挙状と表記する。

二

南北朝動乱期における挙状は、地方の軍事指揮官である守護ないし大将が幕府に対して、指揮下国人の戦功の上申、また恩賞請求や所領相論を有利ならしめる推薦をする機能を有する上申文書である。したがって挙状の挙申者は、幕府より一定の戦略上の意味を有する広範な地域の軍事指揮権を付与された大将であることが多い。このため挙状の挙申者は守護と見做されることが多く、佐藤進一氏の『室町幕府守護制度の研究』においても、守護の在職徴証として有力な文書となされている。また一国の軍事指揮官である守護とならんで複数国の国人を指揮下に包摂し、数ヵ国にわたって軍事活動を行う足利一門大将もまた挙状を挙達している例が見受けられるが、ここでいう大将は、国大将および数ヵ国にわたる広域的軍事指揮権を行使する足利一門の上級大将を指すこととする。(8) しかし挙状挙申者すなわち推挙権を有するもののすべてがこの両者であるというわけではない。たとえば建武三年初頭の尊氏九州落去時の例ではあるが、戦功の見知証人に対する問状の発出も、足利尊氏の侍所奉行人が連署奉書で行う一方で、(9) 同時期に少弐頼尚が単独の直状で発給している。(10) このように挙状発給と密接な連関を持つ戦功検知手続きの段階でも複数のルートが存在するから、挙状の場合も、守護に中継してくる地方戦域の下級軍事指揮者からの挙状の存在が予測され、事実戦闘の直接指揮を執った各級指揮官が、指揮下国人の戦功を上級指揮者である守護・大将に注進を行っており、これらの文書も挙状とされているので後述する。

足利尊氏は建武政権から離反して、京都占領、九州落去、京都再占領という推移を経るわずか一年の間に、諸国に守護・大将を発遣し、北朝を擁立すると同時に、侍所・引付方・恩賞方以下の幕府機構を設置することに成功した。(11)

その建武三年とそれに続く幕府諸制度の成立期の時代状況を考える時、文書による戦功の確認手続きが重要であったことは疑いない。それは間断ない戦闘の継続と恩賞の不満で離反を繰り返す国人層の実情から、幕府・国人相互に時間的経過に対応し得る戦功確認と恩賞給付のシステムが必要とされたということにほかならない。一方、このような文書による戦功確認は、蒙古襲来以降、整備・発展して元弘の争乱を迎えたと想定されるから、鎌倉幕府の継承を標榜する足利尊氏が、幕府崩壊後いちはやく各国武士の着到状に証判を施した事実に表徴されるように、旧幕府期における文書による戦功認定制度は尊氏によって全面的に継受されたものとみられる。そしてこのような状況下において挙状もまた、内乱期の足利方武士の戦功事実の上申と確認、恩賞および所領所職の安堵などの請求手続きの過程で発給されるという役割を担った。その過程においては、申請者＝被推挙者の軍忠事実の確認要求に対する挙状と、その後の恩賞および所領所職の安堵や相論の際に挙達される挙状の大きく分類して二段階が存在した。そこでまず軍忠事実の挙達を目的とする軍忠挙状を例示する。

［史料1］

（「佐竹文書乾」）

伊賀式部三郎盛光事、於常陸国久慈東郡花房山以下所々合戦、抽軍忠訖、仍盛光目安状壱通進覧之候、若此条詐申候者、八幡大菩薩御罰於可罷蒙候、以此旨可有御披露候、恐惶謹言、

建武四年五月廿日　　　　刑部大輔義篤（裏花押）

（押紙）「佐竹刑部大輔」

進上　御奉行所

この挙状のように指揮下国人の申告してくる軍忠状記載の戦功を、起請文言を載せて証明し、関東執事や鎮西管領、

そして幕府などの上級機関に挙申する軍忠挙状をA型とする。この例では、本人の「目安状」を具書として副進しており、その内容について事実である旨を保証する挙状である。文言中の「目安状」とは、「花房山以下所々」の各合戦後に提出された逐次型軍忠状をもとに合成され一括して申請する型式を持つ軍忠状であるから、推挙を行う佐竹義篤は、一括申請型軍忠状の証判者にほかならず、また一回ごとに証判を与える際に証判者側が記録する実検帳の保管者でもあることは明らかである。(12)［史料1］では宛所は「御奉行所」とあるのみであるが、関東執事斯波家長の問いに応じて、義篤から家長へ宛て挙達したものと判断して誤りない。(13)

またA型に見られるような軍忠挙状の挙達は、戦闘指揮を執った直接認定者から守護へ行うものと、さらに守護から幕府へ報告するものとの少なくとも二つの段階が存在する。次の二通の軍忠状は、前者が守護代、後者が守護に宛てて国人がその軍功推挙を要請したものである。

［史料2］

為兼重以下凶徒等誅伐、三保院御発向之間、自最初令馳参、致軍忠候之処、去廿一日夜兼重之城焼失之時、大隅菱刈郡柿木原孫七兼政於当大手致合戦之間、被射左腰了、仍即時被見知、不日欲被経御注進候、以此旨可有御披露候、恐惶謹言、

建武四年二月二十二日　(柿木原)藤原兼政

進上　御奉行所

見知了、守護代沙弥栄定（花押影）

（『薩藩旧記』十九所収「柿木原文書」）

［史料3］

薩摩国延時又三郎入道法仏代信忠謹言上、
　欲早預御注進浴恩賞、越前国敦賀城合戦軍忠事、
右、就御教書馳参、致軍忠候畢、然早為預御注進、恐々言上如件、
　建武四年三月六日
　　　　承了（島津頼久）（花押）
（「薩摩延時文書」）

［史料2］は、前日の夜戦における自身の負傷という軍忠について、「仍即時被見知」と即刻負傷の認定を要求し、「不日欲被経御注進候」と述べ、負傷の実検をもとに早急な挙状の申達を要請する即時型軍忠状である。[14]証判者はこの戦闘の直接指揮を執っていた守護代で、要求する注進先は守護正員である。

これに対して［史料3］の申状では、越前金ヶ崎城攻略の軍忠について具体的内容に全く触れず挙状の挙申のみを要求する最終型式の軍忠状である。いうまでもなく具体的戦功についてはすでに現場では認定済みであって、要求する挙状の注進先は幕府であるから、［史料2］の例より段階が上である。事実、足利直義感状に島津頼久から注進のあった旨を明記し、九州国人に宛てて五月に発給されている。[15]この二通の軍忠状から看取されるように、守護代および守護に対して、上級機関への挙状を要求する軍忠状は枚挙にいとまなく存在し、各々の段階で軍忠挙状が挙申されたのである。[16]合戦の直接指揮者が守護・大将であったり、まして足利尊氏、高師直などの幕府直率軍に編成されていた武士であれば、最初の認定段階が省略されたであろうが、戦闘が同時多発的に行われる戦乱期においては、多くの場合は守護正員の一族や守護代、さらに守護軍奉行人などの各級部将の指揮下で合戦し、まず守護・大将段階での戦功認知を受けなければならなかったはずである。このことは、A型が軍忠の事実のみを守護・大将から幕府など上級

者に推挙していることから、その前提として被推挙者の申告する軍忠の事実認定を、推挙者たる守護が事前に実施済みであることは前述の手続過程からも直ちに理解される通りである。その場合、守護段階で実施する戦功の事実審理で、軍忠申請者とともに合戦に参加した同所合戦の見知証人に提出させる請文は、書式上ではこの軍忠挙状と同様な型式を持つ。

［史料4］

長弥三郎信仲謹言上

去七月十五日、於備後国則光西方城槨、小早河七郎、石井源内左衛門入道以下凶徒依楯籠、山内七郎入道観西相共彼城押寄、同十七日夜半、御敵於追落刻、中間惣四郎令討死、若党真室弥次郎被疵（中略）或同所合戦、或国中之事候間、令存知候、若偽申候者、日本国中之大小神可罷蒙御罰候、以此旨可有御披露候、恐惶謹言、

建武三年十月十日　長谷部信仲

進上　御奉行所

（「山内首藤文書」）

これは大将武田信武証判の建武三年七月十八日付山内観西軍忠状で申告する戦功認定において、見知証人として名前を挙げられた長谷部信仲と大田佐賀寿丸代藤原光盛両名に対して、武田信武奉行人から戦功の実否を問う問状が発せられた結果、各々十月十日と同十一日に提出された証人請文のうちの一通である。(17) このように戦功認定手続きの過程で、戦功申請者と同所合戦の人物に対して、守護・大将側から文書による事実確認作業が実施されているが、この時の証人請文は、戦闘参加者と直接指揮者である守護・大将との最初の確認段階で提出されている。その確認結果としての軍忠を守護・大将から幕府に注進すると、受理した幕府側からもさらに守護に対して文書による戦功の事実確

認作業が行われ、その段階で作成されたのがA型の軍忠挙状ということになる。したがって同所合戦の見知証人から上申する守護代および守護への答申文書は、現在の古文書学上では、請文として文書名が確定しており、同じく合戦軍忠の事実を保証推挙する守護代から正員、守護正員から幕府へのそれは内容や書式・体裁などが同じでも挙状と称されているのである。挙状と請文との関係については、当時の文言でも史料上それぞれ「挙状」「請文」と別々に見られるが、請文が平安時代末にはすでに現れるのに対して、挙状という文書名が史料上に出現するのは鎌倉期に入ってからと見られ、時代が下ることは疑いない。軍忠などを推挙する挙状は蒙古襲来の際からみられるが、本章では必要最低限度に止め、この挙状成立という問題については次章に譲りたい。興味深いことは、貞永式目六条に訴訟手続きに本所の挙状を必要とする旨の制規がある一方で、(18)鎌倉期には守護からする御家人の安堵や訴訟に関する挙状はほとんど管見に触れず、軍忠に関しては蒙古襲来に際しての戦功認知作業において、初めて合戦の見知証人請文と、大将が御家人の戦功を証明する証状と称する文書が出現したことである。この証状という初見史料としての挙状は、薩摩御家人比志嶋時範の、弘安役における軍忠申状の内容を証明した島津長久の軍忠挙状である。(20)また文永・弘安役の(19)戦功認定をめぐっては、同所合戦の証人に対して、戦功申立の事実に相違ないか否かを確認する問状が下されており、(21)さらに審理のための尋問の必要から、守護所への出頭を要請する召喚命令も発せられている。(22)この時に守護からの問状に応えて提出された見知証人の請文と、この確認作業終了後に守護自身が幕府に対して管国内御家人の戦功を挙達した文書は、いずれも書式、内容ならびに目的からみて南北朝期に見られる見知証人請文や、守護・大将の上申文書として頻出する軍忠挙状と各々全く同じである。したがって軍忠挙状の成立は軍忠状や着到状と同じく蒙古襲来をその契機にしていると考えられる。このような事実から南北朝期の挙状の制度もまた鎌倉末期に整備されてきた着到状、軍忠状から恩賞給付の将軍家下文に至る一連の軍事関係文書の一つであり、その一環として南北朝期に継受されたものと見られる。ともあれ起請文言を有するA型の軍忠挙状は多数にのぼり、書式上では［史料4］に見るように同所合戦の見知証人請文と選ぶところはなく、ただ宛所と推挙者、被推挙者の段階が異なるのみである。したがって宛所と推挙者の双方ともに人名およびその地位の比定が困難な場合は、文書名を付する時に請文か挙状か迷うことになる。しかしこの点については、現在の古文書学上の問題というよりは、当時からの文書の呼称がそのまま踏襲されていることが大きな理由となっている。南北朝期におけるA型の軍忠挙状は大将・守護・守護代のものがみられるが、ごく初期の足利尊氏九州落去の多々良浜合戦時のものを除き、そのすべてに起請文言が用いられているのはその発生の事情と証人請文の形態と無関係ではないといえよう。さて以上のように、軍忠状には提出先の相手よりも、より上級の戦功認定者への挙状の挙申を要請する文言が多く記載されることは、守護の一族および守護代級の戦闘指揮者への即時型軍忠状にすら見られるところであり、これが軍忠挙状が挙達される重要な理由の一つであることは疑いない。また A型の軍忠挙状のみならず、以下に述べるB型の各種挙状の挙達行為も、国人側からの要求という事由からだけでなく、守護・大将側にも挙状を挙達して幕府に要請しなければならない事情が存在したと思われる。戦功認定の段階が進み、恩賞を約束する足利尊氏感状を下付された国人層は、それを京都へ持参して所領給付の下文と交換する制度であったと推定され、(23)また恩賞沙汰のいずれかの段階で遅延した際には、国人は催促の訴訟のため上洛しようとする。

このため戦闘継続中に国人が管国から離れて上洛すれば、守護の軍事力に大きな影響を与えることは当然である。ししかも彼らの手にする幕府感状は、大規模な戦闘後の一時期に集中して発給されるのが普通であるから、この証拠文書を持参して国人が大挙上洛すれば管国の防備は手薄となり、南軍に乗じられる結果を招くことになることはいうまでもない。したがって恩賞沙汰の遅延があれば、被推挙者本人の上洛を制止し、代官に証拠文書を持参させる旨を記す挙状が多く見られる。(24)このように動乱期においては、国人の恩賞請求、所領安堵および訴訟などの問題解決のために、彼らに上洛されると都合が悪い守護の側にも挙状を幕府に申達しなければならない積極的理由が存在したと判断される。

次に文言中で軍忠に言及している挙状であっても、恩賞請求や所領の安堵申請、そして訴訟の便宜を計ることに重点がおかれている恩賞および安堵挙状と訴訟挙状をB型挙状とする。

［史料5］

相馬六郎長胤（今者討死）・子息孫鶴丸・同七郎胤治子息竹鶴丸・同四郎成胤子息福寿丸等申状三通如此候、謹令進覧候、且為申給所領安堵候、進上代官候、且長胤・胤治・成胤等、顕家卿発向之時、去年（建武三）五月於奥州行方郡内小高城令討死候訖、此等子細追可令言上候、以此旨可有御披露候、恐惶謹言、

建武四年五月二日　　陸奥守家長上

進上　武蔵権守殿

（「相馬岡田雑文書」）

この斯波家長挙状では、前半に相馬孫鶴丸以下の支証の申状を副進しつつ所領の安堵のために代官を京都へ派遣する旨を述べ、後半には挙達の根拠たる軍忠について保証し、かつ詳細については後日報告すると上申するものである。この型の挙状の挙達事情については、当時の所領の安堵や恩賞給付の実情がどのようなものであったのか、その時代状況に触れる必要があろう。

［史料6］

今月二日御札、同廿一日到来、委細承候了、抑肥州凶徒間事、菊池武重死去之後故、国中無為候、兼又対薩州御敵兼重御合戦之間事、可注進之由雖承候、適於御在国、一方御承知候上者、直可有御注進候、次□□出羽次郎参御方事、公私目出候、彼仁本領幷忠節間事、是又自京都宛身被成御教書歟、此上者、宜為御計、可有御注進候、

毎事期後信候、恐々謹言、

七月廿九日　　　　沙弥道猷（花押）

謹上　畠山殿

御返事

（「肥後森本文書」）

［史料7］

応自京都御教書、令致軍忠給候之由承候、殊目出悦入候、其間子細、便宜之時者、可令言上京都□、恐々謹言、

七月廿九日　　　　道猷（花押）

大友出羽弥次郎殿

御返事

（「肥後志賀文書」）

この二通の書状は、暦応二年の同日に鎮西管領一色範氏（道猷）が返書として各々の相手に与えた文書である。前者では、建武三年三月以来、九州南部の足利氏所領確保を主任務として発遣された畠山直顕に対しての返書で、直顕が対戦している南軍肝付兼重との戦況報告について、直顕が、範氏から京都へ報告してほしい旨を要請してきた点について、「直可有御注進候」と答えている。この部分に注目すると、両名は同じく足利一門の派遣大将として、一般外様守護に優越する権限を付与されているので、守護にも与えられる戦況および戦功の注進権は当然具備しているが、九州戦域においては、直顕は戦況注進を範氏を通じて京都に行う建て前であったことが文面から窺知し得る。また大友出羽次郎の帰参を戦局好転に利することを期待して喜ばしいとした上で、「彼仁本領并忠節間事、是又自京都宛身

被成御教書歟」と述べている。敵方国人が帰参して来た際に、本領安堵が誘降の前提条件となっていたことは明らかであるが、[25]京都すなわち幕府からの御教書とは何を指しているのであろうか。そこで後者の文書、すなわち当の出羽次郎への返書をみよう。冒頭にある「御教書」とは、直顕への返書中にいうそれとは異なり、足利直義ないし尊氏からの軍勢催促ないし味方への帰参を促す奉書であろう。そして「便宜之時者、可令言上京都」と述べ、機会ある時には必要に応じて戦功ないし恩賞推挙を行う旨を出羽に告げている。

当時各国守護・大将よりする恩賞推挙の受理は幕府執事高師直の所管事項であり、尊氏発給の御判御教書による所領宛行、料所預置などの施行ないし遵行と、それに伴う諸事に関連する幕府御教書の発給は師直が実施していた。[26]しかも師直は恩賞方頭人を兼帯して恩賞挙状受理と行賞審査に関与しており、これは表出した挙状の宛所が、「御奉行所」とならんで「武蔵守殿」すなわち高師直宛が多いことを見ても直ちに理解できるところである。したがって畠山への返書中にいう京都よりの御教書とは、高師直の施行状を指すものと見られる。一例を挙げる。

［史料8］

田原蔵人三郎入道正曇中、
豊後国八坂庄事、任建武参年四月二日御下文、可被沙汰付于正曇代官之状、依仰執達如件、
建武四年三月廿七日　　武蔵権守（花押）
大友孫太郎殿

（「豊後武内淳氏所蔵文書」）

この豊後守護大友氏の例にみるように、当該期の守護管国においては、所領安堵と宛行から下地沙汰付に至るまでには、尊氏下文が給付されたとしても、本文書のような幕府御教書の施行から、守護の遵行そして守護代以下の遵行

打渡しという幕府法にいう次第沙汰が実施されないことには、将軍家下文受領だけでは現実の知行に至らないのが実情であったのは周知のことである。次の史料は、その間の事情をよく物語っている。

［史料9］

橘薩摩一族等謹言上、

浴早且預京都御注進、且任　将軍家御下文旨、下賜御施行、全知行恩賞地、大隅国種嶋地頭職事、

副進

一通、将軍家御下文、

右、将軍家御下向于鎮西之時、武敏以下凶徒等楯籠菊池山城之間、為誅伐御発向之時、一族等属御手、抽軍忠之刻、一族并若党等数輩討死手負以下抜群之間、預御吹挙、令拝領当嶋、播面目以来、鎮数ヶ度御合戦、毎度有忠無怠之処、依未下賜京都御施行、雖有拝領之号、無知行実之上者、早預御注進、下賜御施行、全知行、弥為抽武功忠貞、言上如件、

暦応三年五月　日

（東京大学史料編纂所「橘中村文書」）

この暦応三年五月の橘薩摩一族らの言上状案によれば、抜群の軍忠によって御推挙に預った結果、将軍家下文を受領し、それを本申状の備進文書としながらも、「雖有拝領之号、無知行実之上者」となっているのは「依未下賜京都御施行」のためなので、早急に「下賜御施行」ことを守護島津に要求している。一方、幕府の地方統治機関としての鎮西管領一色道猷は、一般守護にはみられない上級権限によって、建武三年から文和四年までの間に書下様式の宛行状多数を指揮下国人層に発給しており、勲功地の宛行権を行使し得たことが明らかとなっている。しかも守護管国と

は異なり、この書下による宛行状を執行するための宛行状も独自に発給している。(27)にもかかわらず指揮下国人が一色道猷の恩賞給付の書下では満足せず、足利尊氏下文の発給のみならず現実の所領の引渡しのための幕府御教書による施行を要求した事実は、場合によっては、恩賞給付の一色道猷書下とその施行状だけでは、恩賞地の現実支配に至らなかったという実情を如実に示している。このように九州大将として闕所処分権を幕府より委ねられ、恩賞給付とその施行も実施しうる立場にあった一色道猷も、指揮下国人の軍忠ならびに恩賞の推挙を行い、幕府御教書をもってする次第沙汰を拠りどころとして下地の打渡しを行わざるえなかったことが判明する。事実、一般守護たる島津宛てに、将軍家下文の旨に任せて沙汰付を命ずる幕府執事高師直施行状が発給されている。(28)

ここに国人層に対する恩賞給付権を付与されていた鎮西管領すらが、挙状を幕府に申達しなければならない理由があったと考えられる。すなわち所領安堵、恩賞地給付、さらに所務相論の裁決などの給付権および裁決権は、鎮西管領が独自完結的に行使することができず、あくまで挙状による幕府への挙達行為に基づいて、幕府からの安堵、宛行の御教書の発出を伴ってはじめて実現可能となったのであった。このように、他地域の一般外様守護が制限されていた軍勢催促状や感状の発給を行うのみならず、闕所処分権をもとに行賞権すら行使していた九州派遣大将も、推挙という行為によって幕府の権威による保証を取り付けることで、はじめて国人層の所領要求に答え得る実行行為を成し得たと思われる。したがって一般の諸国守護に至っては、挙達によってもたらされる幕府からの次第沙汰なくしては国人の所領拡大要求に応える実効をあげることは不可能であったに相違ない。

重複して整理すると、守護段階での戦功認定手続きが終了した段階で、国人は幕府への推挙権を有する守護に対して自己の軍忠の推挙を要請し、挙達行為の結果幕府感状が下達される。その後、これまた諸国守護の注進によりしかるべき闕所が将軍家下文として給付されるのであるが、その後も幕府による次第の沙汰が実施されなければ恩賞地の実効支配には至らないのである。強調しておきたいのは、軍忠行為の認定を守護・大将の介在なく幕府に直接認定され、また軍忠状による恩賞申請から将軍家下文給付が直接的に対応していたわけでなく、そこに至る経過で守護・大将とその挙状の役割が決定的に重要であったということにある。

所務相論の解決にあたっても同様であったこともいうまでもない。したがってB型挙状にはその目途によって、安堵、恩賞および訴訟の各種挙状が存在する。

［史料10］

大隅式部孫五郎入道子息忠能重言上、

薩摩国伊集院内馬渡田畠以下、自当院御代官方被致押領間事、右、巨細先度言上畢、而自当院御代官方、彼田地等被押領事、同院兵衛三郎所令存知也、有御尋、不可有其隠、然早被尋究此等子細、被経急速御沙汰、糺給忠能、為令全地頭御米等、恐々重言上如件、

建武四年三月　日

（『薩藩旧記』十九所収「山田文書」）

B型挙状が、恩賞だけではなく、このような所務相論の解決を求める国人からの守護・大将への申状による要請の結果によっても作成され、この申状に添えて幕府に中継上申される場合があったのは明らかであるが、このような所務相論の申状の例でも守護側から見る時、申請者の軍忠を、推挙するに足りるかどうかの判断が重要な前提となっていたはずである。しかしながら、南北朝動乱期の九州においては、恩賞の軽重によって去就を決するという国人層の傾向はきわめて顕著であり、任地において南軍制圧に努めねばならない派遣大将や守護級諸将は、指揮下国人の要請があればその申請者の軍忠の程度や相論の真実にかかわらず挙状の挙申を行わざる得ない状況下にあったと想像され

る。そしてこの実情を熟知する幕府の警戒感が推挙者に対しての起請文言を要求し、A型のみならずB型の挙状にも起請文言をもつものが少なくない主要な理由であると見られる。また挙状のなかには、軍忠の事実に関しては報告済みで幕府も了承しているとの前提で、軍忠事実に触れず、安堵と訴訟についてのみ幕府の沙汰を要求する挙状も存在する。一例を挙げる。

［史料11］

佐治孫四郎重泰事、去年八月廿日参御方候之子細、先度言上畢、仍於本領者返付候者也、可為何様候哉、以此旨可有御披露候、恐惶謹言、

建武四年正月十二日　　源　義春（花押）

進上　武蔵権守殿

（「因幡佐治谷加勢木村百姓所蔵文書」）

この挙状では、佐治重泰という因幡の国人が南朝方から足利方に帰参したことによって、当然それ以前には闕所として武家方に没収されていた本領の還付を要求する守護の挙状である。帰参の子細と事実関係については「先度言上畢」と述べ、すでに報告済みであるので文中には本領返付の要求のみ記される。署名の源義春は細川氏に比定され、(29)本文書を根拠として南北朝期における初代の因幡国守護とされている。義春の詳細は不明であるが、幕府執事高師直へ挙状を直接申達し得る立場からみて、たしかに守護正員の地位にあると判断して差支えないと思われる。このように帰参＝軍忠の事実関係にまったく言及しないで目的のみ挙申する再挙申以上の挙状も存在する。この型の挙状は初度に軍忠について保証済みであるので軍忠には言及せず安堵、恩賞、訴訟の目的のみ要請するものである。これは推挙の主要な目途が安堵や訴訟におかれていることからB型に含めることとするが、このような軍忠に言及しない挙状

は再度以上の挙申であり、軍忠についてはすでに推挙の当然の前提として保証されているはずであるから、守護側と幕府側双方で被推挙者の軍忠については周知のことであったと思われる。

三

以上のように挙状は、A型の軍忠挙状とB型の恩賞・安堵・訴訟の各挙状に大別でき、さらに、A型には守護代級部将から守護に宛てるものと、守護から幕府へ挙申する二段階が存在する。B型にも同様に、恩賞・安堵・訴訟を挙申する前提の軍忠を明記保証するものと、全く言及しない再申請以上の挙状の二種が認められる。そこで以下表1中ではそれぞれをAⅠ・AⅡ、BⅠ・BⅡとして、建武から観応擾乱までの南北朝初期における足利方の挙状とされる文を掲出する[30]。

表1

	発給年月日	推挙者	宛所	被推挙者	当該国	型	備考	出典
1	建武三年三月五日	島津貞久	高師泰	式部三郎	薩摩	AⅡ		薩藩旧記山田文書
2	建武三年三月五日	島津貞久	御奉行所	河田慶喜	薩摩	AⅡ		大隅有馬文書
3	建武三年三月二十四日	島津貞久	御奉行所	島津道慶	薩摩	AⅡ		薩藩旧記山田文書
4	建武三年十二月二日	守護代信義	(石塔義房)	田代了賢	伊豆	AⅠ		田代文書
5	建武三年十二月二十一日	高師直	畠山直顕	島津時久	日向	BⅠ	訴訟	薩藩旧記新納文書
6	建武四年一月十二日	細川義春	高師直	佐治重泰	因幡	BⅡ	訴訟	因幡佐治谷加勢木村百姓所蔵文書
7	建武四年一月十五日	石塔義房	御奉行所	田代師綱等	伊豆	BⅠ	恩賞	田代文書
8	建武四年四月十七日	斯波家長	高師直	相馬乙鶴丸	陸奥	BⅠ	訴訟	相馬岡田文書

	発給年月日	推挙者	宛所	被推挙者	当該国	型	備考	出典
9	建武四年五月二日	斯波家長	高師直	相馬孫鶴丸	陸奥	BⅠ	安堵	相馬岡田文書
10	建武四年五月二十日	佐竹義篤	（斯波家長）	伊賀盛光	陸奥	AⅠ	起請型	飯野八幡宮文書
11	建武四年九月十一日	畠山直顕	御奉行所	土持宣栄	日向	AⅡ	起請型	薩藩旧記土持文書
12	建武四年九月十八日	桃井貞直	御奉行所	茂木知政	下野	BⅠ	恩賞　起請型	茂木文書
13	建武五年二月七日	赤松円心	御奉行所	島津忠兼	播磨	BⅠ	訴訟	文化庁島津家文書
14	建武五年四月十七日	桃井盛義	御奉行所	伊達義綱	但馬	BⅠ	訴訟	伊達文書
15	建武七年四月十八日	塩谷高貞	御奉行所	鰐淵寺宗徒	出雲	BⅠ	恩賞	晋叟寺文書
16	建武五年八月十三日	赤松円心	御奉行所	島津忠兼	播磨	BⅠ	訴訟	文化庁島津家文書
17	暦応元年十一月十五日	吉良貞家	御奉行所	伊達義綱父子	但馬	BⅠ	訴訟	南禅寺文書
18	暦応二年一月二十二日	畠山直顕	御奉行所	土持宣栄	日向	AⅡ	起請型	薩藩旧記土持文書
19	暦応二年二月五日	畠山直顕	御奉行所	土持宣栄	日向	BⅠ	恩賞　起請型	薩藩旧記土持文書
20	暦応二年三月二十日	氏家道誠	御奉行所	相馬松鶴丸	陸奥	AⅠ	起請型	相馬文書
21	暦応二年八月十九日	吉良貞家	御奉行所	不明	因幡	BⅡ	訴訟	尊経閣東福寺文書
22	暦応二年九月三日	畠山直顕	御奉行所	出羽宗雄	日向	BⅠ	安堵　起請型	肥後志賀文書
23	暦応二年九月三日	畠山直顕	高師直	出羽宗雄	日向	BⅠ	安堵　書状	肥後志賀文書
24	暦応二年九月七日	石塔義房	高師直	佐竹一族	常陸	BⅠ	恩賞	佐竹文書乾
25	暦応二年十月二十五日	少弐頼尚	仁科左近大夫将監	深堀政綱	肥前	BⅠ	恩賞　書状	肥前深堀文書
26	暦応二年十一月十三日	赤松円心	御奉行所	島津忠兼	播磨	BⅡ	訴訟	文化庁島津家文書
27	暦応二年十一月十三日	石塔頼房	御奉行所	島津忠兼	播磨	BⅡ	訴訟	文化庁島津家文書
28	暦応三年三月二十二日	高師泰	河内民部太夫	八木秀清	不明	BⅠ	恩賞	保坂氏所蔵文書
29	暦応三年六月十一日	上野頼兼	御奉行所	由利基久	長門	BⅠ	恩賞　起請型	根津氏所蔵文書
30	暦応三年八月七日	畠山直顕	高師直	出羽宗雄	日向	BⅠ	安堵　書状	肥後志賀文書
31	暦応三年十二月十二日	鷲頭弘員	（上野頼兼）	平子重嗣	周防	AⅠ	起請型	三浦文書
32	暦応四年二月六日	高師冬	松田十郎右衛門	山内時通	備後	BⅠ	安堵	山内首藤文書
33	暦応四年二月十五日	高師冬	細川頼春	山内時通	備後	BⅠ	安堵	山内首藤文書
34	暦応四年五月三日	仁木義長	高師直	詫磨之親	遠江	BⅠ	安堵	肥後詫磨文書

35	暦応四年十二月二十日	畠山直顕	御奉行所	禰寝清種	大隅	AII	起請型	大隅池端文書
36	康永元年十一月一日	細川頼春	高師直	小早川氏平	伊予	BII	訴訟	小早川家文書
37	康永元年十二月十一日	島津貞久	御奉行所	禰寝清成等	大隅	BI	安堵　起請型	大隅禰寝文書
38	康永二年七月二十五日	一色道猷	高師直	松浦定	肥前	BI	安堵	青方文書
39	康永三年三月三日	若林秀信	（畠山直顕）	土持宣栄	日向	AI	起請型	日向土持文書
40	康永三年七月二十二日	佐竹重義	曽我遠江権守	小代重氏	肥後	BI	訴訟　書状	肥後小代文書
41	貞和二年閏九月十七日	畠山国氏 吉良貞家	高師直	佐藤性妙	陸奥	BI	恩賞	佐藤氏所蔵文書
42	貞和三年四月二日	畠山国氏 吉良貞家	高師直	相馬朝胤	陸奥	BI	恩賞	大悲山文書
43	貞和三年五月七日	仁木義長	高師直	内田致景	遠江	BI	安堵　起請型	内田文書
44	貞和三年八月十八日	上野頼兼	御奉行所	内田致景	石見	BI	恩賞	内田文書
45	貞和四年三月十六日	畠山国氏 吉良貞家	高師直	（前欠文書のため以下不明）	不明	不明	不明	伊勢結城文書
46	貞和四年八月十二日	畠山国氏 吉良貞家	高師直	三浦盛通妻平氏	陸奥	BII	安堵	示現寺文書
47	貞和四年十一月二日	畠山国氏 吉良貞家	高師直	伊賀盛光	陸奥	BII	訴訟	飯野八幡宮文書
48	貞和五年正月十八日	上野頼兼	御奉行所	田村盛泰	石見	BI	恩賞　起請型	萩藩閥閲録百廿―四

次に挙状そのものは残存しないが、感状の文言から軍忠挙状の挙申事実が確認し得るものを参考に掲げる。日付は感状発給日をのせるが、文言にはすでに注進受領と述べるものと、これから注進すると告知するものの両様あるので挙状そのものの日付は特定できない。また感状は文言により類型があるが、(31) 恩賞に言及するか単に褒賞に止まるかも示した。

表2

	感状発給日	注進者	感状発給者（または挙達先）	受給者	地域	感状型	出典
1	建武三年十二月二十五日	武田信武	幕府	波多野景氏	畿内	恩賞	黄薇古簡集
2	建武四年五月十九日	佐竹重義	一色道猷	小代八郎次郎	肥後	褒詞	肥後小代文書
3	建武四年五月二十七日	島津頼久	足利直義	知覧院三郎	越前	恩賞	薩摩島津家文書
4	建武四年五月二十七日	島津頼久	足利直義	井手久秀	越前	恩賞	薩摩島津家文書
5	建武四年八月二十二日	小俣来全	足利直義	吉川経久	丹後	恩賞	周防吉川文書
6	建武四年八月二十二日	小俣来全	足利直義	吉川経時	丹後	恩賞	周防吉川文書
7	建武五年七月十一日	畠山直顕	足利直義	小串孫次郎	日向	褒詞	九州大学所蔵小串文書
8	建武五年七月十一日	畠山直顕	足利直義	土持新兵衛尉	日向	褒詞	日向土持文書
9	暦応元年十月十五日	細川皇海	足利直義	海四郎三郎	紀伊	恩賞	鑁阿寺文書
10	暦応元年十一月二十二日	赤松則祐	幕府	貴志五郎四郎	播磨	褒詞	浅野文書
11	暦応二年二月十八日	上野頼兼	幕府	保賀掃部左衛門尉	石見	褒詞	内田文書
12	暦応二年十二月十三日	畠山直顕	足利直義	出羽弥次郎	日向	褒詞	肥後森本文書
13	暦応二年十二月十三日	畠山直顕	足利直義	小串弥四郎	日向	褒詞	九州大学所蔵小串文書
14	暦応二年十二月十三日	畠山直顕	足利直義	土持八郎	日向	褒詞	日向土持文書
15	暦応二年十二月十三日	畠山直顕	足利直義	那賀右衛門九郎	日向	褒詞	日向郡司文書
16	暦応二年十二月十三日	畠山直顕	足利直義	土持新兵衛尉	日向	褒詞	薩藩旧記土持文書
17	暦応三年三月十八日	一色道猷	幕府	松浦中村弥五郎	筑前	褒詞	筑前中村文書
18	暦応三年七月十日	島津貞久	足利直義	二階堂行仲	薩摩	褒詞	二階堂文書
19	暦応三年七月十一日	一色道猷	幕府	税所宗円	九州	褒詞	慶應義塾大学所蔵相良家文書
20	暦応三年七月十一日	一色道猷	幕府	相良定長	九州	褒詞	慶應義塾大学所蔵相良家文書
21	暦応三年八月十八日	少弐頼尚	不明	相良長坊	肥後	褒詞	慶應義塾大学所蔵相良家文書
22	暦応三年八月十八日	少弐頼尚	不明	相良助広	肥後	褒詞	慶應義塾大学所蔵相良家文書
23	暦応五年七月十日	島津貞久	不明	莫禰円也	薩摩	褒詞	薩藩旧記二十一所収阿久根文書
24	康永元年十月六日	少弐頼尚	幕府	税所宗円	肥後	褒詞	慶應義塾大学所蔵相良家文書

25	康永元年十月十六日	一色道猷	幕府	税所宗円	肥後	褒詞	慶應義塾大学所蔵相良家文書
26	康永元年十月十六日	一色道猷	幕府	相良定長	肥後	褒詞	慶應義塾大学所蔵相良家文書
27	貞和三年六月十七日	島津貞久	不明	市来崎六郎次郎	薩摩	褒詞	薩藩旧記二十二所収阿久根文書

若干の遺漏が存在するかとも思われるが、以上、観応擾乱以前の足利方が発給した挙状とされるものである。以下、推挙者、被推挙者および推挙内容などの具体的内容を逐次示すことによって、類型として確認しつつ全体的な相関関係について概括したい。また必要を認めたものについては全文を掲示する（史料番号は表1に付した番号）。

1　島津貞久（道鑑）挙状であるが、以下に掲示する。

　式部諸三郎箱崎合戦之時軍忠事、無子細候、
以此旨可有御披露候、恐惶謹言、
　　建武三年三月五日　　　沙弥道鑑（裏花押影）
進上　御奉行所
　　承□、□□

この文書は式部諸三郎なる武士の戦功認定について、軍忠を具体的に記載していないことから、守護島津貞久がすでに報告上申済みの内容に関する再度の答申であることがわかる。これは戦功認定手続きにおいての見知証人の請文より一つ上の確認段階で、幕府侍所の最終審理過程で各戦闘指揮者への確認要求に答えた文書であるといえよう。A型挙状。

次に2および3の挙状も同じく、戦闘指揮者かつ守護の島津貞久が、指揮下武士の多々良浜合戦における軍忠に関して、すでに報告した内容に相違ない旨を報告したもので、1と全く同じ内容である。このような挙状は、多々良浜

合戦の戦功審理で、前述のように足利尊氏奉行人が連署奉書の問状を発している事実があるので、これに答えたものと思われる。他のA型挙状がすべて起請文言を記すのに対して、以上三通がこれを欠く理由は判然としないが、これらの挙状は、足利尊氏九州落去時という非常時の起死回生をかけた合戦直後という特殊事情と、また多数を一時期に集中的に注進する必要があったことなどがその背景となっていたと見られる。宛所は当時九州在陣中の侍所頭人高師泰であり、挙状で侍所へ挙達された明証があるのはこの三通のみである。(32)

4　挙申者の信義なる人物は、他の傍証で確認し得ないが、本文書付箋に「駿河守護代信義注進状」とあるのでこれに従えば、この時期伊豆・駿河両国守護を兼帯する石塔義房の代官として、地方戦域における戦闘指揮を執った守護代信義が、指揮下国人の戦功上申の事実を正員義房に中継したものである。「目安幷一見状」を副進して報告しているので、すでに守護代自身が逐次型軍忠状に証判を与えていることが知られるが、「目安状」＝一括型軍忠状への証判をあたえることは守護代には出来ない事実を裏書きしている。A型。

5　一般例にみる上申文書としての挙状とは逆に下達しており、幕府執事で挙状を受理する立場の高師直から足利一門国大将畠山直顕(33)に対して、島津時久(34)が当参奉公の人物、すなわち幕府直属軍の構成員であるから本領について格別の配慮をするよう要請した挙状である。他の通例からみて島津時久の本領（日向国新納院）が、直顕の管国に所在するための処置と見られる。後掲史料12、B型。

6　前掲史料11、B型。

7　4挙状と密接な関連を有すると推定されるが、建武四年当時駿河・伊豆両国守護の石塔義房が幕府に対して伊豆国国人田代一族の軍忠状を副進し、「早可被経御沙汰」、すなわち恩賞給付の手続きをとるように依頼しているから、この文書は戦功認知の実否の諮問に解答したような1・2・3・4などとは全く異なる性格を有するものである。このように軍忠の事実に言及しながらも、主眼を恩賞請求手続きにおくものをB型の挙状とする。

8・9は建武二年以来東国に派遣されて、同四年四月には陸奥守に任ぜられた斯波家長によって発出された挙状である。内容は指揮下国人相馬氏の訴訟および所領安堵のため北畠顕家上洛阻止の合戦においての戦功を幕府執事高師直に証明したものである。いずれもB型である。

10 前掲史料1、A型。したがって単に軍忠の事実を証明するA型の場合でも、1などのように披露状型式にとどまるものと、本文書のように起請文型式をとるものとが存在する。

11 日向国で大将として活動した畠山直顕が指揮下国人の戦功について、本人提出の一括申請型軍忠状を添付し、その内容について起請の言葉を添えた請文型式で証明するものであるからA型である。(35)

12 下野国に国大将として発遣されていた足利一門の桃井貞直が、指揮下にあった国人茂木氏の軍忠を起請文言をもって証明した上で、「速恩賞御沙汰候者、可被目出候」と恩賞沙汰の催促を行うものである。B型。

13 播磨守護赤松円心が、指揮下国人島津忠兼の本領安堵のため幕府の善処を要求した挙状。主点は幕府の過誤による本人所領の還付であるのでB型。

14 但馬守護で足利一門守護の桃井盛義が、国内小佐郷地頭伊達義綱の軍忠を証した上で、幕府の過誤による没収所領の還付の要請を行った挙状である。B型。

15 出雲国守護塩谷高貞が国内鰐淵寺衆徒の軍忠や要害警護などの軍務について報告して「可下賜恩賞之由、令申候」と衆徒の要求を取り次ぐ内容となっているが、恩賞という文言は文中にあるものの、自身の意見としての恩賞沙汰の要求ではない点に留意すべきである。B型。

16 13と同じく国人島津忠兼の本領が誤って闕所とされた問題について、播磨守護赤松円心が格段の軍忠がある人物なので還付してほしい旨を幕府に申請した挙状である。軍忠についてはとくに具体的事実を例証しておらず所領還付に力点がある挙状なのでB型である。

17　桃井盛義から但馬守護を継承した足利一門守護吉良貞家が、(36) 14挙状の内容と同じく伊達義綱父子の訴訟を挙申したものである。B型。

18　11文書と同じく畠山直顕が、土持新兵衛尉宣栄の軍忠について起請文言をもって証明するものである。内容も11とかわらず19との関係からも、幕府の恩賞沙汰の遅延から再申請したものと思われる。B型。

19　11・18両挙状の申達にもかかわらず恩賞沙汰のないことから土持新兵衛尉宣栄の軍忠推挙のみではなく「早被充行恩賞」と催促している。したがってB型とする。

20　本文書は端裏書に「氏家道誠注進状案」とあって、内容は相馬松鶴丸の祖父と養父が足利方として鎌倉および奥州東海道においてそれぞれ戦死した軍忠について起請文言をもって証明するものである。氏家道誠は、文中に「正員兼頼年少之間、代官氏家十郎入道々誠所令加判形也」と明記しており、元来はこのような挙状申達の前提になる一括申請型軍忠状への証判と指揮下国人の戦功注進権は、大将ないし守護正員の専権事項であったことは疑う余地がない。なお正員兼頼は、斯波高経の弟家兼の子で、建武二年末から足利義詮執事として陸奥ついで鎌倉にはいった従兄弟斯波家長によって、陸奥に発遣され式部大輔の官途を有するものの自ら花押を据えられないほどの幼少であったことがわかるが、代官氏家道誠の補佐のもとに宮方制圧の任にあたっていた。(37) A型。

21　当時但馬から因幡守護に転じた吉良貞家が、国内東福寺領古海郷地頭職に関して代官田代某の請文を幕府に中継上申したものである。おそらく所務相論で幕府引付頭人奉書による問状に対する報告である。軍忠にも当該関係者にも言及はなく挙状というよりは請文に分類すべき文書である。

22　畠山直顕が大友一族出羽宗雄の格段の軍忠を理由に、彼の本領について幕府の沙汰を要請する高師直宛て挙状で、端裏書にも「畠山修理亮七郎挙状」とある。しかし本文書は23挙状の添状としての性格を有していることから、他の幕府宛て挙状のような正規の様式を具有せず、書止めを「恐々謹言」とする書状型式をとっている。B型。

23　22の書状型式の添状と同日日付を持つ挙状で、内容は全く同じである。こちらは起請文言をもつ「御奉行所」宛ての披露状型式の挙状である。B型。

24　吉良・畠山両奥州管領に先だって派遣されていた足利一門の奥州総大将石塔義房の活動徴証で、被推挙者は文面からは知ることができないが、「佐竹文書乾」に伝存した事情から佐竹一族の軍忠推挙であった可能性が高い。軍忠状を副進すると同時に申請者の代官を上洛させる旨を報告しているので、具体的軍忠を推挙しているわけではなく、むしろ申請者の代官を上洛させるという状況から、戦功審理は最終的段階で恩賞給付の下文を受理するためと推知される。このような点から判断してB型である。(38)

25　少弐頼尚が、管国の肥前国人深堀政綱の軍忠を証した上で、恩賞沙汰を要請する挙状でB型である。宛所の仁科左近大夫将監は他の徴証を見出せず立場を明らかにし得ないが、少弐頼尚からの同種の上申経路から鑑みて鎮西管領一色道猷の奉行人か、幕府恩賞方頭人と推定されるが、本来は道猷本人ないし奉行所宛てが通常経路であるためか書状型式をとっている。

26・27　13・16と同案件の播磨国国人島津忠兼の本領訴訟について、幕府の早急な沙汰が与えられるよう、守護赤松円心と、直接の軍勢指揮者で足利一門の国大将の石塔頼房の両人から軍忠を証明し、同日付をもって上申された推挙状二通である。いずれもB型である。

28　高師泰が、指揮下武士の従前からの軍忠がすでに幕府執事高師直に報告済みであるにもかかわらず、なお恩賞沙汰がないことを再申告してきた点につき現在も戦闘継続中である現況から、恩賞について早急な沙汰を要求している挙状である。[39]したがって類型としてはB型である。

29　中国地域で管国を越えて上級大将として広域的軍事指揮権を行使した上野頼兼[40]が、長門国人由利基久の軍忠を起請文言で証し、恩賞請求のため上洛を申請する由利を合戦継続中を理由に慰留している事情を述べて、「急速可有恩賞御沙汰」と恩賞請求を申請する挙状である。したがってB型。

30　22・23文書と同じく、畠山直顕が大友出羽宗雄の本領安堵について、本人の軍忠を推挙した上で、なお幕府沙汰が延引している事情を述べ善処を要請するものである。B型。

31　鷲頭弘員は周防守護正員大内長弘の子であるが、当時守護代は土屋四郎左衛門尉定盛[41]であるからその立場を明らかにし得ない。他の通例から正員一族が軍事指揮官として活動することは多いので、被推挙者の平子重嗣の所属する軍勢の直接指揮者であったかと推測される。内容は軍忠の具体的経過を述べ、起請文言をもって証明している。宛所は「御奉行所」とのみあるが、被推挙者の一括申請型軍忠状への証判を施し、またこの挙状にもその指揮下であった旨が記されているので、中国地方西部の周防・長門両国守護と軍勢を統督する上野頼兼へ宛てたものである。長文ではあるが、注進内容が軍忠に限定されているので、A型。

32　関東執事高師冬が山内首藤時通の備後所領の訴訟について、常陸発向従軍者である旨を述べ「被懸御意候者、喜入候」と推挙している。名宛人の松田十郎右衛門入道は、推考しうる史料は管見に入らないが、その姓から幕府奉行人の一人と思われる。書状型式である。B型。

33　32挙状と同じ案件について、高師冬が係争地備後国を所轄する守護正員細川頼春に宛てて推挙している。他の守護に直接宛てられた経路を持つB型挙状で確実なものは本状のみである。このことは関東執事という地位と無関係ではなかろう。B型。

34　足利一門仁木義長は当時遠江守護正員で、仁木義長九州派遣以来従軍している肥後国人詫磨七郎の本領安堵について「無相違様被経御沙汰者悦入候」とするものである。B型。名宛人「参河前司」は高師冬ではなく、高師直が三河権守から武蔵権守へ転じていることから同人であると考えられる。

35　足利一門大将畠山直顕が、指揮下国人禰寝清種の建武三年以来暦応二年までの主要な軍忠を箇条書きに列挙し、起請文言をもって注進したものである。A型。

36　康永元年当時伊予国宮方制圧のため幕命を奉じて発遣されていた足利一門の細川頼春が、従軍していた指揮下の安芸国国人小早川氏の訴訟の支証文書に裏封をして挙申するものである。この時の細川頼春は国大将として挙達したものと見られる。(42)

37　大隅守護正員島津貞久が、国人禰寝清成等一族の建武三年以来康永元年までの軍忠をたびたび注進してきたが未だ恩賞沙汰がない旨を述べ、一括申請型軍忠状を添付した上で起請文言をもって申請する挙状である。B型。

38　一色道猷が肥前国人松浦定の同年七月日付申状(43)による本領安堵を申請に応じて挙申したと見られる。B型。

39　若林秀信が、土持新兵衛尉宣栄の軍忠について起請文言をもって推挙するものであるが、この土持新兵衛尉宣栄の軍忠推挙は、11・18・19に見られるように従来畠山直顕の所管事項であったので、この当時は何らかの事情で、若林秀信が代行推挙したものであろう。同人は、足利尊氏が建武政権下で、恩賞地として賜った島津庄日向方に設置した島津庄惣政所の代官であるから(44)、この時期には足利一門大将直顕の部将として活動していたと推考される。A型。

40　九州足利方の侍所佐竹重義が肥後国人小代重氏の所領に関して相違ないよう幕府の沙汰を要請した挙状である。佐竹重義は書状型式ながら感状も発給した例が認められ、この挙状も彼自身が守護ないし大将ではないが、幕府に対して挙状を申達する地位権限を備えていた証左となろう。守護・大将級以下の諸将でA型軍忠挙状以外の挙申を行う唯一の例である。B型。

41　奥州両管領畠山国氏・吉良貞家の連署による挙状で、被推挙者の建武二年以来の一括申請型軍忠状を副進し、恩賞沙汰を要請している。B型。

42　同じく奥州両管領による相馬氏の恩賞挙状。B型。

43　遠江守護仁木義長が、国内内田庄下郷地頭を本貫地とする内田致景の軍忠を起請文言で証し、所領安堵を要請する挙状である。ただし内田致景は石見国にも所領を有していたので下向し、中国地方において上野頼兼指揮下で活動しているので、戦功の詳細は上野頼兼よりの申送り事項であろう。B型。

44　軍忠申請済みであるのに恩賞沙汰が遅延している内田致景について、当時石見国守護で中国地方西部で上級大将として外様出身守護を統督していた上野頼兼が推挙したもの。被推挙者の内田氏は、遠江に本貫地が所在するが石見国にも散在所領があって、当時は頼兼指揮下にあって石見の南軍制圧にあたっていた。したがって同時に本貫地安堵は所管の守護正員仁木義長に、当面の恩賞請求は上野頼兼に申請したものと見られる。B型。

45　伊勢結城文書に残る前欠文書で、最後部の年号、差出者と宛所しか残存していないが、推定により両管領の挙状と判断した。したがって型は他の通例からみてB型と思われるが断定できない。

46　奥州両管領の安堵挙状である。軍忠には全く言及せず被推挙者の申状を副進する。B型。

47　伊賀盛光の本領陸奥好嶋庄年貢未進について当人の代弁を行い、年貢半納を要請する。本文書は写しで日下の差出者部分には棒線が引いてあるのみなので、吉良貞家単独か、連署かは判然としないが、この時期他の四通が両管領連署なので連署とした。(45) 同B型。

48　上野頼兼が、国人田村盛泰の建武三年以来の長期にわたる軍忠を箇条書きにして恩賞沙汰を推挙するもので、もとになった一括申請型軍忠状は残存しないが本挙状の大部分はその転記であることが確実である。[46] B型。

以上が観応擾乱以前の南北朝初期に挙申された挙状の具体的内容であるが、次に感状文言から軍忠推挙が行われたと確認できる例についても付け加えておきたい（史料番号は表2に付した番号）。

1は畿内での発給された非足利一門大将の感状では唯一のものであり、足利尊氏九州落去に際してその殿軍を務めて畿内に残留した武田信武が指揮下の波多野彦八景氏に与えて注進を約束する文言がある。[47]

2は九州侍所の佐竹重義が、肥後国人小代氏に発給した書状型式の感状で、「急速可令注進博多候」と述べており、「博多」すなわち一色道猷に軍忠推挙したと判断される。

3・4は足利直義発給の知覧院式部三郎と井手籠孫次郎宛ての感状の文言から、越前敦賀の金ヶ崎城攻略の合戦について、薩摩大隅両国軍勢指揮者の島津頼久が幕府に戦功注進を行った結果、当該感状が給付されたことが知られる。[48]したがって島津頼久の挙状そのものが残存しているわけではないが、感状文言からして島津頼久軍忠挙状の申達を知ることができるので表出した。しかし厳密にいえば幕府への戦功注進権は、守護正員ないし大将の所管事項なので、正員一族たる軍勢指揮者頼久の初度の戦功注進によってただちに足利直義感状が発給されたかどうかについては、確定できない。

5・6は吉川経久と吉川経時の丹後国の宮方制圧戦の戦功に対して各々足利直義が発出した感状文言から足利一門末流の出自を持つ軍奉行小俣来全からの注進であることが知られる。この感状には恩賞を約束する文言があるが、現存しない来全の挙状が恩賞推挙までの文言を含んでいたかどうかについては確定し得ない。

7は足利直義感状で、畠山直顕の軍忠注進に従って、日向国人小串氏の軍忠を褒賞しているが、次号8文書同様に恩賞には言及しない。

8の直義感状によって直顕が土持宣栄の軍忠を推挙してきたことが知られる。直顕は現存する挙状でも11・18・19の少なくとも三度に亙って土持宣栄の挙状を幕府に申達しており、この直義感状もその挙達の効果とみられる。

9の紀伊国人海四郎三郎に対して発給された足利直義感状に、足利一門大将細川皇海からの注進による旨が明記されており、この感状発給以前に皇海から軍忠挙状が申達されたことが知られる。皇海は建武四年以来同国に派遣されて南軍追討にあたり暦応元年には海部郡や在田郡の分郡守護になっていたことが指摘されているので(49)、守護ないし軍勢大将の資格で挙状を挙達したものと覚しい。

10では、播磨の赤松則祐が幕府に対してその戦功を注進すると述べる感状文言から軍忠挙達がなされたと判断される。

11は上野頼兼が国人俣賀氏に与えた感状で、その忠節を注進すると述べているが、頼兼は中国西部地域の大内・厚東などの外様守護を統轄する上級大将としての活動が認められるので、注進先は幕府に他ならない。

12〜16は同日付で足利直義が足利方の九州国人に発給した感状で、その文言から、畠山直顕による軍忠挙達が行われたことが判明する。

17は足利直義が、九州国人中村弥五郎に発給した感状中に、一色道猷が軍忠推挙したことが記載されている。

18は薩摩守護島津貞久が、国人二階堂行仲の軍忠を幕府に注進してきた旨を記す足利直義感状。

19・20は一色道猷が税所氏、相良氏に宛てて同日に発給した感状で、たびたびの軍忠について京都に注進すべき旨を通知している。「相良家文書」に伝存した。20は案文である。

21・22は少弐頼尚が同日付で相良一族に宛てて発給した感状で、軍忠の注進を約束する文言があることから挙状がなされたことが推測できるものである。同十一日に、この感状で感褒の対象となった頼尚代官経尚証判の相良長坊軍忠状が「相良家文書」に残されているので、日付からみて守護級部将の発給する即時型の感状である。注進先は記されておらず他の通例からは一色道猷と京都の双方が想定されるので判断できない。

23は書状型式で国人莫禰氏に対してその軍忠を褒賞して注進する旨を告げている。注進先は不明であるが幕府と見られる。

24は少弐頼尚が税所宗円に対して先月二十六日の合戦の軍忠を京都へ注進すると告げるもの。案文。「相良家文書」にはこの同内容の感状が二通存在し、少弐頼尚のは付年号型式を持つが、一色道猷のそれは書下年号を持つものである。

25・26は同日付で相良家文書に残された感状二通で、いずれも一色道猷が24で褒賞する同じ軍忠について下した感状で、少弐発給感状より一〇日遅い日付で発給されていることから、少弐頼尚は一族の軍勢指揮者経尚からの報告を受け、24感状で告げるように京都へ注進すると同時に、一色道猷にも注進した結果がこの感状の発給となった事情が判明する。26は案文。

27は薩摩守護島津貞久が国人市来氏に、その軍忠を賞して注進すると述べる感状で、注進先は断定できないが、足利直義感状には貞久からの注進による旨を記すものが散見するので幕府と推定される。

四

以上、観応擾乱以前の挙状を列挙して通覧してみると、いくつかの特徴が看取される。推挙者については、守護代以下六通（4・10・20・31・39・40）、守護一八通（1〜3・6・7・13〜17・21・25・26・34・37・43・44・48）、国大将一一通（11・12・18・19・22・23・27・29・30・35・36）、奥州大将・関東執事・鎮西管領一一通（8・9・24・32・33・38・41・42・45〜47）、幕府執事一通（28）となり、感状二七通からの推定値を加算するとそれぞれ、一一通（2〜6）、二七通（9〜11・18・21〜24・27）、一九通（1・7・8・12〜16）、一六通（17・19・20・25・26）となって、守護・大将級挙状が全体に多数を占めていたことが明らかである。(50)

まず守護代以下の推挙者についてであるが、少し詳しく見ると守護代と明証があるのは一通（4）にすぎず、他は奥州大将代官（20）、守護正員の一族たる軍勢指揮者（10・31）、鎮西管領侍所職員（40）、島津庄惣政所代官（39）などである。彼らの挙状は40を除いてＡⅠ型の軍忠挙状であることから、その挙達行為は当時の地位や立場とはあまり関係なく、直接の戦闘指揮を執った際の指揮下国人の軍忠に関して保証したものと見られる。守護代以下の挙状の宛所については、例外的なＢ型を挙申した佐竹重義が曽我遠江権守に宛てたもの以外は「御奉行所」となっている。しかし鷲頭弘員軍忠挙状で推挙する平子重嗣の一括証判型式軍忠状の証判者が上野頼兼となっている事実等から、通例では、その申請者国人が活動中の地域を所管する守護ないし大将など軍事指揮官に宛てていたものと判断して誤りあるまい。守護代以下の軍事指揮者が、正員を越えて幕府に推挙するはずがないことは、氏家道誠が正員の代行として一括申請型軍忠状に加判した事情を弁明することからも明らかで、元来は挙状の根拠となるそれに証判し得るのは正員のみであったことを示している。この事実から挙状を幕府（この場合は関東執事）に推挙することも正員の所管事項であったことも判明する。したがって守護代以下の挙状は、地位を特定できない佐竹の名宛人曽我某宛てを除くと正員宛であって、内容はすべてＡ型の軍忠挙状に限られるのである。

次に最も多数を占める守護が挙達した挙状の内容は、Ａ型の軍忠挙状三通（1・2・3）の他に、以下Ｂ型の恩賞挙状五通（7・15・25・44・48）、安堵挙状三通（34・37・43）、訴訟挙状七通（6・13・14・16・17・21・26）となっている。宛所は高師直の官途名を記すか、「御奉行所」宛である。史料上では高師直の官途である「武蔵権守」宛となっているが、それ以外のものがないので「御奉行所」宛となっているものも、高師直が主管する役所である蓋然性はきわめて高い。また挙達した守護をその出身別に分類すると、外様出身守護九通（1～3・13・15・16・25・26・37）、それ以外は足利一門出身守護となってほぼ伯仲する。また外様守護のうち、九州守護が五通（1～3・25・37）を数えており高い比率を示している。それ以外は赤松氏（13・16・26）と塩谷氏（15）のものである。

国大将の挙状の内訳は、A型の軍忠挙状三通（11・18・35）、以下B型の恩賞挙状三通（12・19・29）、安堵挙状三通（22・23・30）、訴訟挙状二通（27・36）となっていて、守護とほぼ同様の傾向が認められるが訴訟挙状は僅少である。宛所は高師直と「御奉行所」のいずれかである。掲出し得た挙状の国大将、大将はいうまでもなくすべて足利一門出身である。ただし上野頼兼は、44・48では石見国守護、29では大将の権限として扱った。

関東執事・鎮西管領・奥州大将などの挙状は、不明のもの一通（45）を除外して、A型の軍忠挙状は見られずすべてB型で、安堵挙状五通（9・32・33・38・46）と恩賞挙状三通（24・41・42）、訴訟挙状二通（8・47）となっている。ただし感状文言から判断すると、鎮西管領一色道猷の国人宛感状に、京都すなわち幕府侍所に対してその戦功を注進する旨を記しているから、軍忠挙状も当然挙申していたことは明らかであって、今日A型の軍忠挙状そのものが管見に入らないのは史料残存の偶然性という理由に帰すべきものと思われる。またこれらの守護の上位にある広域的統轄機関の長はやはりすべて足利一門ないし根本被官の出自を持つ。

最後に幕府執事高師直が、畠山直顕に対して申達した挙状についてては書状型式をとっており、正規の挙状の挙達経路ではない。以下に掲出する。

〔史料12〕

嶋津四郎申候日向国新色院事、任先例無煩之様可被懸御意候、且此仁軍忠候、随而当参奉公事候之間、如此令申候、恐々謹言、

十二月廿一日　　武蔵権守師直在判

謹上　畠山修理亮七郎殿

（『薩藩旧記』十八所収「新納文書」）

内容は、被推挙者の島津時久が当参奉公、すなわち幕府直属軍を構成する国人で軍忠もあるので、当人の日向国の所領について格別の配慮をしてほしいとの趣旨である。前述の一色道猷に準じて、直顕にも管国における半済実施権および闕所処分権が幕府から認知されており、これを根拠として所領宛行権を行使しているにもかかわらず、幕府へ挙状を中継して幕府の施行状以下の奉書を得てその権威によって現地での国人の知行要求に応えていた事情についてはすでに述べた通りである。にもかかわらず、逆に幕府執事から直顕に国人所領について依頼するというのは、当該国人申請の所領が直顕所管の日向国に所在するのみならず、直顕の現地での現実的執行力を期待したことに他ならない。それは直顕が幕府の施行状以下の御教書の権威を必要とし、一方幕府側も相互補完的に、恩賞地として指定した下地の打渡行為が、現地守護・大将の軍事力の裏付けによってのみ実行されることを承知していたことを明示している。このことは相田氏の定義する上申文書として下位から上位に取り次ぐ挙状一般の正規の経路と逆行するだけでなく、他の各国守護・大将から挙達されてくる軍忠以下の各種の挙状とも異なり、その書式に書状型式を採用していることでも例外性は明らかである。(51)

このように挙状という文書の機能のみを重視すると、執事挙状のように守護・大将の挙状と同様な機能を果たしな

がらも、通常の上申経路ではなく下達するものもあり、さらに足利尊氏の御内書の型式の挙状まで存在することから、相田氏のいうように挙状を上申文書とのみ定義するのには問題が残る。

さてA型の軍忠挙状でも守護代以下からの挙状は、通常現地での戦功認定手続きの段階にとどまる。そこで守護正員・大将級以上のA型軍忠挙状とB型の恩賞、安堵、訴訟の各挙状の推挙者と被推挙者を概観してみよう。被推挙者は、奥州から南九州薩摩までの全国に分布し、伊賀盛光や島津一族などの有力豪族から松浦氏・相馬氏の庶子家などの中小国人層に及んでおり、各種挙状の推挙する対象は足利方の守護・大将に属するすべての国人であったことが判明する。一方幕府に挙状を挙達する守護・大将の出自を概観すると島津貞久・赤松円心・塩谷高貞・少弐頼尚・佐竹重義の外様出身五名。足利一門ないし根本被官の出自を有する細川義春・石塔義房・同頼房・斯波家長・畠山直顕・桃井貞直・吉良貞家・桃井盛義・上野頼兼・高師冬・仁木義長の諸将は一一名を数えて足利一門偏重という特徴を指摘できる。しかも例外の内、少弐・佐竹のものは書状型式であり正規の様式を具備する訴訟ないし安堵挙状は島津・塩谷・赤松のものを数えるにすぎない。この傾向は南北朝期の守護の感状発給のそれと全く一致する。すなわち感状の表記文言からいくつかの型に分類すると、軍忠を賞するのみのものは外様出身守護にも発給例が見られるが、恩賞に言及する感状の発給は、そのすべてが足利一門守護によるものであった。また軍忠を褒賞する型の感状発給者の中で、数少ない外様出身守護は、少弐・大友・島津氏の九州三守護家と佐竹・武田・土岐・赤松・塩谷各氏などの広義の源氏に出自を有する者であった。挙状の挙達者もまたこの感状の発給者と一致している事実は、前述のように挙状が、感状の発給の前段階の手続文書として制度的に不可欠な文書であったなによりの証明であるといえよう。

一通のみ検出された上逮下の下達文書の経路を持つ執事高師直の挙状を除外して、挙状の挙達経路を整理してみると以下のように推定される。

a　合戦指揮官（守護代・軍奉行）→守護・大将・関東執事・奥州管領・鎮西管領
b　守護→関東執事・鎮西管領・奥州管領
c　守護・大将・関東執事・鎮西管領・奥州管領→幕府侍所
d　守護・大将・関東執事・鎮西管領・奥州管領→幕府恩賞方・安堵方・引付方（後に内談方）
e　守護・大将・関東執事→守護・大将

現在残存する挙状の宛所で最も多く見られるのは、「御奉行所」宛てであり検出四七通のうち二六通を占め、次いで高師直宛てが一三通で、他七通は関東執事、守護、幕府奉行人などに宛てられている。宛所は「御奉行所」と記されるものが多く、類推し得る例もあるが、具体的にはどこに宛てられたのかを知ることは困難なものも多い。地方で守護代以下が挙申するA型に記される「御奉行所」は守護ないし守護侍所であるが、守護級以上の軍忠挙状は、一括申請型の軍忠状そのものが幕府侍所へ注進されていることから、幕府侍所へ挙達されたと考えて誤りないと考えられる。(52) A型挙状は、軍忠の事実の挙達を目的とする軍忠挙状なので、a・b・cに限定される。この時同じ国人の同内容の軍忠について、a・b各々の段階を経てcへと推挙された例も存在したと考えられるが、現在史料上でこれら三段階の挙状がすべて残存する例は管見に入らない。残存史料からもa・bの経路で上申されるのはA型の軍忠挙状に限定されている。しかしc・dの場合は挙達内容によって申達先が異なったと考えられ、さらにd経路はB型の恩賞、安堵そして訴訟挙状の上申であるから、それぞれ所管機関の相違が推定される。つまり問題はB型の異なる目的を持つ各挙状がどこへ挙達されたかである。高師直を宛所とする安堵・訴訟挙状は、すべてがB型に属し、A型の軍忠挙状の存在していない事実は、A型軍忠挙状が侍所へと挙達されていて、高師直の所管とは別であったことを示している。高師直が受理したことが宛所によって明らかな挙状は、訴訟と安堵の挙状に限られており、恩賞を目的とする挙状は「御奉行所」宛てのみである。しかし高師直は幕府執事としての職権だけでなく、恩賞方頭人や引付頭人さらに内談方頭人などを兼帯しており、恩賞、訴訟などの挙状も受理してその審査に関与したに相違ない。

したがって挙状の挙達経路でdの各経路は実際は高師直宛てということになる。またA型の軍忠挙状の最終的な目的は、直接には軍忠の認定であるが、最終的には所領安堵、新恩給与、そして各種所務相論の解決といった具体的利益の確保にあるのだから、侍所に挙達されて軍忠内容が記録された後に、基本資料として恩賞方や他の所管機関への審議にまわされたことと考えられる。このように考えるとcの挙状経路は建て前として存在しても、侍所を経由して結局d同様師直所管の機関へ移管されたものと推知される。

南北朝初期の幕府官制には安堵方が存在し、侍所、恩賞方とならんで建武三年には設置されたとされている。一方当該期における所領の安堵は、足利直義の安堵の下文ないし下知状の発給によってなされ、恩賞については新恩給与の宛行状を下文で将軍尊氏が発給している。このことから恩賞方・侍所は尊氏直轄機関であり、安堵方は直義が所管していたとされている。(53) 挙状の挙達がどこへなされたかという問題についても、恩賞挙状、軍忠挙状に関しては恩賞方および侍所が尊氏所管の機関であることから、その執事の職権として高師直が受理したと考えられてきた。すると安堵方を所管して安堵の下文ないし下知状を発給したことが知られる直義は、安堵挙状を受理していたということになるが、安堵挙状の宛所にもまた師直宛てのものが多く足利直義宛て挙状は確認できない。しかし、直義発給感状には、単に軍忠を褒賞するだけの感状にとどまらず、恩賞を約束する文言を含む感状にも、各国守護・大将からの注進による旨が明記されるものが存在することから、軍忠挙状のみならず恩賞挙状もまた足利直義のもとへ送付されていたことは疑う余地がない。したがって以上の事実から、挙状はその目途に関係なく、原則として将軍の専権事項としてその執事師直が一括して受理し、しかる後にその挙状の内容によって所管する機関へと配布していたものと結論できる。

五

以上のように、南北朝期においての挙状は大きく軍忠挙状とそれ以外の安堵・恩賞・訴訟の各挙状が存在したが、これらの各種挙状の挙達状況は軍勢催促状や守護発給感状と同様に、足利一門出身守護・大将に集中していた事実が明らかにできた。この事実は、軍勢催促状、感状の発給などの一連の軍事関係文書の検討結果から導き出されてきた、足利一門守護の軍事指揮権の上級優越性という特質を結論づける上で、さらにこれを強化するものである。当該期の守護・大将は、管国の統治能力を国人の軍事力に依存せざるを得ない以上、彼らの最大の欲求である所領問題が守護にとっても最も重要な課題であったことはいうまでもない。国人の所領拡大要求に応える所領安堵と恩賞給付の手続きは、国人の申告する軍忠の認定作業からはじまり、次いで挙状の申達、幕府からの確認と再度の挙状の挙達を経てようやく将軍下文が国人に与えられる。この後幕府御教書による施行状、守護遵行状そして守護代ないし使節による打渡しが実施されてようやく現実に合戦の軍忠が恩賞地の知行支配として結実する経過は前述の通りである。したがって挙状は、合戦参加から恩賞地獲得までの間の手続過程で作成される一連の文書の中で不可欠な文書であると位置付けられる。まさにこの点で、守護・大将が国人層を掌握して統制下に置くために、挙状を幕府に挙達する制度が有効に作用していたことは明らかである。足利尊氏感状発給までの時間的経過に対応するために比較的迅速に発給された守護感状についても、指揮下国人の戦功認定は本人提出の軍忠状への証判のみでなく、同所合戦の見知証人への文書による確認ないし身柄召喚による尋問などが実施されており、この審理結果によって、幕府には挙状、国人に対しては感状を発給していたものとみられる。最初の段階で実施される戦功認知で守護・大将に戦功を認めてもらえなければ幕府への取次ぎも絶望であるから、国人は今後の合戦での軍忠に期待するしかなくなる。つまり最初の段階での戦功認定者である守護・大将からの挙状を挙達してもらえるか否かは、一度の軍忠だけでなく従来からの軍忠の積み重ねや、日頃からの守護との関係に至るまでの全般的な問題が影響していたに相違ない。守護が国人層掌握に腐心したのと同様に、国人もまた守護の要請に応えざるをえない恒常的状況は、戦功認定と幕府への挙達制度によって体制化していたのである。このように挙状は、国人層の所領安堵や、恩賞請求に代表される所領拡大要求の実現の上で、大きな役割を果たしただけでなく、守護にとってもその挙達行為という制度を通じて国人層を掌握統制する効果をもたらした。その挙達を行い得る挙達権を有する守護・大将が足利一門に集中していた事実を明らかにし得た点は重要であるといえよう。従来この点でも当該期の挙状の評価について、指摘されておらず、今後南北朝動乱期の守護制度を考察する上で、重要な問題としてさらに検討すべきであることを強調しておきたい。事実、当該期の国人層は、軍忠ないし恩賞挙状を受理する幕府執事高師直よりも、挙状そのものを挙達してくれる守護に従属する傾向のあったことが観応擾乱の高師直敗北の理由として指摘されている(54)。このように守護・大将の軍忠挙状なしには国人の合戦での軍忠が幕府レベルに認知されることはできないし、恩賞挙状なくしては恩賞沙汰もないのである。そして恩賞に直接的に関係すると考えられている感状と挙状とが密接な関連を有する事実は、守護から幕府への軍忠挙状と足利直義・尊氏感状が対応するのみならず、現地での守護発給感状が守護への下級指揮官からの挙状と対応していることは各々の段階での挙状の性格と機能から明らかである。また南北朝初期における感状の発給が足利尊氏・直義兄弟以外では足利一門出身の守護・大将にほぼ限られており、軍勢催促状や感状の発給権が認められていない外様守護には挙状の挙達もほとんど確認できない。以上のようないくつかの検討から、挙状挙達の制度は、足利一門守護・大将の国人掌握の能力強化、すなわち軍事力強化をはかった幕府政策の一環と見ることができる。

本章では南北朝初期における挙状をとりあげて初期幕府軍事体制との関係を中心に検討したが、今後その成立と観応擾乱以後の状況を課題としたい。

註

（1）拙稿1「南北朝初期における守護権限の一考察」『古文書研究』二七、一九八七年、同2「南北朝初期における幕府軍事制度の基礎的考察」小川信先生の古稀記念論集を刊行する会編『日本中世政治史社会の研究』所収、一九九一年、同3「南北朝初期における守護発給感状に関する一考察」『古文書研究』三八、一九九四年。

（2）挙状にはその主要な目的によって、軍忠・恩賞・安堵・訴訟の各挙状があるが、いずれにせよ被推挙者の軍忠を前提としており、中継上申者である推挙者との指揮関係は確認し得る。

（3）相田二郎氏『日本の古文書』（一九四九年）第五部上申文書、第十二類、七九二～七九四頁。

（4）「飯野八幡宮文書」。

（5）「阿蘇家文書」。

（6）「前田家所蔵天野文書」十五号。

（7）「大坪文書」。

（8）拙稿前註(1)論文1。

（9）「大隅有馬文書」建武三年三月十七日幕府侍所奉行人連署奉書（『南北朝遺文』九州編、第一巻、四八四号。以後『遺文九』と略、巻数も略して文書番号のみ記載）、「薩摩二階堂文書」建武三年三月十七日幕府侍所奉行人連署奉書（『遺文九』四八五）等。

（10）「豊後広瀬文書」建武三年三月廿日少弐頼尚書下（『遺文九』四九三）。

（11）佐藤進一氏「室町幕府開創期の官制体系」石母田正・佐藤進一編『中世の法と国家』所収、一九六〇年。

（12）拙稿「軍忠状に関する若干の考察」『古文書研究』二一、一九八三年。

（13）佐竹義篤の当時の活動徴証としては、常陸国守護正員である父貞義の代官として軍勢の指揮を執っており、指揮下国人の着到状・軍忠状への証判（「飯野八幡宮文書」建武三年七月日付伊賀盛光着到状、同「文書」同年十二月日付伊賀盛光軍忠状等）や本挙状がある。建武三年以降父貞義には戦闘指揮の徴証がなく守護正員と認められるものの（佐藤進一『室町幕府守護制度の研究』上、常陸国の項参照）、常陸国人の軍事指揮権全般は守護代の地位にあった佐竹義篤が代行していたと判断される。松本一夫氏は鎌倉府初期軍事体制の分析のため、佐竹氏の軍事指揮権に関しても検討を加え（「南北朝初期鎌倉府軍事体制に関する一考察」『古文書研究』四一・四二合併号、一九九五年）、①守護権限が常陸全体に及ぼせなかったと同様軍事指揮権も一国規模での動員はなし得ていない、②佐竹氏の場合でも二重証判制度が適応されていたと判断される、③配下国人の軍忠挙状は、斯波家長ではなく、幕府に直接挙達していた、という点などを明らかにされた。このうち③の指摘について私見を述べると、東国伝統豪族佐竹氏に類似する島津氏の場合でも、正員島津貞久代官頼久が限定戦場（金ヶ崎城攻略戦）で直接幕府に挙達していた場合が証明される例（建武四年五月二十七日付足利直義感状二通）がある一方で、少弐頼尚と一色道猷各々が相良氏の同じ戦功に感状（暦応三年七月十一日付一色道猷感状、同八月十八日少弐頼尚感状）を発給している事実があるので、守護正員貞義でなく代官たる佐竹義篤が、直接幕府にのみ挙状を申達していたとは考えにくい。おそらく義篤も少弐頼尚の例と同じく、幕府へ挙状を挙申すると同時に、斯波家長にも同様の挙状を挙達していたと判断するほうが自然ではあるまいか。

(14) 拙稿前註(12)論文。

(15) ［史料3］軍忠状の証判者島津頼久は、大規模な幕府軍が編成された越前金ヶ崎城攻略に際しては、正確には守護正員父島津貞久の代官として、薩摩国人を率いて部将として参加した。この戦闘における指揮下国人の一括申請型軍忠状への証判は頼久が行い（『薩藩旧記』十九所収「本田文書」建武四年四月日付本田久兼軍忠状、『遺文九』九二六）、また本文書以外にも挙状を挙申していたことが足利直義発給感状（「薩摩島津家文書」建武四年五月廿七日足利直義感状二通、『遺文九』九五七、九五八）から明らかである。したがって当時幕府軍の畿内近国制圧戦において、薩摩国人の戦闘指揮を執り戦功認定および戦功注進などの軍事指揮権は島津頼久の掌握下にあったものに相違ない。ただしこの時に、島津頼久指揮下の国人は、島津頼久に一括申請型軍忠状証判を受けると同時に、全軍を統督する高師直、高師泰など足利氏被官出身大将にも同文一括申請型軍忠状を提出して証判を受けており、戦功認定における二重証判制度が確認される。拙稿前掲註(1)論文2参照。

(16) 当時の軍功認定手続きが、戦功の現場での認知と上級機関への注進という二大要素から成り立っていた事実を示す史料として建武三年三月日付小河季久軍忠状写（『薩藩旧記』十八所収「小川文書」『遺文九』五五三）に「……此等子細、同所合戦之輩、肥後国詫磨豊前太郎、肥前国曽根崎左衛門三郎入道等令見知之間、被成御施行、被尋問実否之処、証人請文依無相違、被経御沙汰、被入御注進、……」と記載されていることから明らかである。

(17) 建武三年十月当時の武田信武の地位は、安芸国守護正員であり、この請文における戦闘地域と参加国人は備後国である。備後守護は朝山景連であるが軍事指揮権を制限されており、信武が隣国備後を含めて戦功認定にあたっていた。拙稿前掲註(1)論文1参照。

(18) 「山内首藤家文書」建武三年七月十八日山内観西軍忠状案（『南北朝遺文』四国編第一巻、四一七、以後『遺文四』と略）。前掲同「文書」建武三年十月十一日大田佐賀寿丸代藤原光盛請文案（『遺文四』五一七、ただし『遺文』では同十日の長谷部の請文とともに文書名を軍忠状と誤っている）。

(19) たとえば、貞永式目、第六条「一　国司領家成敗不及関東御口入事、右国衙庄園神社仏寺領、為本所進止、於沙汰出来者、今更不及御口入、若雖有申旨、敢不被叙用、次不帯本所挙状、致越訴事、諸国庄公幷神社仏寺、以本所挙状可経訴訟之処、不帯其状者、既背道理歟、自今以後不及成敗」とあって幕府法での訴訟手続上で、挙状は不可欠の存在となっている。したがって文書としての挙状の淵源は、平安時代末期にも溯ることが予想されるが、御家人の軍忠等を守護から幕府へ挙達したものは、蒙古襲来まで管見に入らない。

(19) 「薩摩比志嶋文書」弘安五年二月日付比志嶋時範申状案。
この申状は軍忠状の初見史料として佐藤進一氏の『古文書学入門』に記載されており『遺文』にも軍忠状案と文書名が付されているが、南北朝期の恩賞沙汰遅延の際に作成される訴状としての申状と同じ機能と書式を持つものであって、成立の契機にはなっていても軍忠状ではない。

(20) 前註同「文書」弘安五年四月十五日島津長久請文。

(21) 「山代松浦文書」弘安四年八月十日北条時定書下、「筑前右田家文書」弘安四年十二月二日大友頼泰書下案等。

(22) 「山代松浦文書」弘安六年三月十九日北条時定書下。

(23) 「薩摩入来院文書」建武三年八月十七日付足利尊氏感状案は、国人渋谷氏に宛てた感状の校正案文であるが、裏書には島津貞久が「此正文書持参京都之処、有長途之畏怖、校正之案文封裏、可備後証之旨、渋谷新平次入道定円依申之、所有其沙汰也」とあって、暦応四年二月二十二日の日付と島津貞久署名と花押がある。このように恩賞を約束する文言を有する将軍感状を所持していても、恩賞給付の下文は自身その感状を持参して幕府に要請するのが一般的通例だったと見られる。

(24)「佐竹文書乾」暦応二年九月七日付石塔義房挙状に「当国合戦無隙候間、其身不及参洛、令進代官候」とあって本来自身上洛すべき制規であったことが判明する。

(25)「肥後志賀文書」暦応元年十二月廿六日付一色道猷書下(『遺文九』一二九四)で、出羽氏に対する一色道猷自身の誘致が行われ、その中で「参御方致軍忠者、本領事、任被定置之法、可有其沙汰也」と告げており、敵方武士の誘降の条件として本領安堵が定法化していた事実を知ることができる。

(26) 佐藤進一氏前註(11)。

(27) 川添昭二氏「鎮西管領考」下(『日本歴史』二〇六号)参照。

(28)「薩摩岡元文書」建武四年七月十三日高師直施行状案(『遺文九』九八八)。

(29) 佐藤氏前掲書『室町幕府守護制度の研究』下、因幡国の項参照。

(30) 一覧表掲出文書の番号は表中付番号。( )内は宛所が「御奉行所」となっていても他史料から推知し得る場合人名を記入した。また畠山直顕は当初義顕と文書に署名しているが直顕で統一した。刊本史料の掲載巻数ないし文書番号などは省略。

(31) 拙稿前註(1)3論文参照。

(32) 佐藤氏前註(11)前掲書。

(33) 建武三年初頭以来日向に発遣された畠山直顕の権限や地位については、康永四年日向国守護正員に補任されるまで守護ではなく国大将であって、一般諸国守護と異なり国内の半済実施権および闕所処分権が付与されていた(「薩摩島津家文書」康安元年四月十日島津道鑑代得貴申状案)。小川信氏『足利一門守護発展史の研究』(一九八〇年)第三編第一章第二節二参照。

(34) 建武三年八月二十四日高師直書状写『薩藩旧記』十八所収「新納文書」によれば、高師直は、書状をもって畠山直顕に対して、日向新納院地頭職を島津四郎時久が拝領したにもかかわらず、所務が全うできないので沙汰付の実施を依頼している。また当該期の島津氏の時久は島津系図によれば、新納氏祖の同人に比定される。

(35) 松本氏前註(13)論文。

(36) 前任者桃井盛義の但馬国守護在職徴証の最後が、建武五年五月一日（伊達義綱宛軍勢催促状・『伊達家文書之一』十八号）であり、吉良貞家の初見在職徴証が本文書である。佐藤氏前註(29)前掲書、但馬国の項参照。
(37) 小川氏前註(33)前掲書第二編第一章第二節、註(2)参照。
(38) 遠藤巌氏「奥州管領おぼえ書き」（『歴史』三八輯）参照。
(39) 本文書挙申の暦応三年当時には、高師泰は越後・尾張両国守護を兼帯しており（佐藤氏前掲書参照）、また臨時に編成される幕府直轄軍の大将として、少なくとも守護分国以外にも美濃・遠江・三河諸国の国人を指揮下に軍事指揮権全般を行使しているので、被推挙者八木某の出自を明らかにし得ないので、当時師泰がいずれの立場から挙状を挙達したかを確定することは難しい。しかし八木某は、管国国人ないし隷下軍勢のどちらかであることは疑いない。また暦応二年頃からは再び侍所頭人の職にあったことが確認されるので、侍所頭人から恩賞方頭人の兄高師直へ送付された挙状との想定も可能である。
(40) 拙稿前註(1)前掲論文1。
(41) 本文書以外にも暦応二年四月二十七日付大内長弘施行状（『東福寺文書之二』四一二号）を森五郎左衛門尉・土屋四郎左衛門尉に下達しており、両名が守護代であった事実が判明する。佐藤氏前掲書参照。
(42) 康永元年当時の細川頼春は、備後・阿波両国守護を兼帯しているが、小早川氏の本国安芸守護は武田氏であるので、幕命を奉じて伊予国に軍事行動を行って安芸国人の挙状を挙達する彼の立場は国大将がふさわしい。伊予国守護正員としての在職徴証の上限は、東寺領弓削島領家方に対する濫妨停止を命ずる頼春宛幕府引付奉書である（「東寺百合文書」ヨ一―一二）。小川氏前掲書第一編第一章第二節参照。
(43) 「青方文書」康永二年七月日付松浦定申状に、「……預京都巨細御注進、令安堵本領等、全将来知行事……」と一色道猷宛てに要請しているので、同月二十五日付で挙申された道猷の挙状はこれに対応していることはその内容からも疑いない。
(44) 建武三年九月日付深堀明意軍忠状（「肥前深堀文書」）に、八月三十日豊福原合戦で、「明意属于侍所御手」とあり、同九月二十四日付佐竹重義・行氏連署奉書による見知証人に対する戦功確認のための問状（同「肥前深堀文書」）が発給されている。また建武四年五月三日付小代氏宛一色道猷軍勢催促状（「小代文書」）によれば、菊池武重討伐のため義重を肥後に差遣したと述べているので、部将として特定戦域の指揮者としての活動も確認される。川添氏前掲論文参照。
(45) 本文書は案文で、日下の差出者署名部分は、縦の棒線が一本引かれているのみで省略されており、当該時期から推定して、

39・40・43・44と同様に畠山国氏・吉良貞家連署の挙状であると判断した。小川氏前掲書第二編第四章第一節註(五)でも同様に連署挙状と判定しておられる。

(46) 拙稿前掲註(1)論文1参照。

(47) この根拠となる文書については若干付言を要する。注進を約束する波多野景氏への武田信武感状は『黄薇古簡集』巻一所収の写しであるが、同巻所収の同日付波多野景氏軍忠状の日付については疑義があり必ずしも信頼できない(拙稿前註(1)論文2参照)ので、当該感状も発給の蓋然性は高いと思われるが注意が必要である。

(48) 前掲註(13)。

(49) 小川信氏前掲書『足利一門守護発展史の研究』第一編第一章第二節二ロ。

(50) 康安元年四月十日島津道鑑代得貴申状案(薩摩島津家文書)。

(51) 挙状の持つ本来的な推薦という性格に由来すると考えられるが、このような例外としていま一例を挙げる。時代は観応期より降るので本章での考察対象ではないものの、足利尊氏も同様の目的と機能を有する御内書を発給している。

小野寺尾張守申丹後国倉橋郷事、

歎申子細候歟、於出羽国致忠節無相違之、

可有御沙汰候也、謹言、

(文和元年)
十二月七日　　尊氏(花押)

坊門殿

(「久我家文書」)

この文書も書状型式で、当時鎌倉在陣中の足利尊氏から在京の子息足利義詮に宛て小野寺尾張守の出羽での軍忠を保証して丹後所領である倉橋郷を沙汰するように依頼するものである。軍忠を保証して所領の沙汰を依頼するといった内容は、守護が指揮下国人の恩賞ないし安堵を挙達する挙状と選ぶところがない。唯一の違いは、宛所が子息足利義詮で書状型式を以て挙達している点である。したがってこの文書名は型式からは将軍御内書であるが、機能からは足利尊氏挙状ということになろう。

(52) 守護侍所についての研究はなされていないが、指揮下国人の戦功認定や幕府侍所への軍忠推挙などを所管する「役所」が存在したことは間違いない。史料上では地方戦域の一般守護指揮下の国人が守護に提出する軍忠状の宛所には「御奉行所」と記載され、幕府に対して提出される上申文書と区別できないものの、文中に「守護侍所」と明記するものも動乱初期から散見し、その存在は確実である。

守護侍所の存在を確認し得る史料を例示する。「石見益田家文書」暦応五年二月日付御神本兼躬軍忠状に、「……此段侍所松田左近将監被見知之上者、為預御一見状、……」と記載され石見守護で中国西部の上級大将上野頼兼が証判を与えており、また松田左近将監は他の軍忠状でも同地域の合戦見知証人として散見する。

(53)　佐藤氏前註(11)。

(54)　小川信氏「南北朝内乱」『岩波講座日本歴史6　中世二』一九七五年。

第四章　挙状成立と戦功認定

一

南北朝期における挙状は、国人の軍忠を証明、推挙する軍忠挙状と、軍忠を前提として国人の所領保全や拡大の要求を推挙する安堵・恩賞・訴訟の各挙状に大別される。(1)しかし挙状が多用されるようになったのは南北朝期にはいってからであって、鎌倉期においては南北朝期にみられるような機能と目的で作成された挙状の例は非常に少ない。(2)本章では、南北朝期の幕府・守護・国人三者間の関係を考察するのに大きな役割を果たす一連の軍事関係文書の中で、とくに挙状を取り上げて、戦功認定との関係からその成立について考察したい。ここでいう挙状は、官途吹挙状や鎌倉幕府法にいう訴訟手続上現れる所務相論に際して本所から出されるようなそれではなく、戦功認定に必要な軍忠について推薦ないし証明する軍忠挙状をさすものとする。

鎌倉期に先例として重視されたに相違ない源頼朝時代の認定方法は、おもに『吾妻鏡』に散見される記述から推定される。それによれば原則として、①戦功申告者本人の大将面前での口頭申告、②分捕首ないし負傷の実検、③同所合戦証人の証言、④敵方武士の証言、などの確認作業を必要としていたとされている。(3)この当時は、敵首の取得すなわち分捕の場合でも、負傷の場合でも、将軍ないし軍奉行の面前で口頭で申請して確認を受ける認定方法であったといわれているが、この原則が大きな変更を余儀なくされたのが蒙古襲来であったとされている。(4)これは戦功認定手続きに関する文書史料が確実に残されるようになったのが蒙古襲来の時期からであるという事実を前提としているようであるが、当該期から戦功認定関連文書が残存するようになるのは決して偶然ではない。注意しなければならない重要な点は、蒙古合戦においては、将軍はもとより執権、連署そして恩賞奉行すら戦場である九州には所在せず、遠くはなれた鎌倉の地において恩賞の最終的決定をなしていたという事実である。したがって、現場指揮官が現地での戦功認定手続きを終了させて鎌倉には書面をもって報告し、鎌倉では原則として現場の大将から送付されてきた書類のみで恩賞決定の判断を下さねばならなかったのである。このため幕府首脳が鎌倉所在のまま書面審理のみで恩賞給付を客観的に判断し得る報告を作成するため、現地では守護人などが中心となって、戦功認定作業を文書化する方式を採用して実施したのである。このことは頼朝期以来の戦闘および戦功認知に関する基本的制度ないし慣習が根本的に変更を迫られたことを意味する。そして戦功認定に関する文書史料が、蒙古襲来に際して初めて確認され、以後継続して戦国時代まで残存する事実は、文書による戦功認定方法が、大規模かつ連続する戦乱期に適応した戦功認定の手段であったことを示唆している。当初従来の方式で行った戦功認定の作業は、文永の役など、日本側の損害がきわめて甚大で、戦死したものの事実確認も手間取り、証人がほとんど期待しがたい状況のなかで、遅々として進展しなかったと想像される。この間どのような戦功認定手続きが行われたかは、おもに竹崎季長絵詞や残存する関連文書から判明する事実をもとに次のように考えられている。項目として列挙してみよう。①分捕首持参による実検行為、②本人の口頭申告、③大将側の記録係による申告内容の文書化、④合戦見知証人の喚問および請文提出、⑤申告者本人の文書提出、⑥現場指揮官の推薦状、⑦本人の鎌倉への直接訴訟、これらを頼朝期と比較すると異なるのは、やはり文書による戦功確認作業が大きな比重を占めるようになった点である。つまり蒙古合戦の戦功認定作業の過程で、証人および戦功申請者本人に対する事実確認の問状や、幕府への守護の指揮下御家人の戦功の軍忠挙状、そして証判こそないものの戦功申立ての軍忠状ともいうべき申状、などの軍事関係文書が出現したのである。頼朝期では、着到状が提出されていたことが『吾妻鏡』から知られるが、証判および提出者本人への返却はなされていないので、複合文書として機能していたわけではない。(5)複合文書としての機能を持つ証判型式の軍事関係文書が出現したのは、蒙古襲来後しばらくしてからの着到状からであるが、当然蒙古合戦の戦功認定作業の経験によって影響を受けたことは否定できない。証判型式の着到状の出現は、残存文書例からは番役勤仕者本人作成の証判型式の覆勘状よりも早く、正中の変に際して六波羅探題の証判を受領した例が残存し、(6)同じく証判型式の軍忠状の初見は、手負注文と称された鎌倉末期の熊谷氏の千早城攻防戦の際に作成された正慶二年のものである。(7)この鎌倉時代での戦功認定方法をいわゆる「法」の形で成文化していた形跡は窺えない。成文法の未確認が慣習法的支配を意味するものではないとはいえ、むろん中世における法は、成文法として存在する部分よりも慣習的規範として影響力を持つ部分のほうが重要な比重を占めていたであろうし、とくに武士の戦功認定に関しては、その性格上慣例に支配されていた可能性が高いと思われる。そこで文書による戦功認定手続きが整備されたと考えられる蒙古襲来の時期の文書史料を検討して、挙状の成立について考察する。

二

挙状の成立に関しては、他の軍事関係文書である軍忠状と同じく蒙古襲来をその契機にしていると考えられるので、この時残された軍忠挙状の初見例からみていくことにしたい。次に掲出する文書は、薩摩御家人比志嶋時範の弘安役における軍忠申状の内容を証明した島津長久の証状と称される文書である。まずこの文書と関連文書について若干考察してみよう。(8)

〔史料1A〕

当国御家人比志嶋五郎次郎時範令申蒙古合戦之間事、
去年六月廿九日五郎次郎并親類河田右衛門尉盛資相共、罷乗長久之乗船、渡壱岐嶋候事実正候、同閏七月七日鷹嶋合戦之時、五郎次郎自陸地馳向候之条、令見知候了、若此条偽申候者、日本国中大小神罰可罷蒙長久之身候、恐惶謹言、

弘安五年四月十五日　　大炊助長久

（「薩摩比志嶋文書」）

〔史料1B〕

薩摩国御家人比志嶋五郎二郎源時範謹言
欲早依合戦忠勤、預御注進子細事、
副進
　自大炊亮殿所賜証状案文
件条、去年六月廿九日蒙古人之賊船数千余艘襲来壱岐嶋時、時範相具親類河田右衛門尉盛資、渡向彼嶋令防禦事、大炊亮殿御証状分明也、次月七月七日鷹嶋合戦時、自陸地馳向事、以同前、爰時範依合戦忠勤、為預御裁許、粗言上如件、

弘安五年二月　日

（「薩摩比志嶋文書」）

はじめに［史料1］のA・B両文書の日付と内容との関係に注目したい。A文書は弘安役において薩摩国御家人の戦闘指揮にあたった「大炊助長久」、すなわち島津長久の文書で、B文書中で比志嶋時範がいう「自大炊亮殿所賜証状案文」と考えられている。A文書は、軍忠状の初見史料として紹介されてきたB文書の薩摩国御家人比志嶋時範申状[9]の軍忠内容と同内容の戦功について証明しているので見知の証人請文である。いずれも正文ではなく、宛所を欠くものの、当時の見知証人への喚問などの戦功検知が各国守護によって実施されていたことから、名宛人は薩摩国守護正員島津久経と推知される。[10]問題は、B文書の、弘安五年の二月に「預御注進子細事」として「自大炊亮殿所賜証状案文」を副進文書としている点である。比志嶋時範の軍忠申立ての内容は、前年の蒙古襲来時の六月二十九日の壱岐嶋合戦と翌月七日鷹嶋合戦に参戦したことであるから、A文書長久の請文は、B文書時範の申状の内容を証明するものである。しかし両文書の日付から考えると、軍忠申請者本人の申状が二月の日付を持つのに対して、その申状に副進文書として挙げられている長久提出文書が四月十五日と後日の日付であるのは不思議である。繰り返すようにすでにB文書の方は相田二郎氏が、軍忠状の初見文書であるか否かについて紹介されて以来、周知の文書であるにもかかわらず、同文書と密接な連関を有するA文書との日付の前後矛盾について言及、説明したものはない。この点を当時の戦功認定の手続過程から明らかにしてみたい。蒙古合戦における軍忠認定と戦功注進を知ることのできる初見史料は、次の［史料2］、文永十一年十二月七日の大友頼泰書下である。

［史料2］

（折紙）
蒙古人合戦事、於筑前国鳥飼浜陣、令致忠節給候之次第、已注進関東候畢、仍執達如件、

文永十一年
十二月七日　頼泰

都甲左衛門五郎殿

（折返端裏書）
「東方守護所御書下蒙古合戦事」

（「豊後都甲文書」）

［史料3］

蒙古人合戦勲功事、重有御尋子細、為御注進、今月拾日以前、可令差進御代官給之旨、御沙汰候也、恐々謹言、

建治元年
十一月六日　景泰（花押）

真玉又二郎殿

伊美兵衛二郎殿

都甲左衛門五郎殿

（「豊後都甲文書」）

［史料4］

（折紙）
蒙古人合戦事、去年大略注進言上候畢、而猶其時御奉公之次第、不日委可注給候、仍執達如件、

「到来同年十一月七日」
建治元年
十一月廿三日　頼泰（花押）

都甲左衛門五郎殿

（折返端裏）
「東方奉行所書下　とこを」

（「豊後都甲文書」）

［史料5］

（折紙）
蒙古合戦事、為尋沙汰、不日可召給代官候、恐々謹言、

「到来廿二」建治三年六月十五日　　　　頼泰（花押）

都甲左衛門五郎殿

（折返端裏）
「東方奉行所召文」

（「豊後都甲文書」）

［史料6］

筑後国御家人守部弥次郎盛通、同四郎盛時、同六郎光盛等申蒙古合戦事、申状如此、任実正、載起請詞、可令申左右給、仍執達如件、

建治三年七月五日　　　　頼泰（花押）

斑島右衛門三郎殿

（東京大学史料編纂所所蔵「斑島文書」）

表1

	文書名	年月日	発給者	名宛人	出典・備考
1	書下	文永十一年十二月七日	大友頼泰	都甲左衛門五郎	鎌倉遺文一一七七一「豊後都甲文書」折紙
2	召文	建治元年十一月六日	小田原景泰	真玉・伊美・都甲	鎌倉遺文一二一〇七「豊後都甲文書」書状
3	問状	建治元年十一月二十三日	大友頼泰	都甲左衛門五郎	鎌倉遺文一二一三〇「豊後都甲文書」折紙
4	書状	建治二年三月八日	北条宗頼	長崎光綱	鎌倉遺文一二二五七「豊後日名子文書」
5	書状	建治二年八月二十八日	安達泰盛	大隅修理亮	鎌倉遺文一二四五七「島津家文書」
6	召文	建治三年六月十五日	大友頼泰	都甲左衛門五郎	鎌倉遺文一二七五二「豊後都甲文書」書状　折紙
7	問状	建治三年七月五日	大友頼泰	斑島右衛門三郎	鎌倉遺文一二七六九　東大史料編纂所所蔵「斑島文書」

表2

	文書名	年月日	発給者	名宛人	出典・備考
1	問状	弘安四年八月十日	平時貞	船原以下六名	鎌倉遺文一四四一八「肥前山代松浦文書」起請文言要求
2	問状	弘安四年十二月二日	大友頼泰	古後・帆足	鎌倉遺文一四五一四「筑前右田家文書」起請文言要求
3	申状	弘安五年二月	比志嶋時範	守護（島津久経）	鎌倉遺文一四五八三「薩摩比志嶋文書」軍忠申状
4	請文	弘安五年四月十五日	島津長久	守護（島津久経）	鎌倉遺文一四六一一「薩摩比志嶋文書」起請文型式挙状
5	問状	弘安五年三月二日	北条時定	山代又三郎	鎌倉遺文一四五八六「肥前山代松浦文書」
6	召文	弘安五年八月十日	少弐経資	中村源四郎	鎌倉遺文一四六八三「豊後中村文書」書状
7	書下	弘安五年九月九日	北条時定	竜造寺小三郎	鎌倉遺文一四六九六「肥前竜造寺文書」書状　折紙
8	問状	弘安五年九月二十五日	北条時定	船原・橘薩摩	鎌倉遺文一四七〇二「肥前山代松浦文書」起請文言要求
9	書状	弘安六年三月八日	北条兼時	長崎光綱	鎌倉遺文一四八〇二「豊後日名子文書」
10	召文	弘安六年三月十九日	北条時定	山代又三郎	鎌倉遺文一四八〇七「肥前山代松浦文書」
11	問状	弘安六年三月二日	北条時定	志佐以下六名	鎌倉遺文一四八一一「肥前山代松浦文書」起請文言要求
12	問状	弘安七年四月十二日	少弐景資	神山四郎	鎌倉遺文一五一五〇「筑後五条文書」起請文言要求
13	召文	弘安七年六月十九日	大友頼泰	野上太郎	鎌倉遺文一五二一四「尊経閣文庫野上文書」
14	召文	弘安七年六月十九日	大友頼泰	森三郎	鎌倉遺文一五二一五「尊経閣文庫野上文書」
15	召文	弘安七年六月十九日	大友頼泰	帆足兵衛尉	鎌倉遺文一五二一六「筑前右田家文書」

蒙古襲来に際しての戦功認定に関連する文書は、表1・2に掲出するように、文永役では七通ほどの関連文書が残存するが、最も早い［史料2］、文永十一年十二月七日の豊後守護大友頼泰書下でも、御家人都甲左衛門五郎の鳥飼浜合戦での忠節について、「已注進関東候畢」と都甲本人に告知している。この事実から鑑みて、蒙古襲来時における戦功の上申について、九州守護は指揮下御家人の検知した戦功を鎌倉へ報告する制規であったことを知ることができる。蒙古襲来絵詞の弘安役の戦功認定の場面では、大将の面前に討取った敵首を持参し、口頭で申請を行う竹崎季長の傍らで、巻紙にそれを文書化する執筆という役目の人物が登場している。原則的には本人が申請する軍忠につい

て、守護・大将側で文書化して鎌倉に報告したものであろう。(11) しかし都甲の軍忠申請には疑義が生じたらしく、その後［史料3］「……重有御尋子細……」と代官を召喚して事情聴取を行い、さらに［史料4］では関東への概要報告後であるにもかかわらず、「奉公之次第」を「不日委可注給候」として都甲本人の文書による申告を要求している。さらに都甲の戦功申請に証人証言との参差が生じたらしく、［史料5］にみるように、建治三年になってもなお代官召喚による口頭尋問が継続していることがわかる。おそらく、都甲には御恩下文はその時点までになお与えられなかったであろうことは想像に難くない。このように証人と本人の口頭審問に参差が生じた場合に、守護側から要求された軍忠内容を文書化して答申したのが、［史料1B］のような軍忠申状であることが明白となる。「島津家文書」には建治二年と推定される秋田城介の書状があって、「御恩御下文一通令進之候、御拝領之条、悦存候、恐々謹言」とあるので、蒙古合戦での勲功賞として将軍から発給される下文は、時の恩賞奉行人であった安達泰盛が添状とともに給付したものに相違ない。(12) また［史料6］によれば、証人に対しても軍忠申請者の申状を披露し、内容に相違がないかどうかについてを、起請の文言を記載して請文として守護所へ提出するよう要求している。この文書は見知証人請文を要求した初見の文書であり、文永役の戦功認定において、申請者本人の軍忠申状を証人に示し、所載内容の実否を起請文言を以て答申するように命じたものであるから、すでに文永戦役の認定作業でも建治三年の段階で、弘安戦役での文書確認手続きと同様の手続きを実施した事実が判明する。以上を総合すると、文永役での戦功認定手続きにおいて、鎌倉に戦功注進がなされる以前の現地での戦功検知がいかなる方法によって実施されたかを以下のように明らかにし得る。鎌倉へ注進される戦功については、その確認のために、本人または代官への召文による喚問が行われ、さらに戦功上申者本人の軍忠の申状が同所合戦の見知人に披露され、申請者の申告内容と見知人の目撃内容に相違がないかどうか、起請の文言を載せた請文を彼ら見知人に守護所へ提出させたことも看取される。一方で見知人に対する身柄の召喚による審問も行われているが、これは証人審問と証人請文の提出のどちらが先に実施されたのか、また事例ごとの判断によったのかは不明であって、制規としてその手続きを断定し得るほどの史料は残されていない。そして鎌倉への概要報告がなされた後も、現地守護による戦功の確認作業が継続し、同じ戦功検知に関しても重ねて慎重な認定が繰り返されている模様である。

［史料7］

肥前国御家人山代又三郎栄申度々合戦証人事、申状遣之、任見知実正、以誓状詞、可令申給候也、仍執達如件、

弘安四年八月十日　　平（北条時定）（花押）

船原三郎殿
河上又次郎殿
御厨預所源右衛門太郎兵衛尉殿
益田大夫殿
志佐小次郎殿
空閑三郎殿

（「山代松浦文書」）

一方の弘安戦役における戦功認定関連文書は、［史料1］のA・Bを含めて表2にみるように文永役の際の二倍にものぼる一五通を数えるが、これらを通覧するとよりその確認手続きが明確となる。［史料7］の弘安四年八月の六名の見知証人への北条時定書下によれば、山代栄の申請する軍忠に問題が生じたらしく「肥前国御家人山代又三郎栄申度々合戦証人事」と頭書しており、軍忠申状を回覧しているので、それ以前の何度もの山代の重複申請の過程で、

本人の軍忠申状を提出させていたことがわかる。またこの文書は弘安戦役における戦功認定関連文書の最も早い例であるが、文中文言の「誓状詞」とは起請文言を持つ請文を指すと考えられるので、文永戦役の際の［史料6］、建治三年守護書下で証人請文を要求した方法を踏襲しており、弘安戦役では当初より確認のため見知証人の請文を提出させることを制度化していたと推知される。そして弘安戦役で残された戦功認定関係文書の多数が、証人に対して起請文言を有する請文の提出を要請するものであるが、この蒙古合戦の両役における請文で残存したのは［史料1A］の島津長久のものだけである。

以上のような蒙古襲来時における戦功確認の現地手続きからみて、弘安戦役における［史料1A・B］の日付の問題は以下のように解釈することができる。Bの比志嶋時範申状は、本人の口頭申請と島津長久以外の同所合戦の見知証人の証言に参差が生じたか、守護から鎌倉への注進が成されなかったかのどちらかの理由によって、提出された訴訟手続きとしての申状であると判断される。このため守護側は再度証人に対して軍忠の実否を審問することにして、起請の言葉を記載する請文の提出を命じた結果が、Aの請文であろう。したがって、比志嶋の最初の口頭申請の際に作成されていた現存しない島津長久請文を「証状」と称し、二月の申状に副進したと推定される。申状を受けた守護側が、継続審議で疑義が生じたため、さらに重ねて証人島津長久に再度の請文を提出させたものであろう。したがって現存している再度の請文はその後の日付、すなわち四月十五日であってもよいということになろう。初度および再度の請文で証明する比志嶋時範の軍忠内容は同様であるのが当然であるから現存する時範申状の日付が溯るという一見矛盾したように文書が残存する結果となったと推知される。したがって、Bの比志嶋申状の中でいう「自大炊亮殿所賜証状案文」というのは、内容は一致していても現在残されているAそのものではなく、四月十五日の日付をもつAと同内容の請文が、二月の比志嶋時範申状作成提出以前にも戦功確認の必要上から作成されていたと考えられるのである。島津長久の請文正文は比志嶋時範申状とともに、守護から鎌倉へと中継送付されたものと見て相違あるまい。この現存する長久の請文は、同所合戦の見知証人の内容を持つが、同時に長久が守護正員の近親者であることから比志嶋時範申状の中で「証状」の表現となったものと推察できる。戦功認定における証状という文書名は初出であり、機能および書式としては南北朝期の見知証人の請文ないし、守護・大将級部将の発給する軍忠挙状と全く同様のものである[13]ので、この島津長久証状なる文書を軍忠挙状の初見例と見做すことができる。

［史料8］

豊後国御家人右田四郎入道道円代子息弥四郎能明申、今年六月八日蒙古合戦之刻、自身幷下人被疵由事、申状如此、彼輩防戦之振舞、発向之戦場、各々証人云々、所申無相違否、非縁者同心儀者、載起請詞、分明可注申之、証人散状者、直可被付守護所也、依仰執達如件、

弘安四年十二月二日　前出羽守(大友頼泰)

古後左衛門尉殿

帆足兵衛尉殿

(「筑前右田家文書」)

［史料9］

(折紙)
去年異賊襲来時、七月二日、於壱岐嶋瀬戸浦令合戦由事、申状幷証人起請文令披見畢、可令注進此由於関東候、謹言、

弘安五年九月九日　時定(花押)(北条時定)

竜造寺小三郎左衛門尉殿

三

［史料9］に掲出した弘安五年九月九日の竜造寺宛て北条時定書状では、七月二日の壱岐島瀬戸浦での戦闘における軍忠を鎌倉に報告した旨を告知しているが、「申状幷証人起請文令披見畢」という北条時定の確認行為の結果、「可令注進此由於関東候」と述べており、本人の軍忠申状と証人起請文の二通が、鎌倉への軍忠取次ぎの証拠文書として挙げられている。また興味深いのは［史料8］の弘安四年十二月二日大友頼泰書下である。これによれば、豊後御家人右田能明の申し立てる軍忠について証人に挙げられた二名に対して、「載起請詞、分明可注申之、証人散状者、直可被付守護所也」と指示しており、戦功申立て者と証人の間の口裏合わせを警戒していたことも窺える。この点は、戦功の申立て行為自体が、戦闘参加者たる御家人による自発的なものであって、当該期の訴訟手続きの基本姿勢である当事者主義と異なるところがないことから、守護からの見知証人の起請文言による請文提出を要請する問状を伝達するのも、その請文を守護所に運ぶのも軍功申立て者本人であるということからも当然の配慮であろう。つまり、同所合戦人が複数で架空の虚戦を申し立て、相互に証人となれば戦功として認められてしまう場合もあり得るのであって、南北朝初期の二条河原落書にある「安堵、恩賞、虚軍」とは、まさに当時の戦功認定方法の不備をついているのである。

さて一方では、証人に戦功申請者の軍忠申状を披見させることなく、かつ証人の召喚による審問もせずに、申請者の挙げた証人にはじめから起請文言による請文を要請する場合もあったらしい。写しではあるが、弘安七年四月十二日少弐景資の発給文書(14)によれば、香西度景の軍忠申請の証人神山四郎に対して、香西中立ての肥前御厨子崎海上における舎弟討死以下の内容を詳述した上で、実否について起請文型式での請文提出を要請している。この場合では、証人に対しては軍忠申請者の申状は披露しておらず、また事前に証人の直接審問は実施しないで請文を要求する事情が読み取れる。少弐景資は文永役での大将としての戦闘指揮を執ったことが知られているが、現地での戦功認定の最終的段階の責任者としての守護はその兄経資であって、鎌倉への注進も彼の専掌事項であったと見られる(15)。

以上検討してきたように、蒙古合戦における現地守護施行の戦功認定作業においては、軍忠申請者本人の軍忠申状を証人に披露し、証人から起請文言を有する請文を提出させるという文書手続きがその基本をなしていることが判明する。したがって軍忠申請者の軍忠申状と証人の請文とは、戦功認定手続きにおいて相互に重要な機能を有しており、機能的にも両者ともに蒙古合戦の際に従来的戦功認定を改めざるをえない状況下で文書審理の両輪の役割を果たしたのである(16)。

先述のごとく、この時に守護からの問状に応えて提出された見知証人の請文と、この確認作業終了後に守護自身が幕府に対して管国内御家人の戦功を挙達した文書は、いずれも書式、内容、目的のすべての点で、南北朝期に見られる見知証人請文や、守護・大将の上申文書として頻出する軍忠挙状と各々全く同じである。文書名として請文とするか挙状とするかについては、守護の問状に答えて提出された見知証人からのそれを請文と称し、守護正員ないし代官以上の実施する戦功認定手続上のそれは挙状と称して差支えないと思われる。したがって戦闘参加者の軍忠を、守護が幕府侍所へ中継上申する軍忠挙状の成立は、蒙古襲来時における戦功認定を文書手続きで厳格に実施した際に必要とされた同所合戦の見知証人の請文が起源であると結論して誤りないであろう。また蒙古合戦では、証判型式の複合文書ではないが、戦功検知の過程で作成を義務付けられた申請者本人の提出した軍忠申状もまた、鎌倉末期に出現する証判型式軍忠状の成立の決定的な契機となっていることも明らかである。

四

『中世法制史料集』第二巻には次のような「吉川家文書」の一通を史料として所収する。この文書は、佐藤進一氏によって南北朝の動乱による戦闘激化によって生じた戦功認定方法の変化を象徴的に表現する史料として紹介されたものである。佐藤氏によれば従来の負傷や分捕りなどの戦功認定方法については、軍忠認定権を有するものの面前で逐次申請型の軍忠状によって同時進行的に確認作業を実施していたものが、この法発布後、戦功は同所合戦人に確認を受け、一連の合戦の後、長文日記体の一括申請型軍忠状によって認定される手続方式に変化したとされるのである。この問題については、当時の証判型式を持つ軍忠状は、その様式と機能から逐次型と一括型の二大別が可能であることは事実であるが、一括型は様々な理由から逐次型をもとにして作成される申請段階の相違であることを明らかにした。(17)

［史料10］

吉川彦次郎経久申軍忠事

一　今年二月廿八日、南都御合戦之時、於奈良坂東山致軍忠、追帰御敵畢、分捕事可為切棄之由被定法之間、於奈良坂切捨御敵一騎之条、高橋中務丞、長門四郎令見候了、

一　同三月十六日、天王寺御合戦之時、馳向阿陪野致合戦、任切捨之法頸一取候了、且河匂左京進入道、薬師寺

彦次郎令見知候了、

一　同五月廿二日致合戦事、被射乗馬事、屋代彦六、豊田六郎所及見也、

右、属于御手、致軍忠上者、給一見書為備後証、恐々言上如件、

建武五年七月日　藤原経久（裏花押）

進上　御奉行所

「承了（花押）（高師冬）」

（「吉川家文書」）

軍事関係文書が出現して戦功認定方法が文書化の方向で整備された蒙古襲来以降の鎌倉末期までと、建武五年七月以前の南北朝初期の認定方法について、この間にも変化しているのかどうかも留意する必要があるが、結論的には基本的相違を認めることができない。すなわち分捕切棄法以前の戦功認定方法に関する改訂を示す法も全く発見することはできないのである。分捕切棄法に対応する被支配者集団は、足利方として合戦に参加する武士である。しかし全国規模で展開した南北朝内乱においては、畿内近国を中心とした幕府直轄軍と、地方戦線にあった足利一門守護、国大将、外様出身守護では、それぞれ指揮下国人の軍忠状の提出手続きも異なっている事実が確認されるので(18)、当然一概に規定することはできない。この意味では分捕切棄法は、とくに畿内近国を戦闘領域として幕府直轄軍が編成されて行動した際に適用された、という事実が確認し得るだけである。そこで当該期の戦功認定の文書による手続きを再確認しておきたい。南北朝初期における戦功認定手続過程を記述する軍忠状が残存するので、以下に全文を引用する。

［史料11］

武蔵国西小河小太郎季久申、筑前国有智山合戦軍忠事、

右、建武三年二月廿八日引籠有智山、同廿九日於御社谷致合戦忠刻、自身被疵左股被射、若党田兵衛尉・郎従右馬允幡指討死、若党伊与房被疵右膝被射切、同平内左衛門尉左ヒチ被射切、此等子細同所合戦之輩、肥後国詫磨豊前太郎・肥前国曽禰崎左衛門三郎入道等令見知之間、被成御施行、被尋問実否之処、証人請文依無相違、被経御沙汰、被入御注進畢、然者、給御証判、為備後代亀鏡、恐々言上如件、

建武三年三月　日

承了、大宰少弐（花押影）

（『薩藩旧記雑録』「小川文書」）

この軍忠状は、建武三年三月、すなわち足利尊氏が九州落去した際に九州戦域での合戦で作成提出されたものであるから、この軍忠状で知ることができる戦功認定方法は、原則として鎌倉末期から元弘争乱期までに普遍化していた認定方法に基づいていたとみて誤りないであろう。この手続きを見ると結論からいえば、蒙古襲来の際に実施された戦功認定方法とほとんど同様であるものと考えられる。重要な部分は「……見知之間、被成御施行、被尋問実否之処、証人請文依無相違、被経御沙汰、被入御注進畢……」という箇所である。この軍忠状から知ることのできる戦功認定手続きを整理すると次のようになる。①本人申請の軍忠状の受理と、同所合戦の見知証人の確認、②証人に対する本人申告の疵や分捕りの状況の事実審査、具体的には戦功申請者の申告内容の事実関係を知見し得る証人に対し、文書を証人請文として提出させている。この場合では証人が実際に大将の面前に出頭して口頭で証言し、さらに文書化させたのか、証人の在所へ守護所から文書で問い合わせをして請文を提出させたのかは定かではないが、両用の方法が実施されていたことは、蒙古襲来の戦功認知の際に残された文書からも明白である。したがって少なくともこの建武三年の初頭の時点では、証人への事実審問という手続きが蒙古襲来以来の基本手続きとして継続していたことは確認

できる。①②を現場の大将の「御施行」と称していることもわかる。③ここまでの手続きで現地での戦功確認が終了すると、大将によって幕府侍所への注進が行われる。この際に本人申請の軍忠内容の転記を中心とする挙状が上申されたものと思われるが、先述のように内容書式は初度の証人請文と同様のものであって、請文あるいは挙状という文書名の相違は、作成主体が同所合戦人か守護であるかの相違にすぎない。蒙古襲来の際と異なる部分としては、最初の申請から書面、すなわち証判型式の軍忠状によって行ったか否かによる。文永・弘安役に関する戦功認定手続きでは、軍忠状にあたる軍忠申状の提出は、審理の遅延か、本人申請の軍忠内容に疑義が生じて、再審理のために、同所合戦人に告知する必要から作成させたと考えられ、初度の申請は口頭によって守護側の執筆が文書化していたのである。したがって南北朝初期においては、初度の申請から書面で行った点に鎌倉期との相違が認められる。

さてここで、分捕切棄法を窺い知ることのできる、冒頭の軍忠状の文言を再確認してみよう。「法」の適用例としては、建武五年二月二十八日の奈良坂合戦と、同年三月十六日の天王寺合戦を申告している。分捕切棄法と命名されている通り、「分捕事」を「可為切棄」と「被定法」たといっており、(1)「分捕」すなわち敵首の取得携行を禁止し、(2)敵を倒した場合は、「切棄」ないし「打捨」にして証人を確保する。そして(3)軍忠状に切棄の事実を現場を確認した証人名を記して申告する。分捕切棄法は、以上のような要素から構成されていると考えられるが、重要なのは(3)の軍忠状による申告の部分である。本文書によってこの「法」の存在が認知されたのであるから、分捕切棄法が軍忠認定方法の変更を意味するといっても、最終的には、文書＝軍忠状による申告は必要であったことは確実である。したがって変更の主部は、(1)(2)の部分にある。従来は、合戦の都度に分捕りの敵首を持参し、自身の負傷箇所とその深浅の確認を実検認定してもらっていた事実が知られている。分捕切棄法の最も重要な改正は、討ち取った敵首を取得携行して実検するという手続きを省略するという点にある。逆にいうとこの法発令以前の戦功認定には、敵首の取得携行と合戦終了時にただちに大将に認知してもらうことが建て前であり、原則であった、ということになる。しかし実際に残存する軍忠状を建武五年を溯って子細に点検すると、事実上の分捕切棄法がすでに臨時に行われた形跡を確認し得る。具体的な例をいくつか挙げてみよう。

建武三年の地方戦域での史料であるが、同年三月二十八日付で提出された相馬光胤軍忠状(19)は、二十二日および二十七日の合戦の戦功上申を行ったものである。この合戦の生じた全体状況は、前年末以来奥州北畠顕家が奥羽国人層の結集に成功して攻勢に出ていて足利方にあった相馬氏は本拠小高城に拠って防戦に努める展開であった。さて内容に注意してみると、二十二日分の軍忠の記載の末尾に「……右此合戦之間、同二十四日追散敵畢、然除矢戦并残手疵畢、仍欲捧注進状処、為尻攻御内侍所大泉平九郎後馳来、以次」として次の二十七日分の軍忠の記載に続けている。すなわちこの軍忠状では二日分の軍忠を申請しているものの、元来は一日の合戦ごとに軍忠状による申請を行うのが定法であった事情が明らかである。したがって建武三年の地方戦域では、各合戦ごとの即時型軍忠状による申請が手続きとしての制規となっていたことは間違いなかろう。次に建武四年八月に亡父の軍忠を申請した子息野本鶴寿丸軍忠状(20)は、長文日記体軍忠状として有名なものであるが、このなかで、建武二年十二月十一日の伊豆国中山合戦における戦功申請で、「……切落御敵一騎、欲取頸之処、山名伊豆守殿為日大将、令見知之上者、雖不取頸、可進于先之由、被仰之間、随彼命、則追落御敵於河鰭、預大将御感畢、此子細等、翌日被付着到畢」と記されている事実に注目したい。この合戦は足利尊氏が建武政権への離反を明確化させた初動期において、新田義貞以下の討伐軍が東下し、迎撃した足利方との間で惹起したものであるが、官軍としての新田方は大軍であったので、箱根・竹下合戦で足利方が勝利するまでは楽観を許さない情勢にあった。ここで戦功申請者は、斬撃戦で落馬させた敵騎馬武者の首を取ろうとしたが、現場を通りかかった日大将山名時氏から敵を倒した事実を視認したから首を取らずに進撃するように命じられ、さらにその後の戦闘で敵を撃退して大将に賞賛された上に、それらの戦功は翌日記録してもらった、というのである。ここでは元来、敵首を取得するのが定法であった事実が窺える一方で、大将が見知していれば、後日その戦功が大将側の文書に記録されていたことも判明する。この軍忠状から知ることができる戦功認定方法は、分捕切棄法のそれと選ぶところはないといってよい。このようにすでに建武二年の段階に溯って、事実上の分捕切棄法同様の認定方法が、戦闘状況によって採用実施されていた事実が明らかである。その状況ないし条件は、①敵方が多数である、②大将ないし奉行人などが戦闘現場を視認している、③戦闘終了後、大将側の文書記録（実検帳）に登録、の三条件である。

しかし忘れてはならないのは、この経過を伝える史料が一括申請方式の長文日記体軍忠状であり、そこに記載される各合戦ごとの項目を点検すると、逐次申請方式の即時型軍忠状が提出済みであった事実も判明する。先述のようにこの点については、すでに南北朝期の軍忠状の二型式の関係を考察した第一章で明らかにしたが[21]、重要な関係部分であるので主旨を必要最低限度に再説する。蒙古襲来を契機に整備発達し、末期には確立した複合文書を基本とする軍忠認定方法のなかで、軍忠状の二型式という点が大きな意味を持つと思われる。以下、逐次申請方式の即時型軍忠状をＡ型、一括申請方式の長文日記体軍忠状をＢ型とする。佐藤進一氏は、当時戦功認定に用いられていた軍忠状も、当該期の戦闘激化とその状況に対応するために発布された分捕切棄法により、Ａ型からＢ型へと変化したとされ、軍忠状型式の変化と分捕切棄法の両者を密接に関連づけて説明された。しかしながらＡ型、Ｂ型両型式の軍忠状の存在理由は、時代状況の変化によるものではなく、戦功認定の段階による相違にあったのである。すなわちＡ型は各合戦においての認定に用いられ、Ｂ型は複数のＡ型をもとに作成し、より恩賞給付に近い段階での重複申請で用いられていたのである。したがって分捕切棄法の発布が確認される建武五年以後にも、Ａ型の存在は確認し得ることは当然であり、この法発布の舞台となった建武五年の幕府軍による畿内制圧戦においても作成されている。しかも分捕切棄法を史料として残した吉川彦次郎経久その人が、同じ一連の合戦の期間中にA型も残しているのである。分捕切棄法を伝えるB型は、建武五年の二月二十八日、三月十六日、五月二十二日の各合戦の戦功認定を申請した同年八月のものだが、彼はこの期間中の四月二十五日に、三月十三日合戦の軍忠を申告した軍忠状を別個に提出している。[22]

では建武五年の分捕切棄法発布後に、佐藤氏の所説のように軍忠状はすべてB型に変化したか、というと、前述のようにそのような変化は確認し得ず、相変わらず畿内・近国あるいは地方を問わずA型も作成提出されていたのである。したがって分捕切棄法は、A型とB型の軍忠状の段階的文書提出手続きを省略し、B型の提出のみで戦功認定が可能になったということではない。しかも事実上の分捕切棄法が施行された例は、建武五年以前にも確認し得るから、この法の性質は、合戦の状況によりその合戦にのみ適用される前提で発布された臨時法であったと考えられる。そしてその内容が規定したのは、敵首を取得携行してはならず、軍奉行人か複数の同所合戦の武士の視認を前提とし、A型軍忠状を、実検帳へ転載確認する際には、物的証拠である敵首の確認でなく証人の証言とその請文中心の検知方式に改変することであった。また当時の重要な戦功である負傷についての確認は、しばしばB型で見られるような最初の申請項目の合戦から数年も経過してからでは検知確認は不能であるから、やはりA型の提出の際に行われたに相違ない。したがってこの点の変更はないに等しく、従前通り負傷の状況に関する証言が聴取され、大将側の保存資料である疵実検帳に記録されたものと思われる。原史料では「被定法」たとあるが、その場合、いくつかのケースが想定される。①奈良坂合戦の直前に決定され、この合戦にのみ適用、②奈良坂合戦で決定され、以後足利方の戦功認定方法全般がこの法で規定された。③奈良坂合戦で決定され、以後同様な条件下での合戦のつど適用。④奈良坂合戦以前に制定され、この合戦および同様な条件の合戦のつどに下達、適用された。しかし検討してきたように最も可能性が高いのは、③④のいずれかであろうと思われる。すでに見たように建武五年以前の合戦の戦功認定でも、敵が多数であった場合の臨機応変の処置として事実上の分捕切棄法が採用されており、分捕切棄法が法として決定される十分な背景は用意されていたといってよい。これは法として決定していなかったために、しばしば戦功認定を巡って不都合が生じたために発布されたのであろう。しかしその後、分捕切棄法が施行されたと確認し得る形跡を見出すことができない事実を、どのように解釈したらよいだろうか。この建武五年の奈良坂合戦以後は、まさに法として効力を維持し続けたと考えることも可能であり、定法であるがゆえに軍忠状記載の文言からは「法」という表現が消えたと判断することもできよう。しかし、この法が適用されたのは、戦闘の相手であった宮方が大軍だった、という事実が重要であったと思われる。

分捕切棄法およびこの法発布に先行する事実上の分捕切棄法の扱いを行ったと推測し得る合戦の場合も、いずれも相手方が大軍であったという条件が特徴である。建武五年の分捕切棄法と蒙古襲来との共通点はここにあるといってよい。いずれも遭遇した敵軍が予想を遥かに上回る大軍であったことから、従来の戦功認定方法では対処しきれないほど戦闘規模が厖大化したことや他の諸条件も加わって、臨時に戦功の認定方法を改定して対応したものと思われる。建武五年二月に、分捕切棄法が法として被支配者集団である足利方武士に強制力を持ったことは疑いない。しかし重要な点は、軍忠状による書面審理を省略する内容を有するものではなかったので、この切棄法発布の合戦における軍忠状そのものが残存し、その後も軍忠状は戦功認定手続きの上で、なお不可欠な手続段階と機能を果たしていたという事実である。南北朝初期において建武五年をむかえる以前にも実質上の切棄法を追認せざるを得ない状況があったことは先に述べた通りであるが、この法発布を含めて、戦功認定の責任は現地の直接指揮者である守護・大将となってくる。そこで認定手続上で重要な機能を果たすのが守護・大将発給の挙状なのである。守護・大将指揮下の国人の戦功認定は、将軍や幕府高官が現地に赴かず、また申請者が恩賞申請のため長期に上洛することが禁止されていた状況までも同じなので、蒙古襲来時と同様に現地守護のもとで文書中心の手続きによって実施された。守護発給の軍忠ないし恩賞挙状の中に、国人が恩賞沙汰の要請のため上洛を懇願するのを戦闘継続中なので制止しているので、本人の代官を上洛させると報告し、(23) あるいは当該国人の恩賞沙汰を速やかに施行してほしいというような要請(24)が幕府に対して行われたのは、去就の定まらない国人層を率いて南朝軍との戦闘指揮を任務とする守護の苦しい実情を反映した言葉と見られる。軍忠状に記載される同所合戦の見知証人に、守護本人ないしその同族や軍奉行となっている守護侍所職員などの名が多く挙げられているのは、戦功認定においてより高い証言能力ないし効力を期待した表れであろうが、最終的には彼らの請文をもとにして、守護側が軍忠の事実審理を実施して、幕府への注進の価値があるかどうかを判定したと考えられる。その結果、本人提出の一括申請型軍忠状に証判を与えて返却すると同時に、それをもとにして守護が作成した注進状と挙状を添えて幕府侍所へ挙達し、本人には幕府への挙達をなした旨の書下を与える、という相互の手続きをとっていたことが一連の軍事関係文書から明らかである。このように蒙古襲来の認定過程で成立した請文は、南北朝期に入って、守護の挙状として軍忠状が恩賞に結び付く過程で、一層重要な機能を果たしたものと評価される。

五

源頼朝以来の戦功認定方法の重要な転換期となったのは、蒙古襲来と建武年間であったと考えられるが、建武五年に確認された分捕切棄法は、蒙古襲来時の変化に比較すれば部分的修正にとどまる。蒙古襲来の際に生じた戦功認定方法の変化の理由は、将軍、執権以下幕府首脳が戦場である九州に臨むことなく、鎌倉において合戦参加者の軍忠を認定して恩賞の沙汰を決定したことから生じたものと推定される。源頼朝期以来口頭申請を基本としてきた戦功申告は、証人および本人の文書申請を必要としはじめたのである。戦功の認定はその後継続して警固しなくてはならなかった現地の状況から、鎌倉に戦功申請者本人や証人を召喚して口頭で申告、審理する従来方式を採用できず、竹崎季長などのような例外を除けば、基本的には恩賞決定の判断材料たる守護段階で提出させる軍忠申状、証人請文、守護注進状および挙状などの文書のみによって審理したと考えられる。したがって戦功そのものの認定は現地守護の責務として厳正な審議が要求されたに相違ない。このことは文永・弘安両戦役の戦功検知に関する文書をみても、先述して明らかなように同一人の戦功認定に複数の証人から請文を提出させ、さらに本人に戦闘状況と軍忠を申状にして提出させた上で、再度証人に回覧して起請文言の請文を提出させるなどの手続きをとっている。さらに疑義があれば何度でもこの手続きを実施した形跡があって、現地守護の戦功認定は厳格を極めているといってよい。蒙古襲来の恩賞沙汰が遅々として進展しなかったのは、この文書による厳正な戦功認定手続制度の導入と確立を大きな理由に加えなければならないと思われる。この認定過程で重視されたのが、一つが本人提出の軍忠の申状であり、もう一つが同所合戦の見知証人の起請文言を記載する請文であった。以上のように南北朝期において多用された重要な軍事関係文書である軍忠状と挙状の成立は、蒙古襲来の戦功認定過程において認められるのである。当該期の請文は、先述のように守護挙状と同様の書式を有しており、戦功認定の条件を共有する南北朝初期に守護の挙状として発展したものと考えられるのである。このように挙状の成立は、蒙古襲来時における諸状況から、源頼朝以来の戦功認定方式を改変し、戦功認定を現地守護の責任において実施する過程で、遅くとも建治三年には証人請文の制度が導入されていることにその直接的起源を求めることができると結論できよう。

註

(1) 拙稿「南北朝初期における挙状に関する基礎的考察」『史学』六六―二、一九九七年参照。当該期挙状の古文書学上における研究は荻野三七彦氏、川添昭二氏、五味克夫氏の研究(註(16)参照)以外は、ほとんどない状態であったが、南北朝期の守護制度上の研究の必要からは、挙状の分類名称を使用している(小川信氏『足利一門守護発展史の研究』吉川弘文館、一九八〇年、佐藤進一氏『室町幕府守護制度の研究』東京大学出版会、上、一九六七年、下、一九八八年)。一方鎌倉期の挙状に関しては相田二郎氏『日本の古文書』上(岩波書店、一九四九年)、伊木寿一氏『古文書学』(慶応通信、一九五四年)などに「官位・所職の競望あるいは一般の訴訟上申などの場合には公武ともに上官の推薦状である吹挙状を貰いそれを添えて差出す事が行われた」と簡潔に定義され、官途吹挙状の名称が挙げられている。

(2) 拙稿前掲論文参照。

(3) 工藤敬一氏「着到状・軍忠状の成立条件おぼえがき」『吾妻鏡の総合的研究』一九九一年、五味文彦氏「合戦記の方法」『吾妻鏡の方法』吉川弘文館、一九九〇年。

(4) 岡田清一氏「合戦の儀礼 3軍功認定の諸相」『中世を考える いくさ』福田豊彦編、吉川弘文館、一九九三年、相田二郎氏『蒙古襲来の研究』吉川弘文館、一九五八年。

(5) 河音能平「中世日本における軍忠状文書様式の成立―中世複合文書の一例の紹介―」『ヒストリア』一四〇、一九九三年。

(6) 証判型式着到状の初見例は、「播磨広峰文書」正応三年卯月十日六波羅探題北条兼時証判広峰長祐着到状、同じく証判型式覆勘状の初見例は、「肥前深堀家文書」建武三年六月十一日佐竹重義証判深堀明意覆勘状。なお証判型式の覆勘状については番役着到状という名称が機能の点からもふさわしい。拙稿「着到状の基礎的考察」『史学』五四―二・三、一九八五年参照。

(7) 軍忠状の初見例については、弘安五年二月の比志嶋時範申状をその申告内容から軍忠状と見做す見解が多いが、戦功認定ないし恩賞沙汰の遅延によって提出された訴訟行為としての申状であると考えるのがよい。これを軍忠状の初見とするならば南北朝期にも多数存在するそれら証判を持たない軍忠申状すべてを軍忠状として定義しなくてはならない。したがって厳密な狭義の意味での軍忠状は複合文書としての証判を有する型式のものに限定すべきであろうと考えられる。このような立場からは証判型式の軍忠状の初見例は、「熊谷家文書」正慶二年壬二月廿七日熊谷直経合戦手負注文となる。ただし「熊谷家文書」には同八日に「千葉城着到案文」との端裏書のある軍忠状案文が存在するが、当該文書は注文型式ではなく、『大日本古文書』では着到状案としているが内容も全く軍忠状であってこの正文に証判が存在したであろうことは疑いない。註(9)参照。

(8)　島津長久は弘安五年二月比志嶋時範申状に「大炊亮殿」とあり、同年四月十五日挙状には「大炊助長久」とあるが、弘安役当時までの薩摩国守護正員の久経の弟に比定されている。しかし『島津氏正統系図』(島津家資料刊行会、一九八五年)によれば、久経の弟には、「高久　号中沼　大炊助　法名教仏」また「久時　号阿蘇谷　大炊助」とあって「大炊助」を名乗るものが二名存在する。『島津国史』には「入来院主馬系図」に拠るとして、「按、大炊助長久、五郎忠経、並ニ島津久経ノ弟ナリ、長久、島津系図久時ニ作リ、阿蘇谷ト称ス、長久ハ幼名ナルヘシ……」とする。『薩藩旧記』所収比志嶋文書では、四月十五日の当該文書で「大炊助長久」の横に注記して「号中沼大炊助」としており、高久、久時いずれにも決し難い。なお後考に俟ちたいが、いずれにせよ守護正員久経の弟であろう。同人の比定に関しては、石井進氏「ある絵巻のできるまで『竹崎季長絵詞』の成立」『中世史を考える』校倉書房、一九九一年、も参照されたい。

(9)　相田二郎氏『日本の古文書』上(岩波書店、一九四九年)中編第五部上申文書第二十三類軍忠状では、「正しく軍忠状と認め得るものは、鎌倉時代には現れていない。元弘一統の合戦から現れ、吉野時代のものが最も多い」とされている。また同「軍忠状はいかに伝存しているか」(『古文書と郷土史研究』相田二郎著作集3、名著出版、一九七八年)の七の四のなかで、比志嶋文書の当該二通を挙げて解説を加えて、「右に挙げた申状は、その中にいう合戦が終わってから、かなり日数を経たものであるが、この点は後の時代の軍忠状に比較してみて、敢えて不思議ではない。しかし、これを申状の形式で差出し、しかも同じ合戦に参加した者の証文を副えているところからみると、最初からの軍忠注進ではなく、すでに申立てた後に、証人を必要とすることなどの理由があって、差出したものと思われる。この軍忠の申状には、証判はない」と正確に記されている。しかし佐藤進一氏『古文書学入門』(法政大学出版局、一九七一年)第三章第四節の(六)軍忠状の中で、「軍忠状の初見は、弘安五年(一一八二年)二月、有名な弘安の役(第二回の蒙古襲来)に関する薩摩国御家人比志嶋時範のものである(比志嶋文書)」とされて以来軍忠状の初見文書として紹介されることが多くなった(『国史大辞典』吉川弘文館、一九八四年、の軍忠状の項他)。岡田清一氏前掲書では「軍忠状の確実な初見は、弘安五年(一一八二)に提出された薩摩国の御家人比志嶋時範のものである。(中略)時範は、翌年四月(あるいはこれ以前か。工藤氏前掲論考)、この長久に対して軍忠の「証状」を求め、それが下されるとすぐに軍忠状を作成、長久の「証状」とともに「合戦の忠勤」を披露したのである」と記され、両文書の日付の前後関係の矛盾にも言及していない。荻野三七彦氏「古文書と軍事史研究」（『軍事史学』九―三・四・五）では同文書を軍忠状の初見文書とすることを批判、拙稿「軍忠状に関する若干の考察」（『古文書研究』二一）では一応南北朝期の同型式申状を軍忠状とする現状を肯定した上で荻野説を批判したが、複合文書という機能を重視して証判を持たない軍忠の申状と証判型式の複合文書としての軍忠状は区別すべきであると考える。註（7）参照。

（10）文永・弘安両役での薩摩国守護正員として同国御家人の戦闘指揮にあたったのは島津久経であったが、同人は弘安七年閏四月二十一日に異国警固駐留中に筑前箱崎の役所で享年六十にして逝去している。直後の徴証を見出すことはできないが、直ちにその子忠宗に守護職が継承されたと考えられている。「島津家文書」正応六年二月七日関東御教書の名宛人が忠宗となっている。

（11）相田二郎氏『蒙古襲来の研究』（吉川弘文館、一九五八年）第七章「地頭御家人の戦功とその検知」。

（12）「島津家文書」には本添状中にいう「御恩御下文」を指す、同建治二年八月廿七日将軍家惟康親王政所下文によって薩摩国伊作庄と日置庄を島津久経に与えている事実が確認される。両文書の日付が一日違いであることから、安達泰盛は鎌倉に所在していたことも疑いない。

（13）拙稿前註（1）前掲論文参照。

（14）「五条家文書」弘安七年四月十二日少弐景資書状写。

筑後国木小屋地頭香西小太郎度景申、□弘安四年閏七月五日、於肥前国御厨子崎海上、蒙古賊船三艘内、追懸大船致合戦、乗移敵船、度景令分取、舎弟広度従異賊入海中、親類□被□被疵、郎従或令打死、或負手、令分取候子細、致見知候由、所立申証人也、然者彼度景合戦之次第、任実正可致□□起請文候、□□□□、

弘安七年四月十二日　　景資　判

神山四郎殿

（15）竹崎季長の鎌倉参訴は、例外的行動であったと考えられている。「豊後日名子文書」建治二年三月八日の北条宗頼書状に「……為訴訟、可令参上之旨、雖歎申候、今一両月者、故更異国警固事、不可有緩怠候之間、……」とあることを見ても、戦功認定や恩賞請求に伴う鎌倉への参訴は、再度の蒙古襲来に対する警備の観点から歓迎されない行動であった。また現地での御家人の戦功検知の幕府への最終的注進は、少弐経資・大友頼泰両名が行った。相田二郎氏前掲書。

(16)　荻野三七彦氏は「挙状と覆勘状」（『古文書研究―方法と課題―』名著出版、一九八二年）のなかで、先行する二論文、すなわち五味克夫氏「鎌倉御家人の番役勤仕」（『史学雑誌』六三―九・一〇、一九五四年）と川添昭二氏「覆勘状について」（『史淵』一〇五・一〇六、一九七一年）を踏まえて、挙状と覆勘状の関係について言及している。挙状が当事者の家に伝存することから類推して、川添氏の「挙状が覆勘状の機能を果たすところから、覆勘状そのものを必要としなかったのかもしれない」という点について「……果たすものであるという断定はできない。私は幕府が守護に対して改めて覆勘状を発給せよと命じたものであろうと推定し、この時に挙状を添えて下付したのではないかと考える。……」と述べておられる。この点については、従来平常勤番としての軍務である番役の勤務終了について出されていた覆勘状と、南北朝期における軍忠挙状は異なる機能を果たしていたものと判断される。大きな理由としては、覆勘状は書下として守護から勤務者本人を名宛人として与えられており、軍忠挙状は軍忠申請者の要請により、幕府などの上級機関を宛所として上申されるのが一般的用例であるからである。また南北朝期に覆勘状に相当するものとして、守護が軍忠申請者に対して幕府への戦功注進を実施した旨の書下を与えている例もあり（「相良家文書」貞和二年十二月三日相良孫三郎宛少弐頼尚書下等）、覆勘状の機能はむしろこのような守護書下へと継承されたと見るべきである。

(17)　拙稿「軍忠状に関する若干の考察」『古文書研究』二一、一九八三年。

(18)　拙稿「南北朝初期における幕府軍事制度の基礎的考察」小川信先生の古稀記念論集を刊行する会編『日本中世政治社会の研究』続群書類従完成会、一九九一年所収。

(19)　「相馬文書」建武三年三月二十八日相馬光胤軍忠状。

(20)　「熊谷家文書」建武四年八月野本鶴寿丸軍忠申状。

(21)　拙稿註(17)論文。

(22)　「吉川家文書」建武五年四月二十五日吉川経久軍忠状。

(23)　「根津嘉一郎氏所蔵文書」暦応三年六月十一日付上野頼兼挙状。

長門国由利弥八郎基久自最前於御方致軍忠之刻、自身並親類若党等数輩被疵、郎従等令討死、生捕仕候訖、仍可令参訴之由雖申之候、合戦最中候間留置候、急速可有恩賞御沙汰候、軍忠抜群之条一見書分明候、若偽申候者、八幡大菩薩御罰於可罷蒙候、以此旨可有御披露候、恐惶謹言、

暦応三年六月十一日　　　　　　　　　　　右馬助頼兼（花押）

進□　御奉行所

(24)「田代文書」建武四年一月十五日付石塔義房挙状。

……早可被経御沙汰……

「茂木文書」建武四年九月十八日付桃井貞直挙状。

……速恩賞御沙汰候者、可被目出候……

第二部　足利一門の軍事指揮権

第一章　軍勢催促状と守護

一

守護は鎌倉期以来、大犯三箇条に明示されるように、検断権を行使し、管国内御家人に対する軍事指揮権を委ねられてきた。そして守護権限は、たび重なる規制にもかかわらず漸次拡大して、事実上将軍の分身として地方における軍事・行政両面での幕府の意思決定の具現者としての性格を有するに至った。この守護の任務と権限は、南北朝期をむかえても、鎌倉幕府制度復活を前提とする足利政権によって継承されており、鎌倉期以来の根本職掌たる軍事指揮権は、とくに守護職の専掌事項として管国内御家人統轄の基本権限と考えられる。

しかしながら足利幕府の守護制度は、その成立期が南北朝の争乱期であったため、管国内御家人に対する守護の軍事指揮権も、全く無条件、恒常的に維持発揮されたのではなく、国によっては限定的条件が付与された場合がいくつか指摘できる。たとえば、①南北朝初期の国大将発遣時、②九州探題などの幕府と守護との中間統轄権力設置地域、あるいは、③畿内を中心とした幕府直属軍編成時、など各々の場合における守護から他方への当該国御家人に対する軍事指揮権の移譲である。これら各々の場合を明確にするのも今後の課題であるが、このような場合の守護は、管国における軍事指揮権の全権は掌握しておらず、その一部を他に移譲したと思われる。しかし相互の関係においてみるなら、基本的には各国守護は将軍分身として対等であり、特定の条件下にあっても管国内に対する軍事指揮権はなお留保されているという前提にかわりはないと考えられてきた。

本章では、南北朝初期に備後国守護であった朝山氏と、安芸国守護武田氏との軍事指揮権行使の関係を例にあげ、軍事指揮権を付与されていなかったと推知される守護の存在を指摘すると同時に、所轄の管国を領域的に越えて軍事指揮権を行使する守護についても存在を明らかにしたい。

備前国守護朝山景連は、建武三年十月十四日同人宛足利直義施行状によって、国衙正税、領家年貢三分の一を減免すべき院宣の施行について、「普可相触備後国中」ことを命ぜられ、また建武五年二月五日高師直施行状は、備後国信敷東方、河北郷、伊与東方等地頭職を、「山内彦三郎通時幷一族」に対して、同月三日の下文に任せて沙汰すべきことを同人宛に命じており、当該期における同国守護正員であると認められる。しかしながら当該期における同人の備後国内に対する軍事指揮権行使の証拠を全く見出すことができないのみならず、同人宛幕府発給の軍勢催促状の文言には、「一族相催」とあるのみであり、同時期の他国の守護正員宛てのそれが例外なく、「一族幷国中地頭御家人」を「相催」すべきことを記載していることと著しい対照をなす。先の建武三年十月十四日同人宛幕府施行状には、「普可相触備後国中」とあることからも、朝山氏は同国に対する行政面での施行にその権限を認められるものの、軍事指揮権に関しては疑問視せざるを得ない。

一方、同時期における安芸国守護人と見られる武田信武は、朝山景連の備後守護在職中に、同国内を戦闘地域とする備後国御家人の戦闘に関する指揮をとっており、行賞の基本手続きである戦功の認定権をも行使していることが明らかである。したがって安芸国守護武田信武は、隣国備後に対してもまたその軍事指揮権を行使しており、同時に備後守護朝山景連は行政的施行以外の徴証を欠き、管国内御家人を他国守護に動員されている。このような事実は、従来の一国別における将軍分身としての対等な守護の軍事指揮権の保有という概念からは指摘されなかったものである。また同時に足利一門の石見守護上野頼兼は、長門守護厚東氏に対して軍勢催促を行っており、これも将軍から守護という各国別の軍事指揮権の命令系統という建て前からは検討すべき問題であると思われる。

このような視点で見るとき、中間統轄権力の設置されなかった中国地方においては、軍事上の必要から、足利一門ないし準一門出身の守護が、在庁官人系ないしは土着豪族出身守護に対し、いわば上級大将として管国を領域的に越えて、数カ国をあわせて軍事指揮権を行使したという特殊形態が明らかになってくると思われる。

本章では以上のような南北朝初期における守護職の権限行使について、中国地方を例に、その特殊形態を指摘したい。

二

南北朝初期に備後国守護人であったと思われるのは、朝山次郎左衛門尉景連である。(1)『太平記』巻十四、「諸国ノ朝敵蜂起ノ事」(2)にみられる記述によって、すでに建武政権下においても同人の備後守護職補任が可能性として指摘されているが、(3)現存文書による確実な在職徴証としては、以下の三通が知られている。

［史料1］(4)

諸国々衙并庄園事、於当年者、平均被免除参分壱年貢正税之上者、寄事於左右、不可致違乱、早守　院宣施行旨、沙汰居雑掌於地下、可全本所之所務、若有違犯之輩者、可処于罪科之由、普可相触備後国中之状如件、

建武三年十月四日　　（足利直義）（花押）

朝山次郎左衛門尉殿

［史料2A］（5）

（足利尊氏）（花押）

下　山内彦三郎通時幷一族

可令早領知備後国信敷東方海老名五郎左衛門尉跡河北郷山内藤三跡伊予東方同人跡等地頭職事、

右、為勲功之賞、所宛行也者、守先例可令配分領掌之状如件、

建武五年二月三日

［史料2B］（6）

山内彦三郎通時幷一族等申備後国信敷東方海老名五郎左衛門尉跡、河北郷山内藤三跡、伊予東方同人跡、等地頭職事、任今月三日御下文之旨、可被沙汰付下地於通時幷一族等之状、依仰執達如件、

建武五年二月五日　　武蔵権守（高師直）在判

朝山出雲次郎左衛門尉殿（景連）

［史料3］（7）

備後国津田郷惣領地頭山内首藤三郎通継今者討死子息土用鶴吉丸代時吉

謹言上

欲早被閣守護人朝山次郎左衛門尉楚忽注進、被止闕所御沙汰、為亡父通継討死跡、申恩賞処、以当郷〇入非称塩飽〇左近入道跡拠注進条、無謂子細事、

副進
一局　代々御下文以下手継証文等案
一局　御感御教書軍忠之所見

右当郷者、為先祖相伝之地、代々知行無相違者也、而亡父通継将軍自関東御上洛之由依伝承、為御方最前馳参于関東間、於遠見国見付府中令参会候、御共近江国伊岐須宮、大渡橋上御合戦之時、致忠節、遠矢可仕之由被仰下之間、以遠矢射払御敵了、為御前事之間、无其隠者也、其後去年正月卅日、京都御合戦時於三条河原令討死了、土用鶴丸依為幼少、差進代官時吉於御方、備中国福山御合戦以下、去年六月山門責、其後度々御合戦之時、属尾張守殿御手、抽軍忠之条、御感御教書以下明鏡之間、為討死之跡、当時申恩賞之処、結句懸命之本領入闕所之条、難堪之上者、所詮、早為被止闕所之注進、恐々言上如件、

建武四年三月　日

［史料1］は、国衙正税、領家年貢三分の一を減免すべき院宣を奉じた足利直義がその施行を命令しているものであり、名宛人朝山次郎左衛門尉の地位は、備後国守護人としてのそれがふさわしいと思われる。

ついで［史料2］のABは、一連の遵行手続きのなかでいずれも山内氏に伝えられた文書であって、［史料2A］は、備後国内の地である信敷東方、河北郷、伊予東方等の地頭職を、合戦勲功の恩賞として、同国御家人山内通時ならびに一族に宛行った足利尊氏袖判下文である。［史料2B］は、［史料2A］を受けて二日後に発出された幕府執事高師直の施行状案であるから、名宛人朝山出雲次郎左衛門尉景連は、当時の次第沙汰の遵行経路から明らかに備後国守護正員であると確定し得る。

またさらに［史料3］は、同じく山内家文書の申状案であるが、山内土用鶴吉丸が代官時吉を以て、足利方として

父通継が軍忠に務め、(8)建武三年正月三十日京都三条河原で討死に至るまでの軍忠が明らかであるのに、懸命の本領を闕所地として注進されており、そのような処分をうけたことについて、その撤回を訴えているものである。当該期各国在地における闕所地の注進は守護の職務と考えられ、傍点部、「守護人朝山次郎左衛門尉楚忽注進」とあって、当時同人が在国の守護人であったことは明らかである。そして暦応元年十一月二十八日、幕府は引付頭人上杉朝定奉書(9)をもって、広沢小法師丸押領の備後国地毗庄内下原村地頭職以下を、山内首藤時通代官に返付すべき旨を命じているが、名宛人は「仁木右馬権助」となっており、朝山景連の同国守護職は、これ以前に仁木義長に改替されたことが知られる。

したがって[史料1、2B、3]の行政権限行使の徴証によって、建武年間における備後守護人朝山景連の在職は確実と判断される。

[史料4](10)

南都警固事、被差遣左衛門佐畢、相催一族、不日令発向、可致精誠、若及遅々者、可有殊沙汰之状如件、

建武四年二月廿五日　(足利直義)(花押)

朝山次郎左衛門尉殿(景連)

これは朝山景連守護在任期間中の、建武四年二月二十五日に、同人宛てに足利直義より発出された軍勢催促の御教書であるが、文中傍点部、「相催一族」の文言に注目すべきであると思われるので、次に当該期における直義および国大将発出の軍勢催促状五通と比較してみよう。

[史料5](11)

伊予国凶徒蜂起之由、依有其聞、将軍家御教書如此、為退治所発向也、早相催一族、馳参御方、可被致軍忠也、

仍執啓如件、

建武三年十月八日　皇海《（細川）》（花押影）

祝彦三郎《（安親）》殿

［史料6A］[12]

伊予国凶徒誅伐事、兼日下細川三位皇海訖、不日令下国、相催一族并当国地頭御家人、令談合皇海、可対治之状如件、

建武三年十一月二日　在判《（足利直義）》

河野対馬《（通盛）》入道殿

［史料6B］[13]

新田義貞已下凶徒等誅伐事、依被下院宣、可発向東坂本之由、雖触《（ママ）》仰之、早相催一族并伊予国地頭御家人等、不廻時剋、経鞍馬口、可致軍忠之状如件、

建武三年六月十四日　（花押影）《（足利直義）》

河野対馬入道とのへ

［史料7A］[14]

新田義貞已下凶徒等誅伐事、被下　院宣之間、合戦最中也、早相催一族、可致軍忠之状如件、

建武三年六月廿九日　（花押）《（足利直義）》

忽那次郎左衛門尉殿

［史料7B］[15]

新田義貞幷凶徒等誅伐事、被下　院宣候間、正成、長年已下輩悉令討取了、早相催一族、可致軍忠之状如件、

建武三年七月廿六日　（足利直義）（花押）

三嶋大祝殿

建武年間に、幕府より守護正員および守護代官に宛てて発出された軍勢催促の御教書は、一六通を数えるが、[16]「史料6A・B」の伊予国守護河野通盛宛催促状案の傍点部に明記するように、「相催一族幷当国地頭御家人」といった文言が含まれ、一族のみならず、一国中地頭御家人全般に対する軍勢催促の発動権限が付与されていた事実を確認できる表現となっている。

やはり伊予国御家人に対する足利直義の「史料7A・B」は「史料6」とほとんど同時期の建武三年六月および七月の、軍勢催促の御教書であり、同一人発出の催促状である。これをみると、文中傍点部のように、「7A・B」共に、「相催一族」と記されており、軍勢催促権行使の範囲が、同族武士団惣領としての一族内に限定されていることが知られる。すなわち幕府発出の軍勢催促御教書において、守護正員に宛てたものは、「一族幷国中地頭御家人」ないし類似の一国内御家人に対する広汎な催促権を確認し得る表現が見られ、一般御家人層[17]に宛てて発出されるものは、軍勢催促の範囲が単に「一族」内に限定される催促文言として、明確に表記上の差異によって区別されていたことが明らかである。

このように建武年間において幕府より守護宛てに発出された軍勢催促の御教書一六通の検出史料のうち、「史料4」、朝山景連宛催促状を除くと、例外なく国中地頭御家人に対する軍勢催促権を行使すべきことを命ずる表現となっているのである。備後守護正員朝山景連を名宛人とする「史料4」、幕府発出の軍勢催促状には、同じく同人宛「史料1」の行政権限行使を命ずる施行状中に、「普可相触備後国中」とみられるのとは異なり、一般地頭御家人宛催促状と同

じ文言たる「相催一族」と表記する事実から、同人の備後国内に対する軍勢催促権の欠如が推知されるのである。そこで次の二通の文書を検討してさらにこの点を考察してみることにする。

[史料8A](18)

備後国津口庄内賀茂郷一分地頭山内七郎入道観西謹言上
早欲為追討凶徒、属御手致合戦、追落御敵刻、於手者或討死或被疵上者、預御証判子細之事、
右、於当国則光西方城、挙中黒幡御敵蜂起之間、属御手懸先、致合戦之処、若党真室弥次郎被疵、中間宗四郎令討死候畢、御実検之上者、早為預御証判、恐々言上如件、

建武三季(年)七月十八日　沙弥観西

進上　御奉行所

「承了(武田信武)(花押)」

[史料8B](19)

長弥三郎信仲謹言上
去七月十五日、於備後国則光西方城槨(20)、小早河七郎、石井源内左衛門入道(21)以下凶徒依楯籠、山内七郎入道観西(22)相共彼城押寄、同十七日夜半、御敵於追落刻、中間惣四郎令討死、若党真室弥次郎被疵(左足被射)、同八月晦日、当国竹内弥次郎兼幸(23)、小早河掃部助以下凶徒、令蜂起之間、馳向御調之広瀬、終日致合戦刻、中間藤五郎(左股被射)、夫一人被討畢、同九月四日、又竹内弥次郎、小早河掃部助、青目寺別当弁房(24)以下之凶徒、大田庄幷津口庄(25)令乱入之間、馳向大田与重永堺(26)、数刻致合戦刻、中間二人被疵畢、同廿七日、重永之城槨於追落、或同所合戦、或国中之事候間、令存智(知)候、若偽申候者、日本国中之大小神可罷蒙御罰候、以此旨可有御披露候、恐惶謹言、

建武三年十月十日　　　　　　長谷部信仲

進上　御奉行所

［史料8A］は、文頭に明記するように備後国御家人山内観西の軍忠状であり、備後国内の則光西方の城をめぐる竹内兼幸、小早川以下の南朝軍との戦闘で、若党真室弥次郎の負傷と中間宗四郎の討死したことを、建武三年七月十八日付で申告し、武田信武の証判を受けたものである。

一方、［史料8B］をみると、山内観西の若党真室弥次郎が負傷し、中間宗四郎が討死にした合戦が同十七日夜半に行われたことを知るが、この見知証人請文では［史料8A］で上申された軍忠分を含め、さらに八月晦日、九月四日および二十七日における各合戦について山内観西の軍忠を証明している。

各々の合戦の見知証人に対する戦功認定の施行の実施は、現存する［史料8A］の即時型軍忠状に証判を与えているのをはじめとして、武田信武が行っており、(27) この事実は、同じく「山内首藤文書」、同年十月十一日付、大田佐賀寿丸代官藤原光盛請文によっても確認できる。大田佐賀寿丸は、いうまでもなく備後国大田庄を根本とする三善氏であるし、［史料8A・B］に散見する「則光西方」をはじめ、「御調之広瀬」「青目寺」「重永」等の戦闘地域の地名および関係した人名等は、いずれも備後国内大田庄および周辺地域に比定し得る。したがってこれらの事実から、備後国内を戦闘地域とする一連の戦闘行為において、武田信武が、備後国人たる山内氏、三善氏等を率いて軍事指揮権の重要部を占める戦功認定権のおよび戦闘指揮権を掌握していたことが明白である。おそらく、戦功認定の後、幕府への挙状を挙申していたであろう。

以上のように管国守護ないし守護代以外の守護級有力部将が、軍勢大将として、(28) 当該国の御家人、国人等によって提出されてくる着到状および軍忠状に証判を施し、戦功認定のためその施行を実施することは、畿内近国を戦闘地域として将軍あるいは執事などが行動を共にする幕府直轄の軍勢が臨時に編成される場合と、地方において国大将が発遣されて行動する場合の二つのケースが想定される。したがって次に守護正員と国大将との軍勢催促権の関係と、備後国内の軍事指揮者として確認された武田信武が、どのような立場によってその権限を行使したかについての二点を明確にしておく必要がある。

三

［史料9］(29)

伊予国忽那次郎左衛門尉重清申、小早河民部大夫入道相順、同左近将監景平以下輩等、今月三日起謀叛、安芸国沼田庄内、楯籠妻高山之城之間、為誅伐同七日御発向之御共仕、致軍忠之条、御着到明鏡之上者、為後証可賜御判候、恐惶謹言、

建武五年三月十一日　　　　　左衛門尉重清状

進上　御奉行所

「承了（花押）」（岩松頼有）

右の史料は伊予国の忽那次郎重清が、安芸国内沼田庄を根拠とする南朝軍制圧の軍事行動に出戦した際の軍忠を上申した軍忠状であるが、証判者は、当時伊予国守護正員たる岩松頼有となっている。したがって他国の戦闘地域に転戦する場合でも、当該御家人の本国守護が指揮を行い、行賞権の前提となる証判権を確保していることが明らかである。

そこで［史料6A］と［史料5］の二通を見ると、［史料6A］は、幕府が足利一門の細川皇海を国大将として伊予国へ発遣した旨を当国守護正員河野通盛に通知せしめたものであり、［史料5］は事実、細川皇海が伊予国において国大将として軍事指揮権を行使したことを知る同人発給の軍勢催促状である。

ここで注意すべき点は、国大将が軍勢催促権を発動している一方で、［史料6A］でも、幕府は当国守護正員河野通盛に対し、「一族幷当国地頭御家人」を「相催」すことを命じており、伊予国御家人に対する軍勢催促権は、国大将発遣後も守護にも留保されていたということである。

さて、このように国大将発遣後も守護正員にも軍勢催促権が停止されてはいないという事実から、武田信武が国大将としての権限で備後国人に対する指揮を行ったと仮定しても、［史料4］の軍勢催促文言から推知して朝山景連の同国内に対する軍勢催促権の欠如は否定しえないものと断定できる。

そこで武田信武の権限がいかなる立場で行使されたかについて一応確認すると、軍事関係文書では以下の史料が知られている。(30)

［史料10］(31)

安芸国大朝本庄一分地頭辰熊丸謹言上

欲早任当国京都所々軍忠預下給下本治預所職重致軍忠間事

副進

一通　守護一見状 建武二年十二月五日 自最初馳参御方所見

右、去年十二月二日、当国守護武田兵庫助、奉揚　将軍家御旗、可被誅伐御敵之由、有其聞之間、辰熊丸依為六歳幼稚幼少六歳、代官左衛門三郎景成・同五日馳参御方、当国熊谷四郎三郎入道蓮覚矢野合戦之時、景成懸大手之先、切入城中致散々合戦之条、綿貫孫四郎、并宮庄四郎二郎等見知了、将又、属守護手責上京都間、供御瀬并法勝寺合戦致忠了、其後楯籠八幡山、及連日合戦之条、自他国軍勢所令存知也、然早〔雖廷弱〕○下給○下本治預所職、弥為成合戦之勇、言上如件、

建武三年三月　日

［史料11A］(32)

安芸国宮庄地頭周防四郎次郎□□□事

欲早任相伝道理依軍忠抜群被成下安堵御下文□後証且全知行当庄地頭職事

副進

一巻　関東外題代々譲状等□

七通　大将軍当国守護人武田兵庫助一見状案

一通　系図

右地頭職者、代々相伝当知行無相違之地也、□証文備右、将又、於軍忠者、自最前属守護人之手、数ヶ度合戦抽忠節畢、一見状備進之上者、不及□然、早任相伝之証文、被成下□且為全領掌、謹言上如件、

建武三年九月　日

［史料11B］(33)

（押紙）従是軍忠状

為誅伐新田右衛門佐義貞、宮庄地頭周防次郎四郎親家馳参御方候、以此旨可有御披露候、恐惶謹言、

建武二年十二月五日　　藤原親家（裏花押）

進上　御奉行所

「承了（花押）（武田信武）」

［史料11C］(34)

安芸国宮庄地頭周防次郎四郎親家申、去年（建武二）十二月五日、属御手、押寄当国矢野熊谷四郎三郎入道蓮覚城墩、至于同廿六日、自大手木戸切入城内処、親家被射左股畢、次親家旗差藤三郎男被射右股候畢、此等次第、御奉行人福島新左衛門入道、幷武藤五郎入道所被加実検也、然者、為後証可賜御判候、（状）以此旨可有御披露候、恐惶謹言、

建武三年五月七日　　　藤原親家（裏花押）

進上　御奉行所

「承候了（花押）（武田信武）」

これらの申状、着到状および軍忠状計四通により、武田信武は建武二年十二月二日を上限として、安芸国内並に京洛において、安芸国守護人として同国国人の戦闘を指揮し、軍奉行人等をして戦功認定手続きを施行して証判を与えていることが知られる。ただし当時の文書中では、守護代官をさして、「守護」と記す例も見られるので、行政的在職徴証として次の史料を示す。これによれば当該期の所務遵行手続きから、武田信武が守護正員であり、名宛人福島四郎入道が守護代であったと確認できる。

［史料12］

「校正了」（異筆）

熊谷小四郎直経申、安芸国三入本庄三分壱内壱方頼俊跡地頭職事、目安（副申状具書）此如、如申者、号預所香河兵衛五郎等致濫妨狼藉云々、為事実者、甚不可然、所詮、可沙汰居直経代官於当方、若有子細者、可被注申状如件、

建武四年十月七日　源（武田信武）在判

福島左衛門四郎入道殿

次に守護と守護代の軍事指揮権について検討するため、安芸国守護代証判の軍忠状二通を示す。

［史料13Ａ］(36)

安芸国大朝本庄一分地頭吉河辰熊丸代景成申軍忠事、今年正月十日、自石州凶徒等寄来之時、馳向領内横谷之容害追返之条、先日言上仕畢、同三月十日、又凶徒等当国乱入之時、馳向彼容害致軍忠之処、辰熊丸被疵中間五郎三郎男同弥太郎等之間、依為無勢、被破彼陣候条、是先日言上仕畢、同自国他国凶徒等為開田浦火村山構城槨楯籠之間、自同十五日至廿日、捨一命致散々合戦之処、景成被射鼻右脇候、下人藤九郎男被疵、同藤三郎男討死仕候条、福嶋次郎左衛門尉御見知之上者、為後証、賜御証判可備亀鏡候、以此旨可有御披露候、仍恐惶謹言、

建武五年三月廿九日　藤原景成

進上　御奉行所

（押紙）安芸国守護代判

「承候了（花押）」

［史料13Ｂ］(37)

安芸国宮庄地頭周防四郎二郎親経子息二郎六郎親重申、御歒小早河掃部助同民部入道等、前与石見国福屋城凶徒、并同国桜井領家、率数万人凶徒等、今月十日、打入当国大朝新庄候之間、同十一日、馳参守護御方、同十四日平石着到、同十五日、打入開田庄内火村山、執上構城墩候之間、属御代官福嶋四郎入道手数ヶ度致合戦忠、至于同廿日、自西木戸責上致合戦忠、責落彼城候畢、給御証判可備後証候、以此旨可有御披露候哉、恐惶謹言、

建武五年三月廿七日　　藤原親重（裏花押）

進上　御奉行所

「承候了（花押）」[38]

この二通の軍忠状はいずれも安芸国内の戦闘行為について同国国人が提出申請した軍忠に守護代が証判を与えたとみられるものである。［史料13Ａ］は、吉川辰熊丸代官の軍忠状であるが、証判横の押紙に、「安芸国守護代」とあり、証判は、［史料13Ｂ］の証判と同人のものと認められるのみならず、同軍忠状の中に示される戦闘の時期と地域が一致した。さらに［史料13Ｂ］に「守護御方」に「馳参」じ、「属御代官福嶋四郎入道手」と明記していることからも、安芸国守護代福島四郎入道が戦闘指揮および戦功認定を実施した事実が明らかとなる。ついで安芸国国人の、同建武五年の軍忠状をみよう。

［史料14］[39]

三戸孫三郎頼顕申軍忠事

右、為警固山崎御発向之間、去二月廿五日属于当御手、馳向彼所、致警固訖、次三月四日南都御進発之間、罷向畢、同十三日八幡御合戦之時、抽軍忠訖、同十六日於天王寺安部野戦陣、致軍功候之上者、賜御判、可備後証候以此旨可有御披露候、恐惶謹言、

建武五年四月十日　　源頼顕上

進上　御奉行所

守護所（武田信武）承了判

この三戸頼顕軍忠状案によれば、同人は、建武五年二月より三月にかけての畿内における幕府軍による南軍制圧の一連の軍事行動において、幕命を奉じて畿内転戦中の安芸国守護武田信武の指揮下にあって行動している。したがって本文書が一括上申型の軍忠状で四月十日の日付であることから、［史料13Ａ・Ｂ］の守護代証判の軍忠状両通により、守護正員上洛中における管国内の在国御家人に対する軍事指揮権は、守護代の掌握下にあったことは間違いないと判断される。

このように国内に守護正員が不在の時期に、軍事指揮権が守護代によって代行されることが一般的通例であったことは、他国の例を見ても知ることができる。

［史料15Ａ］(40)

越前国金崎城凶徒事、今月六日卯時義貞已下悉加誅伐、焼払城墩了、普可相触仰此趣於大隅・薩摩両国地頭御家人等状如件、

建武四年三月七日　御判（足利尊氏）

嶋津上総入道殿（貞久・道鑑）

［史料15Ｂ］(41)

越前国金崎城凶徒事、今月六日卯時義貞已下悉加誅伐、焼払城墩之由候事、御教書如此、早任被仰下之旨、可相触国中地頭御家人等之状如件、

建武四年三月八日　道鑑（島津貞久）在判

大隅国守護代（栄定）

［史料15Ｃ］(42)

越前国金崎城凶徒今月六日卯剋義貞以下悉加誅伐、焼払城由事、同七日御教書案遣之、可被存其旨、仍執達如件、

建武四年三月廿日　　　　沙弥（一色道猷）（花押）

竜造寺孫三郎（季利）殿

［史料16］[43]

薩摩国大隅助三郎忠国以下凶徒等以去廿二日寄来守護所之由、就守護御代官御催促、同国比志島彦一丸代孫三郎忠経為軍忠、御方令馳参候畢、以此旨可有御披露候、恐惶謹言、

建武四年三月廿三日　　　　源忠経（比志島範経）（裏花押影）

承了（酒匂久景）（花押影）

［史料15A］は、金ヶ崎城攻略の成功を告知する足利尊氏の御教書案であるが、同Bはこの旨を受け当時、薩摩・大隅両国守護職であった島津貞久が翌三月八日に在国の守護代に宛て発出した守護の上逮下文書である。A・B両文書の日付がわずか一日しか違わないことから、島津貞久が上洛中であったと推知し得る。［史料15C］は、同じく金ヶ崎城略取を告げた三月七日発出の御教書を受け、当時九州在陣中の一色範氏が竜造寺氏に宛てたものであって、その日付が二十日となっていることからも、この時島津貞久が上洛中であることは疑いない。

次に［史料16］は、まさにこの同時期に、薩摩国守護代が証判を施した同国国人比志島氏の着到状であり、文中に示すように、「就守護御代官御催促」とあって、軍勢催促の主体が、薩摩国守護代で証判者の酒匂久景であったことはただちに知られるところであろう。したがって安芸国のみならず、やはり守護正員不在中には守護代が国内における軍勢催促権および着到状・軍忠状証判権を行使していた事実がわかる。[44]したがって［史料10～14］までの検討によ

り、備後国守護正員朝山景連および彼の守護代の軍事指揮権が認められないだけでなく、一方、武田信武は安芸国守護正員として国内御家人を率い、畿内および任国内で軍事指揮権を行使するのみならず、隣国備後においても同国国人に対して証判を与え、行賞の基本行為である戦功検知を実施して軍事指揮権を行使している事実が確認された。

備後国守護人朝山景連は行政的施行の在職徴証によって同国守護正員と認められるものの、幕府よりの軍勢催促状の催促文言は、他国の守護正員宛ての通例と異なり、管国内に対する軍勢催促権が付与されていないことが明らかで、また管国内御家人の同国内合戦における指揮権、ならびに戦功認定権も隣国安芸国守護武田信武の行使掌握するところとなっている。同時に当該期の他国の例では、守護正員上洛中には、同国内においては守護代が軍事指揮権全般を代行すること、また幕命により守護が国内御家人を指揮して畿内以外の他国へ動員された場合にも、彼らに対しての軍忠状証判は本国守護が行っていること、の二点をも考慮すると、備後国守護朝山景連が、本来守護の専権職掌である管国内御家人に対する軍事指揮権を幕府より付与されていなかったことは確実と判断される。この事実は、同時に安芸国守護武田信武の、管国を超えて隣国をも包括する広域的な軍事指揮権の保持を意味するものである。

四

そこで同時期に中国地方において、同様と考えられる例を若干補足してみよう。

[史料17][45]

石州凶徒退治事、上野典厩今月九日御教書如此、早任被仰下之旨、相催一族等、不日令発向石州可致軍忠候、仍執達如件、

建武三年九月十六日　　　　　　　　　　沙弥《厚東武実》（花押）

永富《季道》弥太郎殿

［史料18］(46)

長門国御家人永富弥四郎季有、於石見国黒谷城山手、抽今月十日同十一日合戦忠勤之条、軍奉行小笠原二郎五郎被見知畢、然早給御一見状、備向後亀鏡、且欲蒙忠賞、以此旨可有御披露候、恐惶謹言、

建武三年五月十八日　　　　　　　藤原季有（花押）

「承了（花押《上野頼兼》）」

［史料17］は、石見国内における南朝軍制圧のため長門守護厚東武実が、(47) 管国内御家人である永富季道に宛てて発給した軍勢催促状である。傍線部に注意すると、この部分で石見国守護上野頼兼の軍勢催促を、「御教書如此」と示達し、その施行を行う形での軍勢催促となっていることになるが、建武・暦応年間における通常の軍勢催促の命令伝達経路から考えるときわめて異例な手続きといわざるを得ない。

この当時文書上での軍勢催促の発給者、受給者から整理すると、軍勢催促は次のような経路をもっている。(48)

a　幕府→守護→御家人

b　幕府→御家人

c　国大将→御家人

d　守護→御家人

e　幕府→国大将→御家人

これらの経路のうち、守護ないし国大将の手を経ずに、足利尊氏・直義等の名で直接、各国の有力御家人に宛て催

促される場合であるb以外はすべて、守護ないし大将を経由して発給されている。建武年間に限って『大日本史料』から守護および守護代発出の軍勢催促状を検出すると、六三通を数えることができるが、その名宛人は、例外なく管国内住人宛であり、他国の守護宛のものは一通も存在しない。

日付	文書名	発給人	宛所	出典	内容
建武元・5・26	厚東武実打渡状	厚東武実	松嶽寺院主御房	長門正法寺文書	同年四月十一日長門国宣をうけ、寺領に対する妨の停止
建武2・7・19	厚東武実施行状案	〃	欠	〃	建武元年八月二十八日雑訴決断所牒をうけ、寺領への甲乙人濫妨停止
建武3・4・22	厚東武実遵行状案	〃	守護代(富永武通)	長門忌宮神社文書	同月十一日寄進状、同十六日施行状をうけ阿武郡牛牧庄および紫福庄の同社領の沙汰付を命ず
建武3・5・18	永富季有軍忠状	永富季有	無　証判上野頼兼	長府武久文書	石見国黒谷城合戦の軍忠申請
建武3・7・2	平子重嗣軍忠状	平子彦三郎重嗣	無　証判山名時氏	周防三浦家文書	六月三十日三条大宮合戦
建武3・7・2	〃	〃	無　証判不明下部欠落	〃	〃右同文
建武3・9・1	〃	〃	無　証判上野頼兼	〃	八月二十三日、八月二十五日、京都合戦
建武3・9・16	厚東武実軍勢催促状	厚東武実	永富弥太郎(季道)	長府武久文書	石州凶徒退治のため、上野典厩(頼兼)の同月九日御教書に従い石州へ進発すべきを命ず
建武3・12・1	一色範氏施行状案	一色範氏	厚東太郎左衛門尉	長門小野文書	小野弥四郎資頤に対し、同十一月二十五日奉書に従って長門国豊西郡小野村内の寺家の違乱の停止を益富弥八とともに命ず
建武4・2・3	高師直奉書	高師直	厚東太郎入道(武実)	長門忌宮神社文書	同社領牛牧庄内代官濫妨停止と紫福庄沙汰付の遵行遅怠の譴責
建武4・2・5	厚東武実遵行状	厚東武実	守護代□衛門尉	〃	同月三日施行状をうけ、同社領に関しての守護代宛遵行命令

建武4・8・27	平子親重軍忠状	平子孫太郎親重	無　証判上野頼兼	周防三浦家文書	七月四日より上野頼兼に属し石州黒谷合戦での軍忠申請
建武5・9・4	引付頭人奉書	吉良満義	厚東入道殿（武実）	長門忌宮神社文書	同二宮社領牛牧・紫福両庄における濫妨の停止と使節遵行を命ず
暦応3・3・8	厚東武実書下案	崇西（厚東武実）	元応寺侍者	長門持世寺文書	持世寺に対し、宇部郡内料所を所職として知行を命ず
暦応5・2・3	高師直奉書	高師直	厚東駿河権守（武村）	旧長門住吉神社文書	祈禱のため、神馬を長門国一宮へ引進すべきことを命ず
暦応5・4・23	足利直義御教書	足利直義	厚東太郎入道（武実）	長門忌宮神社文書	長門二宮社造営を国中地頭御家人を催して行うことを命ず
康永元・8・28	厚東武実遵行状	厚東武実	永富左兵衛尉	長府武久文書	長門二宮社造営につき、四月二十三日御教書に従ってすみやかに究済すべきことを命ず
康永2・11・19	高師直奉書	高師直	厚東太郎入道（武実）	長門忌宮神社文書	長門二宮社造営についての武実の注進をうけ、すみやかに国中地頭御家人をして造営せしむべしと命ず
貞和2・12・27	高師直施行状案	高師直	厚東駿河権守（武村）	周防三浦家文書	長門国三隅庄六分一地頭職を平子重嗣に勲功賞として宛行う。十二月二十一日下文の沙汰付を命ず
貞和3・6・3	厚東武実請文案	崇西（厚東武実）	無	〃	同国三隅庄六分一地頭職について平子重嗣代官に沙汰付の遵行について早河太郎当知行を支え申す旨を報告
貞和5・6・9	高師直施行状	高師直	長井縫殿頭（重継）	長門忌宮神社文書	長門二宮社造営について厚東入道遵行せずの旨を告げ厳密の沙汰を致すべきことを命ず

さらに本文書中に示すように一般地頭御家人に対して発給された守護の軍勢催促状の文中で、「御教書如此」と表現される場合の「御教書」は、幕府御教書および九州探題等の上級統轄機関発給の軍勢催促状ないし指令の示達をさ

すものであることは、前掲［史料15Ａ］を受けた同Ｂ、ないしＣの通達手続文書中の表現から見ても明らかである。このことは守護が、相互には対等な、各国別における将軍分身としての意志の代行者であるという前提から、他国の守護に対して軍事的命令権を行使する(49)ということは不自然であるといえよう。それでは、この事実をどのように理解すればよいであろうか。当時の文書伝達の書式文言より判断するならば、この軍勢催促状によって、長門守護厚東氏の石見守護上野頼兼に対する従属性、逮下的性格と、上野頼兼の軍事指揮の上級権限の保有という性格を推知し得る。事実、［史料18］を見ると、長門国御家人と冒頭に明記する永富季有は、すでにそれ以前に石見国に発向し、同国守護上野頼兼の証判を得ている。これは、先に［史料9］で述べたように、他国である安芸国へ発向した伊予国御家人忽那重清が、伊予国守護岩松頼宥の証判を受けた事実と比較するならば、長門国守護厚東武実は、管国御家人に対する戦功認定権を欠いていたと思われる。

そして前表（一七二〜一七三頁）にみるように南北朝初期の建武・暦応年間における長門国に関する軍事関係文書および、守護厚東氏の守護在職徴証と認められる文書を通覧すると、管国住人に対する厚東氏の軍事指揮権を示す文書はほとんどみられず(50)、前掲の上野頼兼の軍勢催促を施行する形の永富氏宛催促状を除くと、所務沙汰の遵行、一宮、二宮造営催促など、備後朝山氏と同様、行政的権限行使の文書のみとなっている。

五

以上の検討を通じて、備後守護朝山景連は、所務の遵行をはじめとする守護在職徴証によって、同国守護正員と確認されるにもかかわらず、管国内御家人に対する軍事指揮権の中核を成す軍勢催促権・戦功認定権を保有していないと判断される。同時に、安芸国守護武田信武が隣国御家人をも指揮下に統率、掌握していることから、管国を超えた広域的な軍事指揮権を与えられている守護の存在の確認ということも指摘し得るのである。またこのような関係は、長門国守護厚東氏と、上級大将とでもいうべき石見国守護上野頼兼との間にも存在したことが推知し得る。

さらにこのような視点で概観すると、備前・美作・因幡以西の中国地方においては、備前―松田盛朝、出雲―塩谷高貞、周防―大内長弘等の守護にも、いずれも観応擾乱以前の軍事指揮徴証を見出すことができず、一方、軍勢指揮者として活動のあとをみるのは、石橋和義、山名時氏、吉良貞家、武田信武、上野頼兼等にほとんど限られていたことを知ることができる。そしてこのような守護の二類型から見ると、軍事指揮権を制限ないし欠いたと推定される守護の多くは、国衙在庁をはじめとする前代以来の土着の豪族の出身であり、他方、広域的軍事指揮権を付与されたと見られる守護は、足利一門ないし準一門と位置づけられる広義の源氏に出自を有する守護であって、いずれも元弘争乱当初より足利氏と行動を共にし、国大将の経験を有する共通の条件を特徴として見出し得るのである(51)。

足利政権は、建武政権を否定して全国的に戦闘状態に入ると、ごく初期に、各国に守護の設置および国大将の発遣を行い、軍事行動の迅速性という要求から、各地域ごとに、幕府と守護の間に位置する中間統轄機関を設定している。これらの九州・奥羽・関東に守護を指揮し得る広域的軍事指揮権を与えた諸機関によって当該地域の南軍制圧に奏功している。

しかしながら中国地方においては、細川頼之の発遣を見るまで、守護と幕府の間に立つ中間統轄機関が存在しなかったため、より円滑で迅速に軍事的対応が可能なように、広域的軍事指揮権を付与した国大将的性格を持つ、上級大将としての守護の設置を行ったと考えることができる。

しかし、このような全体的評価は、各国別、あるいは相互の関連において、なお全国的に充分に検討した結果を待って行うべきであると思われるので、本章では中間報告として次のような点を確認するにとどめて結論にかえたい。南北朝初期において、守護に対しての上級指揮統轄機関が設置されなかった地域における臨時の暫定特殊形態として、幕府政策による広域的な上級軍事指揮権を有する守護の設置を指摘できる。同時に鎌倉期大犯三箇条以来の専権職掌であり、守護職と不可分たる軍事指揮権を欠く守護の存在も確認できる。したがって一国別の将軍分身として、相互には、軍事・行政両面で対等な権限を前提とする従来の守護の概念は、観応以前の南北朝期においては再検討すべき必要があると結論し得る。

そして、このような視点における中国地方にみられる幕府政策としての守護権限の特殊形態の確認は、今後、他地域においても同様の再検討を加えることにより、幕府成立期の守護制度を考察していく上で重要な前提となることを強調したい。

註

（1）佐藤進一氏『室町幕府守護制度の研究』下、『広島県史　中世編』Ⅲ「南北朝と室町政権」。以下両書に示す備後・安芸両国の守護沿革考証に依拠しつつ検討を加えた。

（2）「爰ニ備前国地頭・御家人等、吉備津宮ニ馳集テ、朝敵ヲ相待処ニ、浅山備後守、備後ノ国ノ守護職ヲ賜テ下向スル間、其勢ヲ幷テ（以下略）」（『太平記』「慶長八年古活字本」）。

（3）備前国守護朝山左衛門尉景連に関する建武年間の初見史料としては、「朝山文書」建武三年二月十九日同人宛足利尊氏御教書案が挙げられていることが多いが、内容は、大将今河三郎顕氏の備後国発遣を告げ、相共に国内鎮定するべきことを命じたものである。したがって当該期の同内容の他の文書の例から推測して、朝山左衛門尉景連を同国守護と判断し得る文書と確定し得ないのでしばらくおく。

（4）「朝山文書」。

（5）「山内首藤文書」。

(6) 同右。

(7) 同右。

(8) 同右。元弘三年五月十日山内通継着到状(足利尊氏証判)。元弘三年五月日同軍忠状。建武三年正月十一日同軍忠状。以上三通により、山内通継は、足利尊氏の丹波篠村での挙兵以来行動を共にし、建武三年正月九日大渡合戦における遠矢の軍忠並に、同十六日三井寺合戦での太刀打分捕と若党の討死負傷したことなどの事実が確認し得る。

(9) 「山内首藤文書」。

(10) 「朝山文書」。

(11) 「伊予三島文書」。

(12) 「河野文書」。

(13) 同右。

(14) 「忽那文書」。

(15) 「伊予三島文書」。

(16) 『大日本史料』第六編に所収の文書による数値であるが、全体の動向を推知し得ると考えられる。

(17) 御家人宛軍勢催促状は、尊氏・直義等幕府により直接催促状を受けるものと、守護あるいは九州探題、国大将を通じて催促状を受けるものとの二様に大別される。これは鎌倉期以来の制度を継承したと思われる。五味克夫氏「鎌倉御家人の番役勤仕について」『史学雑誌』六三—九・一〇。建武年間に足利尊氏、直義より一般国人宛てに発給された軍勢催促状は、各四六・五三通の計九九通、また守護、探題、国大将から一般国人に発給された催促状は一〇一通である(『大日本史料』所収数)。なお尊氏、直義発給の軍勢催促状の一覧は、守護・御家人等の別には分類されていないが、羽下徳彦氏「足利直義の立場」(『古文書研究』六)に掲載されている。

(18) 「山内首藤文書」。

(19) 同右。

(20) 広島県世羅郡。

(21) 安芸国在庁官人石井末忠(『芸藩通志』所収「田所文書」)の同族と思われる。

(22) 世羅郡世羅町大字賀茂地頭。
(23) 竹内兼幸、甲奴郡有福地頭。
(24) 広島県府中市青目寺。
(25) 世羅郡世羅町。
(26) 世羅郡世羅町重永、城墩は同重永字三上。
(27) 拙稿「軍忠状に関する若干の考察」『古文書研究』二一（『日本古文書学論集7　中世Ⅲ』所収）。
(28) 同右参照。この点、守護人は、着到状・軍忠状などの証判を与えて軍勢指揮者としての権限を行使するのであるが、備後守護人朝山景連は建武三年五月二十五日、摂津兵庫島、湊川合戦における即時型軍忠状を提出し（「朝山文書」）、高師泰の証判を受けているが、これも軍勢大将としての守護人には例を見ない。すなわち守護などの軍勢大将は、軍事行動の戦況報告や、隷下の武士の軍忠の上申を幕府に提出し、これに文書名として誤って「軍忠状」とするものがあるが、守護正員で自身の戦功を軍忠状として上申したものは朝山景連のものただ一通であり、軍事指揮権を行使する地位の大将にはふさわしくない。
(29) 「忽那文書」。
(30) 『広島県史　中世編』に掲げるので以下それに従う。
(31) 「吉川家文書」。
(32) 同右。
(33) 同右。
(34) 同右。
(35) 「熊谷家文書」。
(36) 「吉川家文書」。
(37) 同右。
(38) ［史料13A］の押紙横の花押とほぼ同一のものと認められる。
(39) 「毛利家文書」。

(40)「柿木原文書」。

(41)同右。

(42)「竜造寺文書」。

(43)「比志嶋文書」。

(44)豊後守護大友氏の場合、建武二年十二月十三日大友千代松丸(氏泰)宛足利尊氏の軍勢催促状(「筑後大友文書」)には、単に「相催一族」と記すが、翌建武三年正月十二日足利直義発出の同人宛軍勢催促状(「同大友文書」)には、「相催一族幷豊後肥前国軍勢」と催促権の変化が表現されている。これは後者催促状発出の前日、大友千代松の後見として軍勢催促権を管国に行使していた大友貞載が京都において結城親光に討たれたことによるものと推知できる。事実、前者催促状の発出された翌日建武二年十二月十四日には、大友貞載が守護代斎藤遍雄に宛てた軍勢催促の示達施行状二通(「肥前深堀文書」「肥前青方文書」)に、「……御教書如此……可相触肥前国地頭御家人」と表記されており、管国の軍勢催促権は、未だ大友貞載および在国の守護代の掌握するところであったことがわかる。

(45)「武久文書」。

(46)同右。

(47)石見国南朝軍の動向については、藤田精一氏『新田氏研究』一九三八年、第13章3節参照。

(48)幕府は、足利尊氏・侍所頭人・幕府執事に分類される。全国的規模の動員の場合は、幕府の奏請により綸旨・院宣の発出を伴うが、これは省く。また中央の示達に関わりなく地方での守護等の軍事行動のための催促がc、dの場合である。

(49)註(17)に示すように建武年間における、守護・国大将および九州探題発出の軍勢催促状は一〇一通を数えるが、これから広域的軍事指揮権を保有する探題、国大将発出のもの三八通を除くと、守護発出の、そのすべてが一般国人宛てであり、同等であるべき他国の守護ないしその代官宛のものは管見にふれない。隣国守護の援助が必要な事態では、当該国守護人が幕府に要請し、そのつど幕府から隣接各国の守護・御家人に戦闘地域を指定する文言を含む軍勢催促状が発出されたと考えられる。書状型式による依頼はあったと想像されても、守護相互の軍勢催促状の発受はなかったと思われてきた。

(50)表中、建武四年八月二十七日、平子重親軍忠状(「周防三浦文書」)でも証判は上野頼兼が行っており、やはり周防守護の証判ではない。また同周防国人の平子氏軍忠状で建武三年七月の京都における合戦では、幕府直属軍に再編成されているので証判者は守護とは限定されない。

(51)　当該期においては、国大将として発遣され軍事行動のあとを見る国に、後に正式の守護として補任される例が多くみられる。

第二章　守護発給感状からみた足利一門

一

感状は、戦闘に参加した者に対し、上級者または機関がその功績をたたえるために授与する文書であり、その定義からいえば、鎌倉期から第二次大戦の昭和期に至るまで発給されている。とくに南北朝期の感状は恩賞給付手続きに不可欠な文書であり、(1)その発給権限の所在の検討は当該期の幕府軍事制度を検討する上で重要である。初期幕府軍事制度における足利一門守護・大将と外様守護の軍事指揮権については、軍勢催促状の文言の相違と発給権限、畿内・近国における戦闘での一括申請型軍忠状への二重証判制度などから、その特徴を考察し、(2)守護感状についても言及した。

本章では、南北朝初期における守護・大将級の発給感状についての考察を加え、観応擾乱以前における守護・大将の感状の発給がいかなる幕府の方針を反映していたかを検討し、足利一門を中核とする初期幕府軍事体制のなかでその発給の特徴を位置付けてみたい。従来の研究では南北朝期の感状については、原文書の形態から切紙の感状について検討された下坂守氏の研究や、(3)足利尊氏・直義の軍勢催促状と感状について検討された羽下徳彦氏の詳細な研究な(4)

どがあるが、守護級部将の発給感状そのものについて幕府の軍事体制との関係でとりあげられたものは見られないようである。感状と軍勢催促状の発給についての分析から初期幕府政治の特質を指摘された羽下氏の論稿は、小論の前提として注目すべきものである。この中では尊氏・直義各々が発給する感状には、その記載文言から恩賞期待の確実性に差があり、それは尊氏、直義の有する権限の相違を反映したものであると指摘されている。さらに羽下氏は尊氏・直義発給の感状をその文言から次のような五類型に分類されている。

1　一般的に戦功を賞するもの

（尊氏）（花押）

田代豊前市若丸致度々軍忠之由聞食畢、殊以神妙他、仍状如件、

建武三年九月十八日

（「田代文書三」）

2　「可有恩賞」または「可抽賞」（尊氏）（花押）などの文言で恩賞の給付を約するもの——これを恩賞文言Aとする

久下弥五郎重基軍忠神妙、可有恩賞之状如件、

建武三年七月十七日

（「久下文書」）

3　「於恩賞者追而可有其沙汰」との文言を記載するもの——これを恩賞文言Bとする

合戦軍忠幷夜責事殊以神妙也、於恩賞者追而可有其沙汰之状如件、

建武三年七月廿日（直義）（花押）

吉川彦次郎殿

（「吉川家文書之一」）

4　大将（守護）の注進による旨――注進文言――を記すもの

薩摩国凶徒誅伐事、致軍忠之由島津上総入道所注申也、尤以神妙、弥可抽忠節之状如件、

康永二年三月二日　（直義）（花押）

紀伊権守殿

（「二階堂文書二」）

5　注進文言と恩賞文言を共に含むもの

敦賀城凶徒誅伐之間郎従被疵之由、島津三郎左衛門尉注申之条神妙也、可被抽賞之状如件、

建武四年五月廿七日　（直義）（花押）

井手籠孫次郎殿

（「島津家文書之一」）

そして羽下氏はこの類型を示した上で次のように説明しておられる。

（前略）しかし問題とすべきはむしろ感状の内容である。尊氏の感状はその殆どすべてが恩賞文言Aを記すが、直義のそれは殆どが恩賞文言Bを記している。これを如何に理解すべきであろうか。恩賞文言A＝「可有恩賞」は、直接に恩賞給付を約束するものであるのに対し、恩賞文言B＝「追可有其沙汰」は、のちに調査審議して給付するというのであるから、恩賞給付の確実性においてAはBに優る。感状を授与される側からすれば、恩賞獲得の期待可能性においてAはBに優るのである。然りとすれば、Aを記した感状を発する尊氏は、彼自身の責任

と裁量によって恩賞給付を決定し得る立場にあるのに対し、Bを記した感状を発する直義は、恩賞給付を彼自身の専断によっては行い得ず、然るべき手続き—最終的には尊氏の承認と発令—を経てはじめて、実現し得る立場にあるとみるべきであろう。（以下略）

羽下氏は以上のように足利尊氏・直義の発給感状をその文言から五つに分類した上で、尊氏の感状には、ほとんどすべてA型文言を記すのに対して、直義のそれにはB型の文言を記すのが一般的であったとする。また尊氏の感状が建武四年になって、一旦発給されなくなるのと同時に、直義の感状にはB型に代わってA型文言が現れるという事実を指摘され、その変化は政治的ないし制度的要因が、文書の形態に反映されていると推測されている。

したがって、同地域の武士に対して尊氏・直義双方から軍勢催促状が発給されるような当該期の混乱した状況下においても、感状の記載文言には発給者の権限による一定の法則ないし基準が遵守されていたことになる。この基準という点に関しては、軍勢催促状に関しても同様の事実が確認される。すでに引用した例であるが、豊後守護大友氏の場合を見てみよう。足利尊氏の建武二年十二月十三日大友千代松丸（氏泰）宛軍勢催促状には、「相催一族」べきことを記すのみであるが、翌建武三年正月十二日足利直義発給の同人宛軍勢催促状には、「相催一族幷豊後肥前国軍勢」べきことを命じており、大友千代松丸（氏泰）の催促権限が拡大したことを推知しうる。事実、大友氏の管掌分国における軍勢催促権限の最高主権者の変化は、建武三年正月十一日に従来の催促権者である大友貞載が京都で結城親光に討たれた日を境にして生じたものである。すなわち千代松丸が分国内すべての軍勢催促権を幕府に認められる以前、換言すれば軍勢催促権の及ぶ範囲が在国の一族内に限定されていた時点では、管国全域の軍勢催促権限は大友貞載に付与されていたのである。千代松丸が「相催一族」との文言で足利尊氏から催促状を受けた建武二年十二月十三日の翌日十四日に、大友貞載が幕命を奉じて、管国肥前の斎藤遍雄に対して命じた施行状には「……関東御教書如此……

可相触肥前国地頭御家人……」とあって、当時在京していた大友貞載に下達された幕府軍勢催促状の文言には管国内地頭御家人全般に対する軍勢催促権が与えられていた事実が確認しうる。すなわち守護の管掌分国内に対する軍勢催促権の行使に際しても、幕府発給の軍勢催促状の文言に明確にその催促権限の委任範囲が規定されていたのである。したがって恒常的に戦闘状態が継続するきわめて混乱した当該期において一見無秩序にみえる文書伝達のなかにも、一定の基準ないし原則が存在したことは明らかである。とくにこの南北朝初期という時期では、戦闘の勝敗が幕府の興廃に直結していたことはいうまでもない。このような時代相から考えてみると、地方における戦局の帰趨を決定する守護ないし大将の軍事指揮権に関しては、幕府・守護・国人三者間の基本的な原則が合意されていなければ、混乱は免れない。このように軍事関係文書に記載される文言そのものに、発給者の権限と、受理者の関係とが反映されるという前提を考慮するならば、文書そのものの発給権限は当然幕府方針による指令と諸大将の合意に基づくものであると判断してもよかろう。

二

感状は、恩賞給付期待に関する最も重要な証拠文書であって、着到状および何度も重複して提出される軍忠状などもこの感状を受理してこそはじめて意味をもち、恩賞請求の具体的な手続きの最終段階に不可欠の証拠文書となり得るのである。しかし尊氏と直義の発給感状には、恩賞給付の確実性に差異が見られたように、感状といっても一律に考えるわけにはいかない。では羽下氏の研究成果に依拠しつつこの点から検討してみよう。感状は恩賞給付の公験として重要なことは明らかであるが、一方、戦功を挙げた指揮下の武士に対する臨機の士気高揚のため発給されるという本来的役割を見逃すことはできない。この点は混同されがちであるが、この感状の有する基本的な二つの側面は、時間的経過から見れば文書発給の手続きに大きな相違があることは明白である。恩賞給付の確実性のより高いレベルの感状は足利尊氏のものを最高とするが、これが最終的に戦功を挙げた武士の手にはいるまでには、手続きとしての即時型、ついで一括申請型軍忠状の作成・提出・証判・返却、守護挙状の中継上申等という段階の繁雑さから考えても、相当な時間的経過があったであろうことは想像に難くない。ましてや軍忠状への証判以前に、見知証人の喚問や請文の審理までに参差が生じればさらに時間がかかろうというものである。そこで直接戦闘の指揮を執らねばならない守護・大将級部将は、戦功が明白な場合には、指揮下の武士に対して即時にその戦功を賞揚して士気を鼓舞する必要からやはり感状を発給したものと思われる。ここでいう言わば即時型感状は、当然に恩賞請求の証拠文書としては、尊氏などの発給する幕府感状に比較して劣ることは容易に推定されるが、その具書としての有効性は守護証判の着到状・軍忠状より優れたものであることもまた当然である。したがって恩賞給付に直結する尊氏発給の最終型感状と、守護級大将の発給する即時型感状では、その発給までの時間と、恩賞給付の確実性という二点においてそれぞれ性格が異なるものであるといえよう。しかし守護級の発給感状のすべてが即時型の士気高揚のための感状だったわけではない。とりわけ重要な点は、足利一門の守護・大将級の発給感状には、建武三年までの足利直義型感状の文言を記載する感状が存在するという事実である。

このような観点から感状記載の文言に足利尊氏・直義のいずれかのように恩賞給付に言及するものと、単に戦功を褒賞するのみか、戦功を幕府侍所に注進すべきことを報じる文言を含む感状等に大別して、機能的差異と発給者との関係を確認してみたい。

当該期の守護・大将の感状の発給者とその型を通覧してみよう。ただし感状の型を便宜上四大別するが、さらに軍勢催促状や兵粮料所の預置などとの折衷様式という他に力点のあるものは除外した。また私書状の体裁で正規の幕府御教書の様式を具備しないものは、後述するが検討を要する。[12] さてそれでは、守護ならびに大将の発給感状の文言を具体的に例示していくつかの型に分別してみよう。

a　単に戦功を賞するに止まるもの

日向国凶徒肝付八郎兼重退治最中之処、馳越当国、度々合戦仁被疵、被抽軍忠条、尤神妙候、仍執達如件、

暦応弐年八月二十九日　　源（畠山義顕）（花押）

大友出羽弥次郎殿

（「志賀文書」）

b　戦功を賞した上で、さらに軍忠を励むように下達するもの

度々合戦抽忠節之条、尤以神妙、向後弥可致軍忠之状如件

康永二年五月四日　　（島津貞久）（花押影）

禰寝与四郎衛門殿

（『薩藩旧記』二十一所収「志々目文書」）

c　戦功を賞した上で、京都に注進すべきことを告知するもの

去十日球磨郡築地原合戦之時、資弘討死事、承訖、軍忠神妙、可注進候、仍執達如件、

暦応三年八月十八日　　大宰少弐（少弐頼尚）（花押）

相良十郎三郎跡

（「相良家文書」）

d　戦功を賞した上で、恩賞という文言を記して沙汰を約する旨を記すもの

黒沢城合戦事、度々戦功、誠以神妙、於恩賞者可申行之状如件、

康永二年八月廿日　左馬助（上野頼兼）（花押）

吉川次郎三郎殿

（「吉川家文書」）

以上のように、守護・大将の発給感状をその文言から区別すると、四種類に分類され、さらに機能的に整理すると、a・b型が一括されるので三群に大別されよう。a・b型の二つは、戦闘直後の臨機の士気の高揚のために発給された言わば即時型感状とでも言うべき性質を有するものが多い。したがって賞する戦功のあった合戦から当該感状の発給日付までが接近しているのが基本的性格となる。a型とb型の文言の相違点としては、今後の戦功をさらに励ます大将の言葉が含まれるかどうか、という点のみであるが、感状発給者の立場から見た場合と受給者から見た場合、aとbのどちらかが戦功を重視された文言としての感状か、ということまでは法則性が存在していたとは思えない。しかし、あえて想像するならば、単に戦功を賞する感状aよりも、今後の奮励を促す文言が付帯する感状bの方がより軽い戦功という認識があったのかもしれない。いうまでもなく軍忠状を提出する武士の立場からは、恩賞請求のための基本手続きとして合戦直後に、まず即時型軍忠状を提出するので、大将側では恩賞請求にはほど遠い段階と判定される戦功には、今後の努力に期待する旨のb型感状を出したのではあるまいか。いずれにしても機能的にはa・b型は一括できる感状と位置付けできる。このような推測にたてば、次のc型感状は、明らかにa・b型よりも恩賞給付に近い重要な戦功に対応する感状と考えられる。当時の時代状況と地域的慣例とによって地方指揮官たる現場の守護・大将が、おそらくは将軍からの恩賞の給付を得られる基準に達したと認識しうるような軍忠に対応して発給された

感状であるといえよう。またこのc型感状の意味する重要な点としては、この型の感状がa・b型と異なり恩賞給付という最終目的の足利尊氏下文を受ける手続線上の文書であるということにある。さて、武士の戦功の京都への注進権限が、守護・大将の基本的性格を決定する軍事指揮権の重要な要素の一つであることは明白である。これは説明を要するまでもないが、軍忠を上申して恩賞を請求する武士側から見れば、京都すなわち幕府侍所への戦功の中継注進は恩賞給付に不可欠な手続上の前提であるし、[13]直属の大将が恩賞給付に不充分と判断してa・b型の感状しか発給しなければ、今後の軍忠の積み重ね以外に恩賞を受ける見込みはなくなるわけである。また戦功を認定して主従制の根本である恩賞給付を施行する幕府側からみても、一部の有力武士を除く大半の地方武士の恩賞は、各地の大将の推挙が重要な前提となるので、最初の手続段階の受付け者たる守護・大将が指揮下国人戦功を適切に把握するかどうかの責任は重視されたに相違ない。国人提出の一括申請型軍忠状に、「然早下賜御証判、為預御注進」と明記するものが圧倒的多数を占めるのはこの事実を裏付けるものといえよう。また恩賞地として給付される対象地および諸職については、闕所の状況を把握し幕府に報告する責務が、[14]これまた各国守護にあり、この点についての関与のしかたからも、国人にとって恩賞が給付されるか否かの最初の関門は守護とならざるを得ない。

将軍家の安堵・宛行と下地沙汰付の間に存在した幕府法にいう次第沙汰のようなルートは、軍忠認定から恩賞給付までの一連の文書のやりとりについても全貌を明確にできていないが当然存在する。その中で、恩賞手続きは、幕府への各国御家人の戦功の中継上申を請け負う守護からのc型感状授与により、守護のレベルで手続開始を国人に約束し、一方で守護からの挙状による注進によって、幕府内で手続きが開始されたものであろう。[15]a・b型感状のみでは守護の施行は期待できないから自分で幕府へ参訴しなくてはならず、戦闘継続中に本国を離れて京都へ向かうことが許可されたとは考えにくく、また事実上困難であったと思われる。[16]さらに現場指揮官たる大将が恩賞給付にほど遠いと判断したという前提からa・b型感状を発給したので、やはり各国御家人は、積み重ね効果を期待して、今後の軍忠に励むしかなかったと想像される。またc型感状同様の機能を果たしたものとしては、守護自身の感状文言を全く含まず京都に戦功を注進すべきことのみを告知する守護発給の書下も存在する。(17)

つぎにd型の感状であるが、この型の感状の文言の特徴は、明らかに他と異なって恩賞文言を記し、恩賞給付に関して戦功申請者にある程度保証する表現を記載する点にある。幕府の侍所、恩賞方の審議以前にかかる文言を記載したとすればそれは、申請者の武士と指揮者たる守護・大将の双方に一般的概念として同様に恩賞給付は確実であるとの判断が働いた結果であることはいうまでもない。このような文言が記されると、単に戦功を賞するようなa・b型とは発給者の基本的姿勢が異なるのはもちろんである。また挙状によって幕府への戦功を注進することを告げ、中央での恩賞審理を約するc型より段階的にはより恩賞に近く、d型感状を給付されれば足利尊氏感状さらに下文受理の可能性に対する期待は、飛躍的に高まったに相違ない。この型の感状を尊氏・直義の発給感状の文言の相違と比較してみると、羽下氏前掲論文中で分類されたような直義型の感状Bの文言に比肩するものと見られる。これをさらに明瞭に示すのは、建武五年七月二十四日の石塔義房感状である。(18)このなかで石塔義房は相馬胤家の戦功を賞するとともに、「於恩賞者、追可有其沙汰候、依如件」と記しており、これはまさに建武三年頃までに発給された足利直義感状の文言となんら選ぶところはない。しかも周知のように義房は奥州総大将として子息義憲・義基などとともに当該戦域で活動しており、直義と同じ文言を記す相馬氏に対する感状発給は、この奥州総大将としての権限に由来する。例示した上野頼兼の感状の文言では、「於恩賞者可申行候之状如件」であり、むしろ直義型感状の文言である「於恩賞者追可有御計之状如件」よりも恩賞給付の約束文言としては確度が高いとさえいえよう。上野頼兼のいう「於恩賞者可申行」の主体は将軍尊氏であろうが、文言だけからは自らが恩賞給付行為の主体であるともとれる表現ですらある。

このような事実はまさに全国における将軍分身としての行賞権限行使の委任と判断して差し支えなかろう。したがって上野頼兼感状も同じく石見一国に限定されない一門上級大将の権限行使のそれと判定される。[19]

軍勢催促状の発給者が九州以外では、尊氏・直義および足利一門の守護・大将にほぼ限られていた事実からも窺えるが、[20]混乱を極めた南北朝初期にあっても、感状のように主従制の根幹に関わる重要な文書の発給が無秩序に行われていたはずはない。後に今川了俊が九州平定という大功にもかかわらず、幕府から叱責されて身柄を召喚された事由のなかに感状の発給が挙げられていることはよく知られている。[21]このことは感状発給という行為が、幕府の軍事政策上非常に重視されていた事実を端的に証明している。今川了俊召喚の理由が全く別の意図から決定されていたにせよ、譴責の事由として感状発給が告示されたのは、すでにこの時期においては、幕府軍事制度の枠内では感状の発給権限を、将軍の専権事項であるべきとする理念に立脚している。したがって、内乱初期といえども感状の発給は幕府軍事政策に基づく一定の法則を反映していたであろうから、現在、古文書学上で感状に一括分類される文書も、発給主体の権限によってその記載文言には相違が生じることになったのである。そこで以上のような前提を確認した上で、観応擾乱以前の守護・大将の発給感状と型式を表出する。

後掲の表1以外に若干の遺漏、脱落等が存在すると思われるが、表出五〇通の内☆印を付した足利一門および被官出身の守護・大将の建武・暦応・康永・貞和年間における発給感状は三七通を占めている。

また外様の非足利一門守護の発給感状は島津・少弐両氏のそれが多数を占め、地域的には九州でその大半が発出されており、そして足利一門および被官出身大将以外では、d型感状は武田・土岐が発給した二通が認められるのみである。

表1

	発給年月日	発給者	名宛人	出典	備考	型
1	建武3年2月25日	武田信武	波多野彦八郎	黄薇古簡集	疑	d
2	3月20日	土岐頼遠	鷲見藤三郎	鷲見家譜	書状	d
3	5月12日	☆畠山義顕	土持新兵衛	薩藩旧記18土持文書		a
4	4年2月10日	☆斯波家長	山内首藤三郎	山内首藤文書		d
5	3月5日	☆仁木頼章	久下弥五郎	久下文書		d
6	4月10日	☆畠山高国	本間四郎左衛門尉	本間文書		d
7	4月25日	☆畠山高国	島津五郎三郎代	文化庁所蔵島津文書		d
8	5月12日	☆細川顕氏	日根野左衛門入道	日根文書		b
9	5月19日	佐竹重義	小代八郎次郎殿代	小代文書	書状	c
10	6月19日	沙彌某	那賀右衛門九郎	日向郡司文書		a
11	7月18日	☆一色道猷	相良孫次郎	相良家文書		d
12	7月29日	☆細川顕氏	桑原左衛門五郎	阿波志廿八	書状	a
13	9月1日	☆斯波家長	伊賀式部三郎	飯野八幡宮文書		d
14	10月10日	☆細川顕氏	土屋孫二郎	土屋文書		b
15	10月20日	☆細川顕氏	日根野左衛門入道	日根文書		b
16	5年5月8日	☆細川顕氏	田代又二郎入道代	田代文書		b
17	5月11日	☆高師直	日根野左衛門入道	日根文書		b
18	7月24日	☆石塔義房	相馬新兵衛	相馬岡田文書		d
19	暦応元年11月17日	☆石塔義房	相馬胤家	相馬岡田文書		a
20	11月22日	赤松則祐	貴志五郎四郎	浅野文書		c
21	2年2月18日	☆上野頼兼	俣賀掃部左衛門尉	内田文書		c
22	4月20日	☆畠山義顕	禰寝弥次郎	池端文書		b
23	7月11日	☆畠山義顕	大友出羽弥二郎	森本文書		b
24	7月29日	☆一色道猷	大友出羽弥二郎	志賀文書		b
25	8月29日	☆畠山義顕	大友出羽弥二郎	志賀文書		a
26	11月13日	☆高師冬	税所虎鬼	税所旧蔵文書		a
27	12月13日	☆高師冬	山内首藤時通	山内首藤文書		a
28	3年3月18日	☆一色道猷	松浦中村弥五郎	中村文書		c
29	7月11日	☆一色道猷	税所新兵衛入道	相良家文書		c
30	7月11日	☆一色道猷	相良孫次郎	相良家文書		c
31	8月18日	少弐頼尚	相良六郎左衛門尉	相良家文書		c
32	8月18日	少弐頼尚	相良十郎三郎跡	相良家文書		c
33	11月5日	☆一色道猷	後藤武雄大宮司	武雄神社文書		a
34	11月8日	☆斯波高経	得江九郎	得江文書		b
35	5年2月9日	☆上野頼兼	久利赤波三郎二郎	久利文書		d
36	7月10日	島津道鑑	莫禰遠屋某	薩藩旧記21阿久根文書	書状	c
37	康永元年10月6日	少弐頼尚	税所新兵衛	相良家文書		c
38	10月16日	☆一色道猷	相良孫次郎	相良家文書		c
39	10月16日	☆一色道猷	税所新兵衛	相良家文書		c
40	2年3月29日	大友氏泰	先陣人々	志賀文書	書状	a
41	5月4日	島津道鑑	禰寝与四郎衛門	薩藩旧記21志々目文書		b

42	康永２年８月20日	☆上野頼兼	吉川次郎三郎	吉川家文書		d
43	11月17日	☆石塔義元	石川蒲田五郎太郎	遠藤白川文書		d
44	貞和３年２月１日	島津道鑑	比志島一族	薩藩旧記22西俣文書		b
45	６月17日	島津道鑑	市来崎六郎次郎	薩藩旧記22阿久根文書		c
46	９月７日	☆吉良貞家	不　明	有造館結城文書	疑	a
47	４年１月10日	☆細川顕氏	由佐弥次郎	由佐文書		b
48	１月10日	☆一色直氏	竜造寺孫三郎	竜造寺文書		a
49	５月２日	☆上野頼兼	内田左衛門三郎	内田文書		b
50	５月４日	☆上野頼兼	永安次郎太郎	古証文		b

註１．☆は足利一門・被官出身の守護・大将・軍奉行。
２．兵粮料所の預置や軍勢催促などとの折衷様式をとり，文書の力点が他にあるものは除外した。
３．９号佐竹重義は九州侍所職員。

三

まず建武三年二月二十五日の武田信武の感状であるが、次に全文を掲げる。

（表中1号文書）

武田兵庫助殿　一見状

於八幡城被合戦之時、当手軍勢等数千騎雖多落失、残留被致合戦忠之条、殊以神妙候、於恩賞者、無相違候様、可令注進状如件、

建武三二月廿五日　兵庫助信武在判

波多野彦八郎殿

この感状は、『黄薇古簡集』巻一所収の写しであるが、同日の日付を持つ同じ巻一所収の波多野彦八郎景氏軍忠状写に関連して発給されたと考えられているものである。武田信武が波多野景氏に感状を与えた背景は、京都攻防戦の最中に西上してきた奥州の北畠軍に挟撃された足利軍が丹波篠村から兵庫島、さらに九州落去に至る退却中に、主力の撤退支援のため殿軍として信武が八幡を拠点に防戦し、指揮下の将兵多数が脱落するなかで景氏が止まって奮戦したということに対するものである。このような当時の切迫混乱した状況下における臨機の賞揚として、指揮下の武士に対して信武があえて「於恩賞者、無相違候様、可令注進状如件」と恩賞給付の

確実になるよう責任をもって注進することを記しているのも理解できる。しかしながらこの軍忠状と、それに対応する感状も信頼し得るとは言い難いのである。この点については第三部で言及するが[22]、軍忠状の作成日付が建武三年の、おそらく二月二十五日となっているのにも関わらず、文中に「……爰彼合戦最中、将軍家御下向兵庫島之間、御敵等得理天寄来、取囲彼城之間、雖欲馳参御坐当島、……」とあって文書執筆の場所が「当島」すなわち兵庫島であることを前提に記されているのは他の史料から見てきわめて不自然である。この当時現地に在陣していたことが確認できる野本朝行の子息上申の軍忠状[23]によれば、二月十二日には足利直義の随兵として兵庫摩耶山城から発向する命令を受けていたところ、急遽夜間に紛れて将軍・直義らが乗船して落去したと記述している。また『梅松論』でも十二日に尊氏らは兵庫島を出帆したと伝え、『太平記』古写本の一本[24]は新田義貞の京都凱旋を十三日としている。したがって、二十五日になお足利方の波多野景氏が兵庫島在陣のような表現で軍忠状を執筆することは不可能と判断される。このように考えると、同日付で武田信武がその軍忠状に対応した感状を与えたということもまた疑問視せざる得ないのである。しかし同軍忠状に記す戦闘箇所やその経過などは事実と合致しており不自然な作為などは認められず、単に日付のみの誤写ないし誤記の可能性は残されている。

次に同三月十日、土岐頼遠感状は、写しであるがやはり以下に全文を示す。

(表中2号文書)

悦承候了、如仰其城の御心安候歟、何候とも御同心尤所詮ニ存候、相構く
被致無二忠節候者神妙候、恩賞事必可申沙汰候也、
建武三年三月廿日　　　左近将監頼遠　居判
鷺見藤三郎殿　御返事

土岐氏のこの感状は、恩賞については「必可申沙汰候也」と外様守護の感状としては異例な表現で鷲見氏に申し送るものであるが、私書状の型式を持ち、相手の私信に対する返答であって、正規の様式である幕府御教書の型式を有する感状とは異なっている。したがって、当該文書が同時期の守護・大将の感状発給権限のそれにより発出されたものとは断定できない。しかしこの史料を徴証とすることはできないが、一方で、土岐氏が守護として制度的な感状発給を許可されていた可能性もある。というのは、史料的にあまり信用することは憚られるが、土岐氏は足利尊氏から「御一家の次、諸家の頭たるべし」という言葉を受けているとの家伝があるので、[25]準一門として他の足利一門とならんで感状発給を許可されていたのかもしれない。

次にc型の感状で、九州以外で外様守護発給の唯一の例は、暦応元年十一月二十二日の赤松則祐の感状である。

（表中20号文書）

今月廿日、中塔城夜討之時、凶徒左衛門次郎入道円忍討捕之条、殊以神妙也、急速此旨可令注進之条如件、

暦応元年十一月二十二日　　権律師（花押）

貴志五郎四郎殿

本文書の書式文言は、足利一門諸将の発給感状と同じく正規の御教書様式を有しているから、九州以外の地域で確認できる例外的な外様守護の発給感状である。先述の感状の分類では速やかに京都に注進すべき旨を軍忠状提出者に告知しているのでc型であるが、感褒の対象は日付から見るとわずか二日前の戦闘での戦功であり、即時型感状の典型例の一つといえよう。ここで留意しておかなくてはならないのは、当該期における赤松氏の位置である。赤松氏は室津軍議での諸国大将分遣に際しては、他の中国地域に存在する外様守護のように足利一門との併置ではなく播磨と摂津両国ともに赤松氏単独で委ねられている。[26]この事実からも他の非足利一族の大将より赤松氏への期待と優遇は明

らかであり、また地域的に見ると備前国に比較して播磨国では軍事指揮権のみならず、早くから所務沙汰などの在職徴証も認められる。(27)さらに『梅松論』の内容からは足利一門諸将と並んで、九州落去という戦局の重大な局面に際しての軍議において、赤松氏の発言が重大な比重を占めていた事実が窺える。そしてその後の経過から見ると、武田信武の場合に似てより有効な籠城戦による宮方主力の牽制に成功するという大功を挙げている。このように九州落去から再上洛までの間の足利方拠点として宮方の征討軍を阻止する役割を担った赤松氏に対して、やはり国人招致に必要な恩賞給付に関する独自権限を与えていた蓋然性はきわめて高いと思われる。

以上のように外様守護が発給したd型感状は、各々の個別検討の結果、その背景として土岐氏のように最も恩賞給付に近いd型といっても書状型式をとるか、または武田の場合に見られるようにむしろ注進することに力点がある上に、疑いのある文書であり、c型まで加えても、赤松氏の発給例が唯一の例外的存在である。したがって確実なd型感状の発給は、すべて足利一門の守護・大将であるという事実が明らかとなる。

次に南北朝初期において独自の軍事体制下にあったと推定される九州地方を概観すると、同地域で発給されている感状は、足利一門の派遣大将である畠山・一色と並んで、外様の島津・少弐・大友にもその発給が確認できる。またその他、佐竹重義のものが一通認められるので若干付言したい。

（表中9号文書）

菊池与党相本宰相房被討取之候、目出候、急速可令注進博多候、恐々謹言、

「建武四年」

五月十九日　　重義（花押）

小代八郎次郎殿代

この佐竹重義の建武四年五月十九日の感状であるが、この文書は肥後の国人小代氏に、菊池与党討伐の戦功について九州大将一色範氏に上申する旨を告げており、同様に足利氏末流の小俣道剰も同じ権限で軍忠状・着到状などの証判を行っているが、九州地域における足利方を統督する侍所職員であったと思われる。(28) したがって型式はc型であるが、自身が守護・大将の権限で一定領域の指揮下国人に対して感状発給を行ったものではなく、彼らの権限に抵触せぬように書状を用いたものであろう。このようにc・d型感状のような恩賞給付に直接的に関与すると考えられる文言を記す感状が書状型式をとる場合は、発給者が本来付与された職権以外の内容について申し送る場合に使用されたものとみられる。すなわち南北朝期の書状型式の感状は、文言としてc・d型であったとしても、発給者の個人的好意として恩賞給付の可能性を事前に示唆するにすぎず、戦功に対する正規の恩賞給付手続上に位置づけられる感状とは性格を異にするのである。土岐氏の例でも管国内国人への感状が書状であった事実は、おそらく正規の感状発給権を制限されていた結果を反映したものと思われる。すなわち足利一門以外の発給になる例外的ともいえる少数のc・d型感状は、幕府御教書の型式を採らず、書状型式を持つ事実は、逆に感状の発給に関しての幕府の基準の存在が、現地の諸将に承知されていたことを表現したものと解釈できよう。

このように南北朝期の軍勢催促状および感状などの発給権限は、尊氏・直義兄弟と足利一門諸大将に集中しており、彼らの発給する奉書型式の幕府御教書のような正規の様式を有する感状は、その他の外様守護や軍奉行人などの下級軍勢指揮者は用いることができなかったものと結論し得るのである。

さらに日向において花押の人名比定不明の感状が一通存する。

(表中10号文書)

八代・佐敷野凶徒等十八日夜寄来都於郡岩崎之城、及夜討間、致散々合戦、親類以下手負打死之段、悉検知了、

殊抽軍忠之条神妙、仍執達如件、

建武四年六月十九日　沙弥（花押影）

那賀右衛門九郎殿

この文書の内容を確認すると、この感状が褒賞する対象は、八代・佐敷野の敵軍が岩崎城に来攻した建武四年六月十八日の夜戦における損害についてであるが、発給の日付は戦闘の翌日、すなわち六月十九日である。したがってこの典型的な即時型感状は、まさに臨機の賞揚を目的とするもので、発給者は「……悉検知了」と文中でいうように、直接戦場に在陣していて軍忠の検知にあたった指揮者ないし軍奉行人であったことも明白である。この例ではおそらく軍奉行人の発給であるが、このような典型的な即時型感状は、赤松氏の例に見たように、足利尊氏の恩賞給付を確約する文言を有する感状が発給されてくるまでの時間的経過を補う意味で、各地に分遣されていた諸将や軍奉行人によって発給されていたのではないかと想像されるのである。またこの感状の類型は検知の事実を告げ、単に戦功を賞するものであるので a 型である。したがって発給者の人名比定はできないものの、a 型感状であるので感状発給権を認められた大将や守護正員の代官である各級指揮者が発給しても不思議はないものである。

四

感状の表記文言から a・b・c・d に分類して発給感状を表出したが、これを守護出身別に示すと表2のようになる。ただし正規の様式を具備しない書状型式、および疑義あるものは除外し、総計四三通について示す。

このように整理してみると、問題点はいっそう明確化する。すなわち感状発給の足利一門守護に対する集中はいうまでもなく、恩賞給付により近い約束文言の含まれるd型感状の発給すべてが足利一門によるものである。恩賞給付手続きという観点からd型についで重要であり幕府侍所や、九州探題などの上級機関への注進を約する文言を記載するc型の感状は、足利一門六通、外様五通で伯仲するが、内容をみると外様守護のうち、畿内・近国における発給は赤松氏のものが唯一の例外的存在であり、他の四通はすべて九州守護である少弐頼尚および島津道鑑の発給となっている。そして、戦場の直接指揮者が発給する即時型ともいうべきa・b型感状は、足利一門、外様守護に関わらず双方ともに混在している。

また、このような感状の発給状況からみると九州外様守護は、他地域の外様守護、なかんずく畿内近国および中国地方のそれに比較すれば大きな軍事指揮権を委ねられていたといえるが、足利一門諸将と全く同等な権限を許されていた訳ではない。表1に示すように暦応三年八月十八日、少弐頼尚は、相良六郎左衛門尉、同十郎三郎跡宛てにc型感状を発給し、康永元年十月六日にも同じc型の感状を、税新兵衛に与えており感状発給権を幕府から認められていたと推定される。しかしながら相良氏に対する感状発給は、肥後国守護正員たる少弐頼尚からのみではなく、暦応三年七月十一日および康永元年十月十六日の二度にわたり、足利一門の九州大将一色道猷が、相良孫二郎および税新兵衛に各々感状を授与している。両者の日付の関係から相良一族に対しては、相前後して守護少弐頼尚と一門大将一色道猷双方から感状発給が行われており、さらに道猷は同時期に松浦氏、大友氏などにも感状を発給してその広域的上級大将としての性格を示している。したがって九州外様守護は、管掌分国内の国人に対する感状発給権限を独占できず、あくまで足利一門大将の干渉するところであ

表2

	A・B	C	D	計
足利一門守護発給感状	19	6	10	35
九州外様守護発給感状	2	4	0	6
九州以外外様守護発給感状	0	1	0	1
不明者発給感状	1	0	0	1

註　疑義のある文書ならびに書状を除く。

った。これは畿内・近国地域での合戦の軍忠認定方式において、外様守護指揮下の国人提出の一括申請型軍忠状が二重証判制度を採用して、一方証判者に足利一門が関与していた事実と軌を一にするものとみられる。また関東においては、九州外様守護と性格的に類似する東国旧族外様守護と、広域的に活動する上級大将としての足利一門大将の組み合わせが畿内近国と同様に確認されている。(29)

以上検討の結果、南北朝初期における幕府軍事制度では、その幕府方針として、軍事関係文書の発給者の権限に応じてその文書様式および記載文言に一定の基準を設定することを前提としていたことが明らかになり、そのことが足利一門守護・大将と外様守護の軍事関係文書の発給状況と文書様式および記載文言の相違として現れたと理解できる。さらに、守護発給感状には文言の上では四型式あり、機能的には三型式の感状が存在することが明らかにできた。(30)次に初期幕府の軍事制度では、恩賞文言を記載するd型式の感状の発給について、足利尊氏・直義と足利一門の守護・大将に限られていた事実が明確になるものと思われる。観応擾乱以前の足利方の軍事体制の特質は、一般外様守護の軍事指揮権を制限する一方、一門守護・大将に本来将軍専権であるべき感状発給という権限を分与することによって、将軍分身という立場で全国に派遣していたことが結論できよう。

註

（1）相田二郎氏・中村直勝氏以来、佐藤進一氏の『古文書学入門』に至るまで、感状は戦功を挙げた者に対する大将および将軍などが給付する文書として周知のものとして扱われており、とくに機能および定義について詳述する古文書学の概説書はないようである。

（2）拙稿①「南北朝初期における守護権限の一考察」『古文書研究』二七、②「南北朝初期における幕府軍事制度の基礎的考察」『中世政治社会の研究』続群書類従完成会、一九九〇年所収。

（3）下坂守氏「切紙の御教書・御内書について」『日本古文書学論集7』所収。

(4) 羽下徳彦氏「足利直義の立場」『古文書研究』六。

(5) 拙稿前註(2)前掲①論文。

(6)「大友文書」建武二年十二月十三日足利尊氏軍勢催促状。

(7)「大友文書」建武三年一月十二日足利直義軍勢催促状。

(8)『太平記』巻十四「将軍入洛事並親光討死事」では事件は建武三年正月十一日に生起したとし、『梅松論』でも同日の事件と伝えており、文書史料によっても事実と確認できる。

(9)「深堀文書」建武二年十二月十四日大友貞載施行状。

(10) 拙稿「軍忠状に関する若干の考察」『古文書研究』二一。

(11) 着到状が証明する供奉の事実のみで後日の恩賞請求の対象として有効なのは、足利尊氏九州落去の際の供奉した場合などが知られるが(「大友文書」康永元年九月志賀頼房申状)、ほとんどは合戦へと事態が移行するので、引き続いて提出される軍忠状がより有力なのは当然である。また感状はそれまでの戦功を審査し、すでに評価された結果のものであるから、恩賞請求にはさらに有効な文書であることは明白である。

(12) 複合様式の文書の場合、羽下氏前註(4)前掲論文中にも註記があるが(同論文註(13))、基本的にこの考え方に従い、力点がどこにあるかで判断した。

(13) 鎌倉期に見るように京都大番役の催促を各国守護から受命せず、直接侍所所司から受ける有力御家人や、のちに奉公衆となっていくような有力国人は一括申請型式の軍忠状を守護ではなく、直接幕府侍所へ提出していた可能性もある。

(14)「山内首藤文書」建武四年三月山内土用鶴丸代申状「……欲早被閣守護人朝山次郎左衛門尉楚忽注進、被止闕所御沙汰……」。

(15) この点に関しては今後さらに検討を要するが、守護のc型およびd型感状を受理できれば、その後の恩賞給付までの手続きは本人の手を離れ、守護と幕府の関係機関たる侍所ないし恩賞方における連絡によって施行されたと推定される。したがって本人が申状によって愁訴するのはこの審理ないし給付が著しく遅延した場合であったと判断される。

(16)「入来院文書」建武三年八月十七日渋谷重勝宛足利尊氏感状案の裏書に「此正文書持参京都之処、有長途之怖畏、校正案文封裏……」とあるが、この手続きの最終局面において、恩賞宛行の尊氏下文が、本人の上洛によってのみこの感状と引き換えられていたのか、支障による参訴のためかは不明である。したがって恩賞受理のために、京都に本人が出頭することが制規として不可欠であったかどうかは、今後の課題である。

(17)「相良家文書」貞和二年十二月三日相良孫三郎宛少弐頼尚書下。

去閏九月二日、肥後国田河内関所合戦時、抽軍忠由事、承了、可注進京都、仍執達如件、

貞和二年十二月三日　　大宰少弐（花押）

相良孫三郎殿

また同「相良家文書」に同日付で相良八郎宛てにも少弐頼尚から同文の文書が発給されている。

(18)「相馬岡田文書」建武四年七月二十四日相馬新兵衛宛石塔義房感状（表中18号）。石塔義房の奥州大将として活動の詳細は、小川信氏『足利一門守護発展史の研究』第二編第五章、遠藤巌氏「奥州管領おぼえ書―とくに成立をめぐる問題整理―」『歴史』三八輯等を参照。

(19)上野頼兼が中国地方では、石見守護正員である一方で長門および周防守護などをその軍事指揮下におく広域的上級大将であったことは、拙稿前註(2)前掲①論文参照。

(20)拙稿前註(2)前掲②論文参照。

(21)「禰寝文書」応永二年「京都不審条々」。

(22)拙稿「成立期室町幕府軍事制度の一考察―室津軍議以前の畿内近国における諸将配置について―」『山脇学園短期大学紀要』二八。また拙稿前註(2)前掲①論文において、備後守護に対する武田信武の軍事指揮権の上級優越について論じたが、本文書を可とすると、この時点に遡って確認し得る事例と解釈することもできる。そのように考えると、建武三年当時は、足利一門とともに少数の準一門としての外様守護にもd型感状の発給権限が与えられていたことになる。

(23)「熊谷家文書」建武四年八月野本朝行子息鶴寿丸軍忠状。「……(建武三年)同十二日、左馬頭殿、自兵庫摩耶城御発向之間、御供仕之処、皆以可有討死之由、被相触之間、存其旨之処、亦俄被召御船之刻、夜陰之間、朝行不存知……」。

(24)「西源院本」他の古写本はさらに早く八日としているが、「真乗院文書」延元元年三月日の和田助康軍忠状によれば、豊島河原（瀬川）合戦は二月十日、十一日の両日に戦ったとしている。また足利方の記録では、「萩藩閥閲録」建武三年二月周布兼宗軍忠状では、十日、「入江文書」建武三年八月田原直貞軍忠状でも十一日になお各々西宮および打出浜周辺で交戦し

ていた事実が確認される。したがって『太平記』の他の写本が八日とするのは誤りであり、註(23)の記載内容からも足利尊氏が兵庫から落去したのは十二日であると判断できる。

(25)『家中竹馬記』、佐藤進一氏『室町幕府守護制度の研究』上、美濃国参照。

(26)『梅松論』、また佐藤進一氏『室町幕府守護制度の研究』上、同国参照。

(27)「金剛三昧院文書」建武三年十一月四日赤松円心書状。

備前国は、建武三年六月安養寺宗徒等申状および同寺所蔵文書の関連文書計三通により、赤松氏が建武三年当時の備前守護であったと推定されるが、所務沙汰などの徴証は時代が下る。

(28)「小代文書」康永三年七月二十二日付で、義重は小代氏の所領について、幕府奉行人曽我遠江権守に宛てて挙状を上申しているが、本人の軍忠を証明し所領裁定を要請するものである。同様の九州地方での軍忠を前提とした挙状は、軍勢大将である仁木義長などにも発給例が見られる(「詫磨文書」暦応四年五月三日仁木義長挙状)から侍所職員といっても局地的戦場の大将として活動することはあったと思われる。

(29)松本一夫氏「南北朝・室町前期における茂木氏の動向」『日本歴史』五一二。

(30)折衷様式の感状を除外しているので、料所預置や軍勢催促に力点のある感状を各々型式として加えると六型式となる。

第三章　足利一門関係文書

一

南北朝内乱は、長期に及んだ内乱であったが、内乱初期よりの足利方の軍事的優勢は顕著なものが認められる。足利側のこの軍事的成功の大きな要因に、足利一門・被官の積極的起用が指摘されている。(1)そこで、当初からの圧倒的優勢を確保できた南北朝初期の足利方の軍事体制の特徴について考察してみたい。第二部第一章で、当該期においては、中国地域の守護には、管国を越えて軍事指揮権を行使する優越した軍事権限を付与された上級大将としての性格を具備する守護と、国内御家人に対する軍勢催促権が制限されている守護との二類型の存在を指摘した。(2)

本章では、これを確認すると同時に、内乱当初の幕府軍事体制の検討のために、観応擾乱に至る時期までの守護・大将等の軍事関係文書の発給状況を概観し、従来の足利一門・被官の大量起用という観点から一歩進めて、その一門守護が外様守護より多大な軍事権限を付与されていたことを示し、一括申請型軍忠状の二重証判制度という戦功認定制度を通じ、外様守護統轄下の国人等も足利一門がその戦功認定に関与していたことを明らかにする。このことによって、南北朝内乱初期において足利氏は、一門・被官出身守護・大将に、従来の守護の軍事権限より優越した権限を付与し、一門を中核とした軍事体制で内乱に臨んだ事実が明確になると思われる。さらに、以上のような視点から、足利一門守護・大将の外様守護に対する軍事指揮権優越の特徴について検討し、足利尊氏九州落去から再上洛に至る時期の、臨時的措置であった室津軍議に決定された中国地方足利一門の軍事指揮権の優位性を、その後の観応擾乱に至るまでの南北朝初期における足利氏の畿内・近国における基本的軍事体制としていたことを考察する。

二

南北朝の初期において、幕府成立の過程で最も重要な時期は、建武三年と考えられ、幕政運営上不可欠な諸機関は、この年に設置を見ている。(3)これは、内乱当初よりの足利方の軍事的優勢が確保され、すみやかな京都再占拠が実現したことによるが、この優勢を確保した最大の要因に、室津軍議に示される一門守護・大将重用策をあげなくてはならない。この軍事的成功は、九州での勢力結集の成功ももちろんであるが、態勢再編に必要な時間を確保するという重要な役割を果たした中国・四国地域における足利方の処置もまた大きな意義を持つ。すなわち、足利尊氏の九州下向と再上洛においては、その地理的位置から、京都と九州の中間地域である中国・四国の制圧確保が絶対的な前提となっていたはずである。事実、尊氏軍再上洛には、九州勢とともに中国・四国の軍勢多数が加わっていたことからも、室津軍議の意図がその点にあったことは明らかであると思われる。そこで、沿路に影響力を期待された厚東・朝山・赤松・河野などの、非足利氏系外様守護などの協力を得るため、朝山・大内・厚東等の建武政権下の外様守護をそのまま守護として認め、(4)一門守護・大将の派遣を併用し、同地域の確保に努めた。そして足利一門の起用に際しては、同地域に派遣された国大将はもとより、上野頼兼(5)のように、室津軍議には名前が上がっていない一門が、守護として補任された場合においても、従来の一国別の軍事指揮権という守護の権限を越えるものが認められる。(6)このことからも、臨時の措置であった室津軍議において、足利一門の守護・大将に付与した将軍分身としての権限が、実は内乱初期における一門諸将全体に適用された基本的軍事方針であったと判断されよう。したがって、内乱のごく当初からの軍勢催促状の発出や、本来将軍の専権事項である感状の発給が認められ、また各種行賞権が行使される場合も多く、これらは、同地域の外様守護には確認されないのである。このような中国地方に見られる足利一門守護の一般外様守護に対する軍事指揮権の優越性は、実は、複数の守護軍勢を編成して実施される大規模な幕府軍の行動が展開される畿内・近国においても同様であると推定される。

室津軍議の決定によって発遣された足利一門の諸大将には、闕所預置権などの行使にみられる行賞権などが与えられ、またその軍事指揮権の行使範囲もかならずしも一国に限定されておらず、広域的なものと判断される。これらの大将は幕府が、内乱当初大犯三箇条に限定しようとした一般的な守護の軍事指揮権限を越えた上級大将としての位置づけが明白である。

将軍分身としての足利一門による恩賞給付の施行の早い時期の例としては、四国地域では、細川和氏・顕氏両名が行い、(7)中国地域では桃井義盛に、(8)そして九州地域では仁木義長に(9)それぞれ確認できる。これらはいずれも建武三年の足利尊氏九州落去と再上洛の期間にその活動が開始されており、細川一門の場合では、九州落去の途次、室津軍議によって決定された諸国大将発遣に際して付与された権限の行使であることが、『梅松論』によって知られている。

この四国発遣の際、『梅松論』では「御判紙数百枚給、是ハ勲功ノ軽重ニ依テ宛行ナハルヘキ御下文ノ為也」として、(10)細川顕氏・和氏等に四国全域に及ぶ行賞権を与えたとされており、その発給文書も残存する。しかしこの権限は、安芸国に発遣された桃井義盛にも同様の権限が付与されたと判断される発給文書が見られることから、細川一族に限って与えられた権限とは考えられず、国人招致に必要な行賞権は、各地域に派遣された足利一門の諸将すべてに与えられた権限であったと解釈するほうが自然である。四国での細川一族の権限行使は、細川顕氏・和氏連署奉書をもって、二月十五日阿波国漆原三郎五郎兼有と讃岐国秋山孫次郎に勲功賞を与えたのをはじめ、同四月十五日伊予国萱生寺宗徒等、ついで五月十五日阿波国村岡武藤三郎入道跡にも同様の行賞を実施し、また、細川定禅も四月三日、伊予国三島神社に書下を発給している。また、室津軍議直後の二月十五日、足利尊氏は、小早川氏に「属桃井修理亮して軍忠すべき旨の軍勢催促状を下して安芸での大将として桃井義盛を指定し、安芸国内においては、桃井義盛が三月八日に吉川経久に宛て同国内吉茂庄内池田村三分一地頭職を勲功賞として預け置く旨の下文を与えたのを始めとして、三戸・熊谷・内藤等の各氏に同様の下文を発給して国人掌握に努める一方、在国の大将として軍勢催促も行っている。これらの活動は、室津軍議の決定にしたがって足利尊氏から与えられた将軍分身としての行賞権限行使であることはいうまでもない。ただし細川一族の四国発遣の場合では、細川顕氏・和氏連署奉書の下知状によって、国人等の掌握、統率が計られており、次に例示する二通に見られるように、細川・桃井両者の発給文書の形式に、若干の相違がある。

細川和氏・細川顕氏連署奉書

阿波国勝浦庄公文職一肆分事、為勲功之賞所被宛行也、守先例可致沙汰者、依将軍家仰、下知如件、

建武三年二月十五日

兵部少輔（花押）

阿 波 守（花押）

漆原三郎五郎殿

桃井義盛下文

下　吉川彦次郎経久

可早令領知安芸国吉茂庄内池田村三分一地頭職事、

右以人、依有忠、所預置也、任先例、可令領掌之状如件、

建武三年三月八日　　修理亮（花押）

このような一門の諸大将に対する権限の付与は、足利尊氏の九州落去という重大事態挽回のためにとられた当座の臨時的措置であった。しかし、京都奪回成功後に、その出自に関係なく直ちに各国守護を同等の権限に制限する体制へ復したとは考えられない。守護権限を平均的に制限したその時期は、一門諸将の相次ぐ敵対による戦乱激化にこりた観応擾乱以後に持ち越され、建武三年の九州落去の時期に与えられた一門諸将に対する軍事権限は暫定的に容認され、多大な権限を与えられた一門を中核とする軍事体制が維持されたと推定される。そのため幕府草創期は、とくに軍事指揮者としての能力を最高度に発揮するため、一門諸将起用に際して一般守護に対する上級大将としての権限が与えられたのである。

中国地方西部では、この時期、室津軍議においてその名があげられていないが、当初は国大将として石見国に発遣されたと思われる上野頼兼の五月以降の活動が確認される。上野頼兼は、尊氏九州落去に際しては、いったん九州まで尊氏に同行したようで、室津軍議に名前がないのもそのためと思われる。九州では、筑後国荒木氏に宛てた同国黒木城を攻略すべき三月八日の足利尊氏軍勢催促状には、(19)上野頼兼に従うべき旨が明記され、事実、四月五日までに提出されたその合戦に関する軍忠状の証判を上野頼兼が与えていることが確認される。(20)その後、ほどなく石見国守護に補任されたが、(21)国大将的性格も維持し、石見国国人に対する軍事指揮権全般を行使するのみならず、長門および周防

国人も各々の守護を含めてその指揮下におさめていた事実を示す徴証が散見する。[22] 長門国には、室津軍議では、国大将斯波高経と守護厚東武実が派遣されたとされるが、[23] 軍事指揮徴証は、足利軍の京都再突入後になってからであり、それも洛中攻防戦のものであって、[24] 先の斯波高経の長門国所在[25]を示す徴証も通過の事実を確認しうるのみと判断される。したがって、足利尊氏再上洛以前に、長門国は上野頼兼の指揮下に置かれたと推定される。すなわち同人は建武三年五月十八日長門国御家人永富季有の石見国内における合戦の軍忠状[26]に証判を与える一方、石見国御家人吉川経明の周防国での合戦に関する軍忠状[27]にも証判を与えている。この事実は、他国御家人の管国内での戦闘に関する軍忠状証判権を有すると同時に、上野頼兼の管国内御家人が他国へ発向したときにも戦闘地域となった周防国守護が証判するのではなく、上野頼兼が証判を実施していたことを示し、その軍事指揮権の優越性を明らかにしている。[28]

また同年九月十六日の、長門国守護厚東武実の長門国人に対する軍勢催促状[29]には、「石州凶徒退治事、上野典厩今月九日御教書如此早任被仰下之旨……」とあって、上野頼兼から厚東武実に軍勢催促が命じられ、それは、「御教書」という表現から書状による依頼ではなく、幕府命令の施行の形式をとる催促であったことが明らかである。そしてこのことは、一般の国内地頭御家人に対して発給する守護の軍勢催促状の文中において、回覧すべき副進文書を「御教書如此」と表現する「御教書」が、幕府御教書および九州探題等上級統轄機関発給の、軍勢催促状ならびに指令の示達を指すのが通例である事実[30]からも確実視される。

したがって、上野頼兼は、管国石見国内の宮方追討のため、長門国守護厚東武実に同国国人に対する軍勢催促の施行を命じていることになるが、守護としての立場の者が、他国守護に幕府命令施行の形で軍勢催促を実施した例は異例である。従来の幕府命令伝達の常識から考えると、守護が私的な書状形式で隣国守護に催促を依頼していた可能性は推測できるのであるが、守護が幕府命令に準じた軍勢催促状を、他の守護に命じた事実は指摘されていなかった。

従来知られている幕府軍事指令の遵行経路からは、当時の守護に対する軍勢催促状の発給主体は、足利尊氏・直義以外は、広域統轄権限を付与された国大将および九州探題に限定されていたと考えられてきた。しかし、上野頼兼の例では、守護が他国守護に軍事指令を発していたことは確実である。さらに上野頼兼の催促に従い石見に発向していた周防国守護代指揮下の、周防国人鷲頭弘員の見知の証人請文には、「大将軍（上野）左馬助殿」と表現されており、上野頼兼の上級大将としての位置付けを推知しうる。これらの事実は、外様守護である厚東・大内に対し、上野頼兼が、幕府政策による上級大将としての軍事指揮権を行使する活動であると判断される。おそらくは観応擾乱以前の守護大内・長門守護厚東等の軍事指揮徴証は、先の催促状の遵行以外、各級指揮者の広汎に実施し得る即時型軍忠状への証判を含めて管見に入らないことからも、上野頼兼は石見国守護正員たるのみならず、長門・周防両国守護を直接軍事指揮しうる同地域全体の上級大将としての性格をも兼備していたものと推定される。したがって、備後国守護朝山に軍勢催促権および戦功認定権がなく、同国国人の軍事指揮権は、安芸国守護武田信武が上級大将として兼帯していたのと同様の事例であるといえよう。

(31)

(32)

三

近年刊行された佐藤進一氏の『室町幕府守護制度の研究』下、結言の中に各守護の出身の考察の項を設け、足利一門・家人および同族源氏の出身守護と外様守護とに分類し、その任用・交替についての沿革を解説されている。しかし、足利一門・家人および同族源氏出身守護と外様守護との間に、いかなる守護権限の相違が存在したか、あるいは、しなかったかについては触れられていない。そこで、南北朝内乱当初、一門諸将が足利方の軍事体制の中で、どのような役割を幕府から期待されたのかを検討するため、観応擾乱以前の時期において、軍事関係文書の発受の概要を通覧し、各国の足利一門守護と外様守護との、幕府より付与された軍事指揮権の差異を指摘したい。

ここで検討の対象とする守護・大将級部将の軍事指揮権といっても、それは具体的にはいくつかの諸権限を包含して構成されている概念と考えられる。そこで、当時の発給文書手続上に即して分析すると、軍事指揮権を構成する諸権限は、以下のように大きく五つに分類し得る。1軍勢催促権・2戦闘指揮権・3戦功認定権・4幕府侍所への戦功および戦況注進権・5感状発給権・6行賞権。これら軍事指揮権を構成する諸権限は、軍勢催促状・着到状・軍忠状・挙状・注進状・感状・宛行状等の証判および発給によって確認できる。

これらの諸権限のうち、守護・国大将の軍事指揮権を検討する上で、次のようなことを前提として留意する必要があろう。まず、軍勢催促権の判定にあたっては、着到状証判者が軍勢催促状の発給者と対応せず(33)、着到受理の時、催促状発給者の下級の奉行人が着到証判を行う場合があるので着到状証判者は補完的に考えるべきなので、ここでは除外し、軍勢催促状の発給主体として現れる者のみを検討対象とする。しかし、守護正員不在中の守護代の発給例は、守護権限に包摂されるものとして扱う(34)。また戦闘指揮権および戦功認定権については、即時型軍忠状に各級多様な直接指揮者が証判するので、守護権限としての戦闘指揮か否かの分別を行うことはできないので除外し(35)、一括申請型軍忠状の証判者のみが補完史料として利用可能である(36)。しかしこの2、3いずれも軍事指揮権の核心部分ではあるが、その証判数を用いるのではなく、証判者の組み合わせに注目し同文軍忠状への二重証判制度を指摘して後述する。挙状は、国人の一括申請型軍忠状への証判を前提に幕府への軍忠・恩賞等の推挙をなす文書であるので、この挙申は守護ないし国大将の権限と認められる。ついで幕府侍所への戦況注進は、一定の戦略上の意味を有する広範囲の国人と地域を指揮下におさめる主将の権限と判定されるので、有効と認められるが、注進状そのものの性格から、残存が僅少なので有意の数値を示し得ないので、国人宛の侍所および守護書下や、再申請軍忠状と申状の文中に認められる数値を示す必要が生じるので、機会を改めて考察したい。(37) 感状の発給については、主従制原理の基本からいっても本来は将軍の専権事項であるが、ここでは将軍家発給の感状以外に足利一門諸将の発給するものも存在し、かつその補完機能を果たしていた事実を指摘し、足利尊氏・直義以外の感状発給を検討の対象とした。

　そこで畿内・近国および、建武三年九州落去の時期に関係深い中国・四国地方における足利一門守護・国大将と外様守護との軍事関係文書の発給状況を概観して、両者の間に差異が存在するか否かを考察してみたい。まず検討のために表を掲げる。

表1A　畿内・近国軍勢催促状

	建武2	建武3	建武4	暦応元	暦応2	暦応3	暦応4	康永元	康永2	康永3	貞和元	貞和2	貞和3	貞和4	貞和5
尊氏・直義	1	48	21	5	1	1	2	0	0	3	2				
一門		16	2	3	0	0	0	1	0	0	0				
外様		0	0	4											
その他		1	0												
不明		0	0												

表1B　中国・四国軍勢催促状

	建武2	建武3	建武4	暦応元	暦応2	暦応3	暦応4	康永元	康永2	康永3	貞和元	貞和2	貞和3	貞和4	貞和5
尊氏・直義	6	23	4	3	0	0	7	1							2
一門	0	5	5	0	0	1	2	2	2						
外様	0	1					0								
その他	1（a）	1（b）					1（c）								
不明														1（d）	

註	発給年月日	発給人	差出書	名宛人	出典	備考
a	建武2年11月20日	源　義国	源　義　国(花押)	甲斐孫四郎	香宗我部家伝証文	疑文書
b	〃　3年9月21日	土居通重	越智通重(花押)	欠	伊予忽那文書	書状
c	暦応4年4月2日	朝山景連	肥前守景連(花押)	鰐淵寺南北衆徒	鰐淵寺文書	守護塩谷高貞討伐による
d	貞和4年8月2日	不　明	欠	新見九郎	福岡県文化会館所蔵竹田文庫新見文書	

表1C　九州軍勢催促状

	建武2	建武3	建武4	暦応元	暦応2	暦応3	暦応4	康永元	康永2	康永3	貞和元	貞和2	貞和3	貞和4	貞和5
尊氏・直義	5	47	10	2	1	2	1	2	4	0	0	2	0	1	0
一門	0	26	26	7	7	4	1	0	4	3	0	1	7	14	1
外様	15	2	4	2	2	12	4	5	1	1	1	3	5	15	2
その他															
不明		2(a)						3(b)	1(c)					1(d)	

註	発給年月日	発給人	差出書	名宛人	出典	備考
a	建武3年6月17日	大河原源有	源有(花押)	大島定西(通明)	来島文書	書状
	〃　3年11月18日	某　宣隆	宣隆(花押影)	榊源二郎	榊文書	奥端書ニ「さかきのちやうせんさいそくしやう」トアリ
b	康永元年10月5日	不　明	沙弥(花押)	竜造寺家貞	竜造寺文書	
	〃　元年10月5日	不　明	沙弥(花押)	詫磨頼氏	詫磨文書	
	〃　元年10月5日	不　明	沙弥(花押)	志賀宗雄	森本文書	
c	〃　2年5月6日	不　明	因幡権守(花押)	荒木家有	近藤文書	
d	貞和4年4月8日	藤原　某	藤原(花押)	野上資親	諸家文書纂十所収野上文書	

表1ABCは(38)、A畿内・近国(39)、B中国・四国およびC九州の各地域の、南北朝初期における軍勢催促状の発給状況(40)を、各々足利一門守護と外様守護に分けて表出したものである。参考までに同時期の尊氏・直義の催促状の発給数も

掲出した。

これらを概観すると、建武期の軍勢催促状は原則として可能な限り尊氏・直義の名において発給されており、次いで一門守護の発出が認められることに気づく。(41) 外様守護の発給はほとんど確認できず、建武年間に中国・四国地方において非足利一門の発給した軍勢催促状はわずかに厚東の一通、畿内・近国では、建武五年閏七月十二日、同八月十六日、同二十七日、九月三日の同じく佐々木道誉発出の四通のみである。(42) これら四通の催促状の発給人である佐々木道誉は、東近江の軍勢催促権を与えられていたと考えられ、いずれも幕府軍の吉野制圧に際して、幕命を奉じた同人が施行するものである。また、名宛人出羽氏は佐々木氏庶流の朽木頼氏であり、高島郡内の軍勢を催促すべき旨を命じられており、守護からの軍勢催促権の分郡委任が確認される。(43)

この事実は、近江国における守護権限の複雑性が窺えると同時に、従来、ほとんど口頭で命令伝達が行われていたと想像される一族に対する惣領としての動員である可能性も高い。(44) 事実、連続する四通の最初の建武五年閏七月十二日の吉野発向を依頼する佐々木道誉の出羽四郎兵衛尉宛の書状は、内容は以後続けて発給された催促状と同じであるのに、「吉野発向事、被仰下候間、今日令上洛候、来廿一日可立京都候、廿日以前令京着給候者、公私悦入候、恐々謹言」と記した書状型式をとり、きわめて丁重な依頼の形式である。しかし、次の八月十六日軍勢催促状では、「吉野発向事、今月廿五日所令治定、……彼日限更不可有延引」と述べ、「可被存知其旨之状如件」と結び、次いで同八月二十七日催促状に至って「若猶不承引者、任法為有其沙汰、載起請之詞、可被注申之状如件」と記している。これらの日付に注意すると軍勢催促に応じない出羽四郎兵衛尉朽木頼氏に対し、しだいに焦燥を強めた佐々木道誉が、当初の閏七月十二日書状の態度を硬化させ、公的催促権行使の立場を明示することによって軍勢催促を督促しようとした様子を明瞭に看取できる。

このような例からもわかるように、守護権限としての軍勢催促権に、従来からの一族惣領としての権限がそのまま敷衍されている場合があり、これはとりもなおさず守護家の惣領制的体質に依存した軍事体制を示すものであると考えられる。ともあれ建武年間における畿内・近国および中国・四国地域における外様守護の軍勢催促状の発給は、近江佐々木氏の書状形式を含めた、五通以外存在せず、当該地域における軍勢催促の主体は、ほとんどが尊氏・直義と一門の守護・大将であることがわかる。ついで辺境地域の九州をみると、尊氏・直義兄弟の催促状は畿内・近国および中国・四国地域と同様に、多数発給を示しているものの、尊氏・直義、足利一門と並んで、外様守護の発給も活発であり、他の地域と比較して、全体の中では高い比重を示していることが判明しよう。とくに九州では、少弐・大友両氏は鎌倉期における鎮西東方・西方奉行以来の権限の維持強化を企図し、一方、幕府としても尊氏九州下向に際してその回生を助けた彼らに対し、最大限の配慮をせざるを得なかった結果であったと思われる。すでに指摘されているように、建武初年の段階で、足利尊氏は、大友貞宗に降人の処分を委ねているが、このような権限については、他地域の一般外様守護家には与えられていないのが通例であったと推知しうる。

したがって表で概観するように南北朝内乱初頭における畿内・近国および中国・四国地域における軍勢催促の主体はあくまで足利尊氏・直義兄弟とその分身としての足利一門であって外様守護が関与できなかったことがわかる。他方、九州など遠国では外様守護の軍勢催促権に依存する割合が高くなっているようである。この傾向は今回考察から除外した東国でもその傾向がみられるが、九州・東国などの遠隔地では、刻々変化する現地の軍事情勢への対応と、やはり伝統的豪族出身守護層の多い地域の必然的結果といえようか。

すなわち、伝統的豪族層の守護分国では、国内国人のきわめて多くが守護家同族の庶子家としての出自を持って、国内に広汎に分布し、なお守護としてよりは、惣領としての意味においてその支配下に服していたと推測されるから、一般に足利一門大将を発遣してその催促権を侵犯することは、伝統的豪族出身守護の反発を招き、かえって有効な軍勢動員の阻害となるばかりか、彼らを南朝方へ与同させる恐れがあったに相違ない。したがって他地域では、多大の軍事権限を付与した将軍分身としての、足利一門を派遣して、現地情勢に対処する方針をとり、一方、遠隔地におい

表2A　一門守護・国大将発給感状

発給年月日	発給人	差出書	名宛人	出典	備考
建武3年5月12日	畠山義顕	在判	土持新兵衛尉	薩藩旧記十八所収土持文書	
〃4年2月10日	斯波家長	源(花押)	山内首藤三郎	山内首藤文書	
〃4年3月5日	仁木頼章	伊賀守(花押)	久下弥五郎	久下文書	
〃4年4月25日	畠山高国	(花押)	欠(嶋津五郎三郎代)	文化庁所蔵島津文書	
〃4年5月12日	細川顕氏	兵部少輔	日根野左衛門入道	日根文書	
〃4年7月18日	一色道猷	沙弥御判	相良孫次郎	相良家文書	
〃4年10月20日	細川顕氏	兵部少輔(花押)	日根野左衛門入道	日根文書	
〃5年5月8日	細川顕氏	兵部少輔(花押)	田代又次郎入道代	田代文書	
〃5年5月11日	高　師直	武蔵守(花押)	日根野左衛門入道	日根文書	
〃5年閏7月6日	一色道猷	沙弥(花押)	大友詫磨彦四郎	詫磨文書	
〃5年閏7月6日	一色道猷	沙弥(花押)	深堀孫太郎入道	深堀文書	
〃5年閏7月6日	一色道猷	一色殿沙弥判	青方孫四郎	青方家譜	
暦応2年2月18日	上野頼兼	左馬助(花押)	俣賀掃部左衛門尉	内田文書	
〃2年4月20日	畠山義顕	源(花押)	禰寝弥次郎	池端文書	
〃2年6月23日	酒匂久景・畠山義顕	久景在判・道顕(義カ)在判	権執印三郎次郎	薩藩旧記二十所収水引権執印文書	
〃2年7月11日	畠山義顕	源(花押)	□□(大友)出羽弥二郎	森本文書	
〃2年7月29日	一色道猷	道猷(花押)	大友出羽弥二郎	志賀文書	
〃2年8月29日	畠山義顕	源(花押)	大友出羽弥二郎	志賀文書	
〃3年3月18日	一色道猷	沙弥(花押)	松浦中村弥五郎	中村文書	
〃3年3月22日	高　師泰	越後守師泰(花押)	河内民部大夫	明治百年大古書展出品目録	書状

発給年月日	発給人	差出書	名宛人	出典	備考
〃3年7月11日	一色道猷	沙弥(花押)	税所新兵衛入道	相良家文書	
〃3年7月11日	一色道猷	沙弥御判	相良孫次郎	相良家文書	
〃3年11月5日	一色道猷	沙弥(花押)	後藤武雄大宮司代	武雄神社文書	
〃3年11月8日	斯波高経	右馬頭(花押)	得江九郎	得江文書	
〃5年2月9日	上野頼兼	左馬助(花押)	久利赤波三郎二郎	久利文書	
康永元年10月16日	一色道猷	沙弥(花押)	税所新兵衛入道	相良家文書	
〃元年10月16日	一色道猷	沙弥御判	相良孫次郎	相良家文書	
〃2年8月20日	上野頼兼	左馬助(花押)	吉河次郎三郎	吉川家文書	
貞和4年正月10日	細川顕氏	陸奥守判	由佐弥次郎	由佐家文書	
〃4年正月10日	一色直氏	宮内少輔(花押)『上野頼兼判』	竜造寺孫三郎	竜造寺家文書	
〃4年5月2日	上野頼兼	左馬助判	内田左衛門三郎	永田秘録所収内田家文書	
〃4年5月4日	上野頼兼	益田左馬助	永安二郎太郎	古証文	

表2B　外様守護・大将発給感状

発給年月日	発給人	差出書	名宛人	出典	備考
建武3年3月10日	土岐頼遠	左近将監頼遠居判	鷲見藤三郎	鷲見家譜	書状
〃3年2月25日	武田信武	兵庫助信武在判	波多野彦八郎	黄薇古簡集巻一	疑あり
〃4年5月19日	佐竹重義	重義(花押)	小代八郎次郎代	小代文書	書状
暦応元年11月22日	赤松則祐	権律師(花押)	貴志五郎四郎	浅野文書	
〃3年8月18日	小弐頼尚	大宰少弐(花押)	相良六郎左衛門尉	相良家文書	
〃3年8月18日	小弐頼尚	大宰少弐(花押)	相良十郎三郎跡	相良家文書	
〃5年7月10日	島津道鑑	道鑑在判	莫禰遠屋次郎太郎入道	薩藩旧記二十二所収阿久根文書	書状
康永元年10月6日	少弐頼尚	頼尚在判	税所新兵衛入道	相良家文書	
〃2年3月29日	大友氏泰	氏泰判	先陣人々	志賀文書	書状
〃2年5月4日	島津道鑑	道鑑(花押影)	禰寝与四郎衛門	薩藩旧記二十一所収志々目文書	
貞和3年2月1日	島津道鑑	沙弥(花押影)	比志嶋一族西また弥平治	薩藩旧記二十二所収西俣文書	
〃3年6月17日	島津道鑑	道鑑御判	市来崎六郎次郎	薩藩旧記二十二所収阿久根文書	

ては、一門国大将を派出しつつも、なお鎌倉以来の本来的守護軍事指揮権を、伝統的豪族層出身の外様守護に委ねざるを得なかったと考えられる。

次にその感状の発給状況を検討してみよう。感状は、武家社会の主従関係において、きわめて重要な役割を果たすものであり、幕府体制下において、その発給は、将軍の専権事項に属するのが建て前である。(48) しかし、南北朝初期における感状発給の権限は周知のように、尊氏一人の専権ではなく、恩賞を実現するための効力に格差があるものの直義にもその権限が分掌されており、幕府の最高権力者の専権であるはずの感状発給の主体が複数存在した。しかしながら感状の役割を考えると、恩賞給付の効力を有する証拠文書としての役割はもちろんであるが、合戦直後の臨機の賞揚による士気の鼓舞という機能も重要であったと思われる。したがって、幕府機構が設置されたとしても未だ宮方勢力の強力だった初期においては、恩賞給付という効果よりも士気の鼓舞といった面で、各軍勢大将がその立場上発給した感状が存在しても不自然ではない。

表2ABは南北朝初期に発給された感状を足利一門と外様守護について各々掲出したものである。この表をみて明らかなように、建武年間に発給された外様守護の感状は、土岐頼遠の発給した書状形式のものがわずかに見られる程度であり、当然この他に管見に触れぬものも存在すると思われるが、その発給主体の一門偏重の傾向はきわめて顕著であると判断しうる。一方、足利尊氏・直義兄弟の感状発給についてはすでに詳細な研究がなされているので言及の余地はないが、(49) これに加えて畠山・斯波・仁木・細川・高・一色・上野などの足利一門および根本被官の感状が発給されたことが知られる。(50) 佐竹・武田両氏については、非足利一門であるが、すでに指摘したように、武田信武が、建武三年初頭の京都内外の合戦で活躍し、なかんずく足利軍主力の兵庫撤退に際しては、八幡に残留してその撤退を支援するなど多大の戦功をあげている。(51) 多分にその成果を認められた結果でもあろうが、一般外様守護には見られな

い守護管国を越えた軍事指揮権を付与され、同年七月までには中国地方に下向し、安芸国内のみならず、備後国内においても軍勢指揮者として行動し、備後国人を率いて宮方と交戦し証判を与えている。したがって武田信武は、足利一門ではないが、武将としての力量を評価されたと同時に、同じく源義国の叔父源義光流の源氏一門であることが意識された結果の権限付与だったのかもしれない。幕府派遣の大将として活動した佐竹氏も同じ源氏一門として意識された可能性も十分にあると思われる。(52)

四

軍忠状は、将軍、守護および国大将、軍奉行など各レベルの軍勢指揮者がその証判者となっており、証判者からのみでは守護の在職徴証とはなし得ない。しかし、即時型軍忠状の証判者については確かに多様であるが、即時型軍忠状を連記複合して作成される一括申請型のそれに証判している大将は、ある程度限定されている。とりわけ一括申請型の軍忠状をもとに作成して提出される挙状の作成者は、守護ないし国大将であることは明らかであり、守護在職の徴証に数え得る数少ない軍事関係文書となっている。そこで畿内・近国における即時型軍忠状を除いた軍忠状証判者の検討から、畿内・近国戦域の幕府の戦功認定に足利一門諸将がいかに関わっていたかを考察してみよう。

建武二年末以来しばしば守護島津氏に率いられて上洛し、足利方として畿内・近国で戦闘行動の確認できる薩摩国国人の本田久兼の例を検討してみよう。本田久兼は、建武四年初頭からの越前金ヶ崎城攻略戦に参加し、同年四月付で正月十八日以来の軍忠を列挙した典型的一括申請型軍忠状を提出、(53)守護正員島津貞久の代官頼久の証判を受けている。(54)しかし同陣していたことが明らかな、やはり薩摩国の牛屎高元は、同年三月同じく一括申請型の軍忠状を高師泰に提出している。[55]このように同じく薩摩国から上洛し金ヶ崎攻めに参加した国人であるにもかかわらず、作戦終了後に同じ一括申請軍忠状の証判を受けるに際して、その提出先が異なっているように見受けられる。しかし当時の戦功認定手続きを考えると、同国薩摩から同一の戦闘に参加した武士の戦功認知は、同じ申請手続きをもって行われたに相違ない。このことを考慮すると、牛屎高元のみが金ヶ崎城攻囲軍主将たる高師泰直属軍に編成されて戦ったことを意味しない。そこで史料を掲げる。

［史料1A］[56]

　市河刑部太夫助房代小見彦六経胤軍忠事

右、為新田義貞誅伐、去正月一日高越後守殿御発向之間、属于村上河内守信貞手馳参、十八日・二月十二日合戦致忠候了、自三月二日者夜詰合戦、六日者自大手責入城内、及至極合戦抽軍忠上者、給一見御判、為備後証、言上如件、

　建武四年三月　日　　　「承了（高師泰）（花押）」

［史料1B］[57]

　市河刑部太夫助房代小見彦六経胤軍忠事

右、為新田義貞誅伐、村上河内守信貞去正月一日御発向金ヶ崎城之間、同馳参、十八日・二月十二日・十六日合戦等、毎度竭忠節候訖、殊自三月二日至于五日夜々詰合戦忠、六日又捨一命自大手責入城内、焼払対治上者、給一見御判、為備後証、言上如件、

　建武四年三月　日

「承了《村上信貞》（花押）」

ここに掲示した軍忠状両通は、いずれも当時の信濃国守護村上信貞に率いられて、金ヶ崎城攻略に参加した信濃国市河氏が、金ヶ崎城略取の建武四年三月六日後ほどなく提出した一括申請型の軍忠状であり、［史料1A］は高師泰、［史料1B］は、村上信貞が証判を与えている。1Aの高師泰証判の軍忠状にも「属于村上河内守信貞手」とあるので、実際に市河氏が所属して直接戦闘指揮を受けたのは、信濃国守護村上信貞であったことは確実と見られる。したがって、1Bに見るように村上信貞へも軍忠状の提出が行われているのであるが、このような、ほぼ同文の一括申請型軍忠状の二重証判制度はどのような意味を持っていたのであろうか。

南北朝期の軍忠状は大別して、一度の戦闘の軍忠について申告する型式と、掲出したような幾度もの長期間に及ぶ戦闘のそれについて申告する型式の二種類が存在する。その二型式を、時代的推移に伴う型式変化であるとする従来説の再検討と批判を通じて、軍忠認定の異なる手続段階の型式相違とすべきことを指摘したが、(59)当時の軍忠状の提出手続きは、即時型軍忠状を各戦闘ごとに提出し、その後証判を受けて返却された何通分かを一括して記す軍忠状を提出する段階的・重複的申請方法が一般的であった。

そこで、この手続方法から、市河氏の例を考察してみると、即時型軍忠状の証判を守護村上信貞や、軍事奉行などの直接指揮官が実施し、最終的な戦闘終了後の一括申請型軍忠状を、金ヶ崎攻囲軍の総指揮官高師泰がそれぞれ証判する方法をとっていたのなら理解しやすい。しかし、この場合では、同じ最終的一括申請型軍忠状を、同時点で二人の大将へ提出して各々の証判を受けているのである。国人の戦闘参加とその結果の恩賞給付は、守護挙状の侍所申達を経て、尊氏ないし直義の感状発給が行われ、足利尊氏の宛行下文の施行という経過をたどるのがこの時期の通例と見られるので、高師泰と村上信貞双方への軍忠状提出は、恩賞請求手続上からは意味がない。(60)したがって、外様守護指揮下の国人は、直接指揮者の守護のみならず、将軍の代理者として全軍を統督する高師泰にも軍忠状を提出しなければならないという、二重の証判制度が存在したことを推知できる。

さて、このように信濃国から村上信貞に率いられて金ヶ崎城攻囲に参加した市河助房代小見経胤は、建武四年三月、全く同内容の一括申請型軍忠状をそれぞれ村上信貞と高師泰に提出して証判を受けており、ほかにも同族市河親宗もまた村上信貞と高師泰に同文の軍忠状への証判を受けている。(61)さらに市河左衛門十郎経助が同様の方法で軍忠認定を受けていることも確認できる。(62)繰り返すように同一戦域に参集した同じ外様守護指揮下の武士に対する戦功認定の制規では、同じ手続段階をもって施行されたと判断されるので薩摩国の本田久兼の例では、守護代官島津頼久と、高師泰の証判軍忠状各一通しか現存していないが、信濃国市河氏と同じく、当然各々に同文の軍忠状を提出していたものと判断して誤りないであろう。この越前国金ヶ崎城攻略の際に見られるような、足利一門ないし被官出身大将と所属の外様守護両者に対する同内容軍忠状両通の提出証判という戦功認知の手続方法は、その後の畿内制圧戦においても明瞭に看取しうる。すなわち本田久兼は、ついで建武四年十月に、大和国での戦功を上申する軍忠状に当時大和国大将の石橋和義の証判を受け、(63)建武五年六月に、島津宗久と石塔頼房に、(64)さらに同七月には、前回申請以後の合戦について島津宗久と高師冬に対し各々同文の一括申請型軍忠状を提出して証判を受けている。(65)

一方、足利一門を守護とする指揮下の国人の軍忠状の証判制度には、このような同内容軍忠状両通を提出し、証判を受けている例は管見に入らず、足利一門守護ないし大将の軍忠認定は、一連の戦闘の一段落した後、国人から提出されてくる一括申請型軍忠状への証判と同時に、侍所への挙状を作成することによって完了していたものと想像される。たとえば、和泉国国人田代・淡輪・日根野等の各氏は、細川顕氏・高師泰・畠山国清と交替したそのつどの守護正員へ一括申請型軍忠状を提出し、(66)証判、推挙を受けている。その間彼らの提出した即時型軍忠状には、守護以外の証判者が証判を与えているものがあるが[67]、おそらくは、細川顕氏の代官都築氏などに確認されるように、守護代などの各戦闘の直接指揮官であり、同内容の一括申請型軍忠状二通の二重証判制を確認できるものはない。

以上のように幕府軍が畿内・近国を中心に大規模な軍事行動を行うに際しては、その軍事指揮権を軍忠状の提出状況からみるといくつかの特徴が看取される。まず、守護分国を持たないか、他国を管国とする足利一門の将が軍忠状の証判者として現れ、軍事指揮官として活動すること。次に、この事実の結果、建武四年の越前制圧戦、建武五年畿内制圧戦の際などに見られるように、各国御家人は守護正員ないし守護代官としての同族の大将に軍忠状を提出し証判を受けると同時に、高師泰など幕府軍を統轄する侍所、あるいは足利一門諸大将にも同内容の一括申請型軍忠状を提出して証判を受けている。これはすでに鎌倉末期の証判型式の着到状・軍忠状成立以来[68]、同文の文書二通を、別個の証判者に提出し返却されるという手続方法が確認されるが[69]、鎌倉末期の例では、南北六波羅探題に各々同時に着到状を提出したり[70]、元弘の鎮西探題討滅の際には大友・少弐などにやはり同文軍忠申状を別個に提出している[71]。しかしそれらの場合は二人の証判者は同格ないしそれに近い関係であり[72]、その二重証判制度の目的は、戦功認定手続きの正確さを期するために実施していたものである。しかしここであらたに指摘した南北朝初期の畿内・近国における二重証判制度の場合では、一方の証判者が足利一門ないし被官出身大将であり、他方は外様の守護ないしその代官たる軍勢指揮者との組み合わせであることに特徴がある。このような軍忠状の二重証判制度に見られる証判者の組み合わせからは、足利一門の大将を一方の証判者とすることによって、外様守護の指揮督戦と同時に、外様守護指揮下の武士の戦功の最終的認定に関与し軍忠認定権を掌握しようとする意図があると推知される。これは同じく建武四年から五年にかけての畿内・近国での戦闘について上申する軍忠状で、足利一門守護が率いる国人のものは二重証判制の確認できるものはないことからも裏付けられる。したがって、畿内・近国においては、恩賞給付に直結する軍忠状の制度を、すべて足利一門を通じて実施する体制をとり戦局全般の把握と軍事体制強化につとめたと考えられるのである。南北朝初期においては、全国規模での両軍の交戦により、主従制の重要な基本手続きであった戦功認定方式は、武士一人ひとりと尊氏が対面しつつ、本人の口頭申請で行うことは不可能であり、このような事態は蒙古襲来の際にすでに経験していたことでもあった。そのような時代状況の中で、幕府は、変形ながらも足利一門を将軍分身として位置付け、恩賞給付に直結する最終的な軍忠の証判認定に関与させることで補正しようとしたものとも評価されよう。(73)

畿内・近国において例外的に非足利一門の守護として存在した近江守護佐々木京極道誉は、管国内国人の朽木頼氏軍忠状の証判を施しているが、その建武五年閏七月の軍忠状は同年正月以来の戦功を列挙しており、「度々抜群軍忠」について「将軍家御教書幷陸奥守伊予式部太夫殿御感御教書」をすでに受理している旨を申告している。このことから朽木頼氏は、将軍家の軍勢催促状を受けた後、「伊予式部太夫」すなわち足利一門の大将斯波家兼に対してもすでに軍忠申請を行い、その結果感状を授与されていたことがわかる。この事実は、畿内・近国を最重要視する戦略的必要から、足利一門による同地域の戦闘全般の把握と非足利一門守護の指揮監督という体制を示したものと判断される。(74)(75)

また武士の戦闘参加による軍忠状の提出から恩賞の給付に至る中間過程では、感状の発受が不可欠であることから、さらにこの体制は、恩賞に直結する将軍尊氏の感状発給から実際の恩賞給付手続完了までの時間的経過に対応する意味でも、各地域に派遣されている足利一門が、臨機に感状を発給して国人層を慰撫し、その掌握を強固に維持しようとする意図もあったと思われる。したがって、近江守護佐々木氏の場合でもその国人の戦功認定は足利一門斯波家兼が関与し、感状授与という恩賞給付に至る重要な前提行為で国人と関わっていたことが明らかである。

一方、地方の戦線をみると、たとえば中国地方以外の一般外様守護、とくに伝統的豪族層出身守護の大友・島津両氏の場合、指揮下国人の軍忠状の証判は、各級指揮者の証判を受ける即時型軍忠状を基礎にして提出される一括申請型軍忠状への証判権を留保し、同時にそれを基に幕府侍所への挙状も挙達している。ただし足利一門大将が発遣されている地域では、当該地域の指揮下国人の一括申請型軍忠状の証判は、その一門の国大将が行っており、外様守護がなお軍勢催促権等を幕府より認められている場合でも、最終的戦功推挙の権限は一門大将の施行するところであったとみられる。したがって地方の戦域では、同文の一括申請型軍忠状の複数証判制度は確認できないのである。

守護以外の足利一門の大将が畿内・近国の制圧戦に際して証判を与えた例は多いが、分国を持たないか、分国外の武士に証判を与えた証判者として現れる足利一門・準一門および足利氏根本被官等出身大将は、小俣・仁木・高・山名・摂津・細川・石橋・吉良・高南・畠山・桃井・上杉・石塔の各氏である。(76) これらの諸大将が証判を加えたのは、着到状を除くと、いずれも即時型ではなく一括申請型式の軍忠状である。この事実は、単に個々の戦闘の直接指揮者であったことを意味するのではなく、挙状作成の実施など恩賞給付までの施行過程で、何らかの関与があったことを明示している。

五

以上検討してきたように、幕府成立期の軍事制度は、室津軍議およびそれ以前の篠村等の軍議に策定された足利一門の守護・大将の任用に際して、一般外様守護に比較してより大きな軍事指揮権が与えられ、彼らを中核としていたことに特徴があると考えられる。中国・四国地方では、管国を越えて戦闘を指揮し、内乱当初、外様守護には見られない軍勢催促状の発給および本来将軍の専権事項である感状の発給などを確認できる一門大将が存在する。また将軍意志の代行者としての端的な表現としての、兵粮料所の預置をはじめ種々勲功賞の行賞権の実施も、一般の外様守護に先行し、やはり内乱当初は足利一門ないし足利氏根本被官出身守護にほとんど限られていることも初期軍事体制の特質であったと判断される。

そして、この軍議策定による、一門諸将への権限付与と、その派遣という臨時体制は京都奪回の後も暫定的に持ち越されたものと推定される。なぜならば、室津軍議決定の諸将発遣の際に付与された一門の行賞権の行使は京都奪回後にも確認しうるし、感状および軍勢催促状の発給などが、尊氏・直義の発給を補完する形で行使されていると見られるからである。また、この観点でみると一門に準ずる武田・佐竹・赤松等、広い意味での源氏系出身守護の一部と、九州三人衆と称された少弐・大友・島津にもこれに次ぐ権限の付与が確認されるが、このような足利一門守護に準ずる軍事指揮権を付与された非足利一門外様守護がどの程度存在したかについては、東国地域を含めて言及できなかった地域の守護の個別検討とともに今後の課題である。

他方、軍議策定の際に足利一門の派遣を受けた中国地域の在来外様守護である朝山・厚東・大内の各氏には、軍勢催促状、感状の発給はほとんどみられないばかりか、着到状・軍忠状への証判すらも観応擾乱以前には見られない。この事実は、単純に史料残存の偶然性という問題に帰結すべきではなく、替わってこれらの国の国人の軍忠状への証判が、同地域に派遣されている足利一門に限られていることから、制度的に同地域の外様守護の軍事権限が制限されていたと理解される。そして畿内・近国については、院宣の発出を前提とするような、多数国の守護・国人を動員する大規模な幕府軍の軍事行動の際に発受された軍事関係文書を概観すると、外様守護に率いられた武士の戦功認定は、同文二通の一括申請型軍忠状の一方証判者として、足利一門の諸将も守護と並んで証判を行っている。こうした軍忠状の二重証判制度を通じて、国人の恩賞請求、給付の基本手続きに一門を関わらせ、また感状発給権を、可能な限り尊氏・直義に集中させると同時に、一門にもそれを補完する形で感状の発給権を与えている。このように将軍分身としての一門を国大将として、九州をはじめとする要地に派遣していただけでなく、守護として配置した一門にも上級大将として外様守護に優越する軍事権限を与えて、彼らを、畿内・近国に集中した体制で宮方勢力の制圧を目指したものと結論し得る。また当然このことから南北朝初期における守護の軍事指揮権は各国平均な権限ではないことも確認される。このため重要地域ほど一門諸将の集中配置傾向が看取されるが、やはり九州や、言及できなかった東国などでは前代以来の外様守護の軍事指揮権を掣肘出来ないまま起用せざるをえず、そのためそれらを統轄すべき広域的権限を付与した奥州総大将、関東執事や九州探題の設置を行って、迅速な軍事的対応や幕府意志の貫徹を企図したものとみられる。以上その時期を、足利方内部での軍事指揮権が錯綜する観応擾乱以前に限り、新田義貞・北畠顕家など宮方主力が健在な内乱当初における足利氏の軍事体制を検討した。その結果、軍事関係文書を通じて、従来の足利一門の大量起用という観点から一歩進めて、軍事指揮権については、地域的に少なくとも畿内から中国地域において、一門守護・大将の一般外様守護に対する上級権限を確認した。今後以上指摘し得た問題点について、前代からの制度を踏襲したものか、内乱期当初の足利氏の臨時の対応であったのか、を考えるために鎌倉期守護に溯っても検討を要するであろうし、九州三守護家同様の性格を有する伝統的外様守護の存在する関東府所在の東国についても考察しなければならないと思われる。また、その出身と軍事指揮権が、当該期守護の内乱過程における淘汰と、いかなる関係にあるのか、といった重要な課題も残した。そして、また一門に準ずる権限を付与された一群の外様守護層が存在したように、各守護個別の検討を充分に行って、一定の幕府意図の制度的結果か、慣習的なもののそのつどの地域状況に応じた適用の結果なのかも考えなくてはならない。しかし、守護・大将の軍事指揮権についてここで指摘した特徴は、従来の守護軍事指揮権の画一的、対等な付与権限であるとの認識を改める必要があることを意味するのみならず、観応擾乱以降を含めての足利幕府の軍事制度を体系的に考察する展望を開く前提であることを強調しておきたい。

註

（1）小川信氏①『足利一門守護発展史の研究』序論二、吉川弘文館、一九八〇年、②『岩波講座日本歴史中世2』所収「南北朝内乱」、一九七五年。
（2）拙稿「南北朝初期における守護権限の一考察」『古文書研究』二七。
（3）佐藤進一氏『中世の法と国家』所収「室町幕府の官制大系」、東京大学出版会、一九六〇年。
（4）備後守護・朝山景連については、『広島県史　中世編Ⅲ』「南北朝と室町政権」参照。長門守護・厚東武実については、「長門国守護職次第」。周防守護・大内長弘については不明であるが、『京大本梅松論』よりそれぞれ建武政権下における守護であった可能性が高いと判断されている。佐藤進一氏『室町幕府守護制度の研究』下の各国の項もまたそれらの意見を踏襲する。
（5）足利泰氏の子義弁を祖とする足利一門。
（6）拙稿前註(2)前掲論文。
（7）「染谷文書」建武三年二月十五日漆原三郎五郎宛連署奉書。「秋山家文書」建武三年二月十五日秋山孫次郎宛連署奉書写。『後鑑』所収「予州松山旧記」建武三年四月十五日萱生寺衆徒宛連署奉書写。「萱生文書」建武三年五月十五日村岡藤三郎入道跡宛連署奉書写等が発給されている。なお漆原三郎五郎および秋山孫次郎宛奉書は、漆原三郎五郎が実名兼有（『黄薇古簡集』巻六所収漆原三郎五郎兼有軍忠状）で、讃岐国井原荘にも所領をもつ阿波国人であり、また秋山孫次郎が、讃岐国人であることと、さらに両通が同日発給である事実から、室津から四国へ向かう船中か四国到着後間もなく発給されていると見られる。
（8）「毛利家文書」建武三年三月八日桃井義盛下文案。同日付で安芸国井原郷内一分地頭職および同国内安南郡郷司職について二通。
「熊谷家文書」建武三年三月八日桃井義盛下文。
「内藤家文書」建武三年三月八日桃井義盛下文案等。
（9）「詫磨家文書」建武三年四月二十五日仁木義長施行状。「比志嶋文書」建武三年四月二十七日仁木義長施行状。
（10）小川信氏『『梅松論』諸本の研究』（『日本史籍論集』下巻、一九六九年）所収、「六・流布本の特徴」一三〇—一三六頁参照。

(11) 前註(7)。

(12) 前註(7)。

(13) 前註(7)。

(14) 「大山祇神社文書」建武三年四月三日細川定禅書下。

(15) 「小早川家文書」。

(16) 「吉川家文書」。

(17) 前註(8)。

(18) 「吉川家文書」建武三年三月九日周防親家宛桃井義盛軍勢催促状。同「吉川家文書」同年三月二十四日吉川辰熊丸宛桃井義盛軍勢催促状。

(19) 「近藤家文書」。

筑後国黒木城凶徒誅伐事、属上野左馬助之手、可致軍忠之状如件、

建武三年三月八日　(尊氏)(花押)

荒木弥六殿

(20) 「竜造寺家文書」建武三年三月十八日竜造寺実善軍忠状。「来島家文書」建武三年三月二十日藤原数門軍忠状。「竜造寺家文書」建武三年四月五日竜造寺善智軍忠状等。

(21) 佐藤進一氏前註(4)前掲書、石見国参照。

(22) 「武久家文書」。

石州凶徒退治事、上野典厩今日九日御教書如此、早任被仰下之旨、相催一族等、不日令発何石州可致軍忠候、依仰執達如件、

建武三年九月十六日　沙弥(花押)

永富弥太郎殿

「武久家文書」。

長門国御家人永富弥四郎季有、於石見国黒谷城山手、抽今月十日同十一日合戦忠勤之条、軍奉行小笠原二郎五郎被見知畢、然早給御一見状、備向後亀鏡、且欲蒙忠賞、以此旨可有御披露候、恐惶謹言、

建武三年五月十八日　　藤原季有（花押）

「承了（花押）」（上野頼兼）

(23) 佐藤進一氏『中央公論　日本の歴史8・南北朝の動乱』室泊軍議参照。

(24) 「前田家所蔵天野家文書」建武三年七月天野遠政軍忠状に証判、日付では洛中攻防戦の最中であるが、この軍忠状は一括申請型であり、五月十八日、備中国福山城攻略について、「奉属当御手」とするので、正確には上洛以前の軍忠も含むが、長門在国の軍事指揮徴証は管見に入らない。

(25) 前註(1)前掲書①。

(26) 「武久家文書」。

(27) 「吉川家文書」建武三年七月吉川経明軍忠状。

(28) 軍忠状の証判からみれば、周防国国人の軍忠状の戦功認定の場合でも、石見発向の場合の軍忠状（「三浦家文書」建武四年八月二十七日平子重嗣軍忠状）には、上野頼兼が証判を施し、上洛中の場合には、いずれも山名時氏が証判を与えている（「三浦家文書」建武三年七月二日および、同年九月一日付平子重嗣軍忠状）。この同様の事例からも周防国守護大内長弘の軍事指揮権は、備後国・朝山景連、長門国・厚東武実とともに、少なくとも軍忠状証判という戦功認定に制限が加えられていたと判断される。また「三浦家文書」で建武三年七月二日付同文軍忠状の証判者は、軍奉行武田八郎と見られる。

(29) 「武久家文書」永富弥太郎宛厚東武実軍勢催促状。

(30) 拙稿前註(2)前掲論文。

(31) 「三浦家文書」暦応三年十二月十二日付鷲頭弘員請文。

(32) 拙稿前註(2)前掲論文において、建武初年の備後国守護正員朝山景連宛ての幕府発給の軍勢催促の御教書（「朝山文書」建武四年二月二十五日付足利直義軍勢催促状）の催促文言が、単に「相催一族」と記され、備後国人の同国内の戦闘指揮および戦功認定を安芸国守護正員武田信武が執っている事実からこれを指摘した。しかしその後、『史学雑誌』九七―五「回

顧と展望」で、『南北朝遺文』中国四国編を通覧すると拙論の論旨に合わない史料が散見される、として御教示をいただいた。その際には論旨に合わない史料の明示はなかったが、『室町幕府守護職家辞典』上の朝山家の項でも、同様の御指摘を受けたので、その点について明らかにしておきたい。論旨に合わないとされた文書は、①建武四年二月五日および②同十月二十八日、足利尊氏軍勢催促状両通、③建武五年二月十七日足利尊氏御教書である。これらはいずれも『朝山系図勘記』所収の写しであり、江戸時代の作成であって所収文書の多くに疑問があるという、同書自体の史料的価値に留意する必要がある。そこで同時期に発給された他の文書に徴して『朝山系図勘記』所収の文書①②③に、朝山宛てで、発給者が足利尊氏、そして「相催備後国地頭御家人」と写されている理由を③を例に明らかにする。

顕家卿以下凶徒、於天王寺、昨《十六》日大略討取、有没落、最早党人者尋捜之、且加誅伐、且可召取之、可相触備後国地頭御家人之状如件、

建武五年二月十七日　（尊氏）（花押影）

朝山次郎左衛門尉殿

『朝山系図勘記』所収の足利尊氏御教書であるが、九州において同内容の示達を行った同日ないし翌日の発給日付の文書が、一色範氏と少弐頼尚から六通ほど発給されているので（少弐頼尚発給施行状「薬丸文書」「岡本文書」「長野文書」、一色範氏発給施行状「武雄神社文書」「竜造寺家文書」「深堀文書」）、比較して問題点を明らかにしよう。これら九州での施行状に共通するのは、「下津・赤坂」で北畠顕家以下の凶徒を討ち取った旨を誤って告示したものであるが、足利尊氏御教書については「今月三日御教書案遣之」、または「今月三日御教書今日十六日到来、案文如此」と記す点にある。したがって、この件に関しての足利尊氏御教書正文の発給は建武五年二月三日の日付をもって発給されており、同十六日の日付を以て発出されたのは、これを受領した一色・少弐がさらに管国内各国御家人へ発給した施行状であった事実が明白となる。すなわち守護朝山景連に、二月十七日の日付をもって発給したのは、同書注記の足利尊氏ではなく、備後国に施行状を発給すべき立場にいた中国地方の上級大将であったことが確実である。おそらくは武田信武ないし上野頼兼と思われる。むしろその日付で受領している朝山は、九州の一般国人と同等の被通達段階にあった証拠でもある。これは、副進された示達の御教書の内容を写し、名宛人だけ自分の名前に替えて写したためであろう。念のために付け加えれば、このような理由で、本来国内御家人に動員権の付与されているはずのない家宛ての文書にも「相催国中地頭御家人」といった文言を持つ催促状の写しが

存在する（「相良家文書」建武三年二月四日等）。したがって、綸旨にあるように、軍事指揮権を有する守護正員および国大将に対する軍事催促状には、必ずその催促文言が記され例外はない事実を、唯一の証拠と判断すべきであると思われる。また『朝山系図勘記』③二月十七日文書の「昨日天王寺云々」とあるのも事実と反し、天王寺合戦は三月十六日のことであるし、①の文言に「兵庫津」とあるが、当時の文書史料では例外なく、「兵庫島」である。なお『南北朝遺文』では、慎重を期して疑問が確実な文書のみに検討を要する文書の指定を行っているが、その指定のないものは、検討を要しないという意味でないことは当然である。

(33)　建武三年における足利尊氏の九州よりの再上洛に際しては、軍勢催促状は、足利尊氏が発給し、これに応ずる着到状の証判は、高師泰が実施している。したがって、特定できる合戦についての軍勢催促状と、それに応じた着到状であることが判明していても、催促状発給者と、着到状証判者の間にある対応関係は流動的である。

(34)　軍事指揮権全般を付与される守護家では守護正員上洛中の、軍勢催促権、戦功認定権などの軍事指揮権は、守護代官が掌握するのが、通例であることは、拙稿前註(2)前掲論文参照。また、守護代官の任免が、守護正員の権限であることからも、守護代官の軍事指揮権行使を示す軍事関係文書は、守護正員の権限を示すものに他ならない。

(35)　守護管国内においても、同時に数ヵ所の戦闘箇所があれば、守護代および軍奉行など各級指揮官が、各々の戦闘地域の大将として派遣されて、直接戦闘の指揮を執るので、守護正員といえども、限定された一戦闘地域の指揮者として即時型軍忠状の証判者として現れる場合もありうる。また、一国内御家人を催促しえない国内軍事指揮権欠如の守護といえども、一族内での催促権は否定されていないのは当然であり、即時型軍忠状の証判は実施しうる。

(36)　九州守護などの例では、上洛などによる長期にわたる守護正員不在のためか、一族大将ないし守護代が代行して一括申請型軍忠状にも証判することもある。たとえば島津氏の越前発向に際しては、正員貞久老齢のため、代官頼久が、軍事指揮権全般を行使して、指揮下国人の一括申請型軍忠状への証判を行っている。

(37)　羽下徳彦氏「足利直義の立場」『古文書研究』六参照。

(38)　表の作成にあたっては、基本的には前註(37)前掲論文で示された見解を踏襲し、その方法に準拠した。したがって恩賞文言を含む軍勢催促状などは軍勢催促状として数える。しかし寺社宛ての祈禱命令を軍勢催促状と見做す見解もあるようであるが、ここでは従わず軍勢催促状として数えないし、また寺社宛ての警固命令も広義には軍勢催促状の範疇であるがやはり軍勢催促状には加えていない。しかし寺院衆徒の提出する軍忠状への証判などはこれを加える。

一方軍忠状と着到状については、文書中の着到文言の有無では分類せず、その実質的機能による分類とした。一例をあげる。

着到

吉川彦次郎経久申

右、為顕家卿誅伐、属御手、可発向海東之由被成下御教書間、自去正月廿日迄于今、警固黒地要害以下、致忠節候畢、以此之旨可有御披露候、恐惶謹言、

建武五年二月四日

進上　御奉行所

「承了（花押）」

（「吉川家文書」）

この文書のように、「着到」書出しを有するものあるいは、文中に「着到」の文言を持つもので、刊本等の文書名が「着到状」となっていても、その機能的性格から軍忠状とした。拙稿「着到状の基礎的考察」『史学』五四―二・三参照。

(39)　地域分類では、「A畿内・近国」の場合、幕府侍所直轄軍の行動範囲として、五畿および播磨・若狭・越前・丹波・丹後・但馬・伊賀・紀伊・伊勢・近江・美濃の各国とした。

(40)　羽下氏前註(37)前掲論文中の表も参考としたが、近年発見文書の加算や、文書分類の基準の相違あるいは、脱漏などの理由で過不足が生じ、集計の結果として若干数字に異同がある。

(41)　当該期に、軍勢催促状を発給した足利一門および被官出身守護ないし大将は、以下の通り。高師直・師泰、桃井義盛・盛義、岩松頼有、細川皇海・顕氏、上野頼兼、仁木義長、石橋和義、吉良貞経・貞家、畠山国清、一色道猷、小俣来全、今川助時。

この中で、「革島文書」建武三年九月二十七日催促状は、差出者に「宮内大輔」とのみある写しであるが、当時この官途を帯するのは、吉良貞経に比定される。

(42)　「朽木文書」。

(43)　近江守護の特殊性については、下坂守氏「近江守護六角氏の研究」『古文書研究』一二参照。

(44) 「朽木文書」。
(45) 仁木義長・一色道猷・畠山義顕・今川助時、このほかに九州侍所として佐竹重義・小俣道剰および、その被官斎藤遍雄なども発給している。
(46) 島津貞久、少弐頼尚、大友貞載・氏泰のほかに、それら一族、被官と見られるものが発給するものも存在する。
(47) 「立花家所蔵大友文書」元弘三年六月十三日足利高氏書下。
(48) 「禰寝文書」応永二年「京都不審条々」「……一、御感事ハ、就于注進、可有御沙汰云々」。
(49) 羽下氏前註(37)前掲論文。
(50) 足利一門の起用は、鎌倉幕府の北条一門重視のそれに倣ったと判断されるが、足利尊氏自身に源氏重視の価値観があったことは明白である。
(51) この点を含め、建武三年の足利尊氏九州落去中の畿内・近国の残留足利方諸将の動静については、機会を改めて論考を発表する予定である。武田信武については、問題点もあるが、畿内に残留した模様である。
(52) ただし、表2B中の佐竹重義の発給は、九州侍所職員としてのものである。
(53) 『薩藩旧記』十九所収「本田文書」。
(54) 山口隼正氏『九州守護の研究』文献出版、一九八八年、第九章五〇三～五〇四頁に、「相催一族幷大隅、薩摩両国軍勢」という型の催促文言を含む幕府催促状は、宗久および貞久宛てのものしかないとされるが、『薩藩旧記』十九所収「出水家文書」建武四年四月二十二日島津孫三郎頼久宛足利直義軍勢催促状には、「相催当国地頭御家人等」と明記され、前年からの越前国発向についても薩摩国御家人の指揮にあたっている事実からも、この時期の薩摩国の軍勢催促権、戦功認定権は、島津貞久から頼久へ委任されていたことが確認される。
(55) 「牛屎文書」。
(56) 「市河文書」。
(57) 「市河文書」。
(58) 佐藤進一氏『室町幕府守護制度の研究』上、信濃国の項参照。
(59) 拙稿「軍忠状に関する若干の考察」『古文書研究』二一（『日本古文書学論集7　中世Ⅲ』所収）。

(60) 島津氏は、国許の合戦に関しては、国人の挙状を幕府侍所に上申しているし(「禰寝文書」康永元年十二月十一日島津道鑑挙状)、一方の高師泰は、守護挙状を受理する侍所頭人である。
(61) 「市河文書」。
(62) 「市河文書」。
(63) 『薩藩旧記』十九所収「本田文書」。
(64) 『薩藩旧記』十九所収「本田文書」。
(65) 『薩藩旧記』十九所収「本田文書」。
(66) 小川信氏「南北朝内乱」(岩波講座『日本歴史』中世2二「内乱の展開と足利方の優勢」)、「田代文書」、「淡輪文書」、「日根文書」。
(67) たとえば、「日根文書」乾、建武四年二月三日日根野道悟軍忠状の付箋に、証判者花押は「いつみの守護代つつきの二郎左衛門」とあり、当該期の守護正員細川顕氏の守護代都築量空であることが確認される。
(68) 拙稿前註(38)前掲論文。
(69) 拙稿前註(38)前掲論文。
(70) 百田昌夫氏「丹後国御家人日置氏の文書について」(第十五回日本古文書学会大会報告、昭和五十七年六月十三日)。
(71) 元弘三年八月、「三原文書」三原種昭申状。「中村文書」同中村栄永申状等。
(72) 軍事指揮権そのものについて触れられていないが、南北六波羅探題の関係については、森幸夫氏「南北両六波羅探題についての基礎的考察」『国史学』一三三参照。
(73) この時期の軍忠申請は、本人の口頭申請であり、恩賞給付過程で何らかの障害、遅延が生じた際だけ、申状による申請が行われたようである。拙稿前註(59)前掲論文参照。
(74) 畿内における足利一門守護の集中性は、きわめて顕著であって、観応擾乱以前では、摂津国に赤松氏が一時期在職するのみ。
(75) 「朽木文書」。
(76) このうち、高師直・師泰の証判する軍忠状は、幕府軍編成の際に侍所直率下に編成された国人の提出したものが多く、「属侍所御手」と記すものが多い。小俣・摂津の各氏の証判も同様に施行されたと見られる。

第三部　室津軍議と守護制度

第一章　室津軍議と備前守護

南北朝初期における備前守護に関しては、現在までのところ暦応年間を上限とする松田盛朝の在職徴証が初見史料(1)とされているようである。

『室町幕府守護制度の研究』下の備前国の項では、南北朝期の備前守護の在職徴証としては、暦応二年八月二十八日の将軍家執事高師直施行状の名宛人が松田備前権守となっていることから、これを南北朝期の同国守護の初見史料としており、他の守護表などでもこれを踏襲するものが多い。(2)また『梅松論』の室津軍議の記載から、建武三年段階から備前に松田盛朝が大将ないし守護として差遣されて以来同国守護人となったと考えるものもある。(3)

そこで本章では、『梅松論』室津軍議で策定されたと伝える内容と、文書史料から徴証の確認しうる実情とを概観し、備前国安養寺所蔵文書の関連史料から、(4)建武三年の赤松氏守護在職の事実を指摘して、備前国でも他の山陽道諸国と同じく守護・大将併置であったことを明らかにする。

全国支配の根幹となった初期足利幕府の軍事制度の基礎は、室津軍議によって決定されたといわれている。しかし従来言及注目されていなかったが、この軍議決定に先んじて丹波篠村で軍議が開かれている事実を看過すべきではないのである。篠村軍議については次章で述べるが、室津軍議の性格を再確認する上で、この篠村軍議について言及しておく必要があると思われる。(5)足利軍主力の九州落去を急遽決定する直前、すなわち建武三年一月三十日に行われた丹波篠村軍議策定による京都包囲のため、近隣諸国に派遣配置された諸将が存在するのである。篠村軍議では当面の短期的戦略として京都を包囲奪回するという方針が決定されたと『梅松論』に記すものの、具体的な諸将の氏名やその配置は伝えていない。しかし後に提出された軍忠状等から確認すると、この策定実施のために配置されたと思しい諸将と作戦担任地域を推定すると次のようなものである。近江―岩松頼宥、(6)丹後・但馬―今川頼貞、(7)丹波―仁木頼章、(8)山城・摂津―武田信武、(9)遠江―高師兼・師秋、(10)三河―吉良貞経、(11)紀伊―石塔義慶。(12)当然これ以外にも配置された大将が存在した可能性が高いが、現在確認できるものは以上の事例である。『梅松論』によると、室津軍議に先立つ建武三年一月三十日の丹波篠村での軍議では、兵庫に主力を移動して態勢を整備し、京都周辺に諸将を包囲配置して奪回のための再攻撃を準備することが策定されている。この軍議の結果、京都を包囲すべく周辺に配置されたのがこれらの諸大将であったと考えられるが、任務の性格上、彼らは国大将として派遣されたと思しく、かつ領域的には当然一国のみを活動範囲として限定されている訳ではなく、広域的に複数国の国人を指揮下に置いて行動していることが窺える。しかしこのことは、むしろ周辺諸国から個別に参集してくる国人を、その出身国にかかわらず状況に応じて指揮下に編成していった事情を反映していたものと理解したほうがよいであろう。これらの諸将の任務は、当初この京都の同時包囲攻撃にあったのだが、その後、尊氏直率の足利軍主力が、瀬川および西宮・打出浜などで敗北した結果、篠村軍議で打ち出された作戦方針が実施し得る見込みがなくなったばかりでなく、尊氏の九州落去が急遽決定し、その配置部署に残留を余儀なくされたのである。以後の経過を見る限り、尊氏再上洛までに彼らの中で、有効な作戦行動を実施し得たのはむしろ例外的存在である。したがってこれらの諸将が残留を余儀なくされた事実から逆に推定すると、彼らの作戦地域への派遣は正月三十日の篠村軍議直後だったに相違ない。この中では、今川頼貞の活動が比較的顕著であり、播磨国から丹後・丹波国等を転戦して足利尊氏再上洛の際には、諸国の国人を率いて丹波方面から京都へ侵入することに成功している。また高師兼・吉良貞経等は関東への連絡確保のため、三河・遠江で新田方と交戦して東海地方の足利方拠点の守備に努めている事実も確認される。これ以外では、その地での発給文書が残存しているなどの存在の事実を示す徴証が確認できるものの、指揮下国人が後日提出した軍忠状にも供奉の事実と期間を述べるにとどまり、具体的戦功の記載を欠き、(13)逼塞状態で潜伏していたものと推知される。このような経過はすべて、足利尊氏の九州落去が既定の戦略方針などではなく、戦況の逼迫によっていかに慌ただしく決定されて行われたかという事情を反映している。これらの諸将はおそらく主力の戦略方針の大転換による一時全面撤退という変更についても事前の連絡を受けることなく置き捨てにされたのであり、その後の成功、不成功は、各部将の力量と地域的情勢のいかんによったと思われる。

さて建武三年正月の末に京都攻防戦に敗退して丹波に一時撤退した足利方が、九州に落去するまでの動向では、大きく次の三つの段階で方針の変更および決定がなされている。

1、篠村軍議―京都周辺諸将配置、(14)2、足利軍主力兵庫島撤退決定、3、室津軍議。1は正月晦日の洛中合戦の敗績、2は瀬川、西宮合戦の敗績の結果方針変更を余儀なくされたものであるが、厳密にいうと、九州落去は兵庫撤収決定の後に定められている。このように兵庫出奔の後間もなく策定された室津軍議では、先の篠村軍議の決定を捨て、あえて派遣諸将を残置した上で、主力が兵庫を撤退するという事態の後に行われている。このような経緯から想像すると、室津軍議の主眼は、京都奪回の大局的見地に立った遠大な戦略というよりは、宮方追撃軍の阻止を急務とする策定であって、現在のこの軍議に対する歴史的評価は、その後の守護・大将制度の制定と京都再占拠の成功などのその後の事実経過からみた結果論に大きく影響されて過大な印象を与えているようである。

また室津軍議は、室町幕府の守護・大将制度の基本的枠組みを決定したものとして評価されているが、別の観点からこの軍議を考えてみるといくつか疑問があることが分る。まずこの軍議を伝えるのは『梅松論』であるが、軍議で大将が派遣されたとする諸国以外の国には大将は派遣されなかったのか、という問題がある。また次に『梅松論』の記す軍議の決定内容と、実際に残存する文書史料から確定し得る事実との相違、という疑問もあるのでこれらの問題を併せて検討してみたい。

さて『梅松論』(15)の伝える中国地方の瀬戸内海沿岸諸国への大将の派遣を再確認してみよう。

播磨—赤松、備前—石橋和義・松田一族、備後—今川顕氏・貞国兄弟、安芸—桃井盛義・小早川、周防—新田大嶋義高・守護大内長弘、長門—斯波高経・守護厚東武実。

このように『梅松論』で派遣を伝える国は、播磨・備前・備中・安芸・周防・長門および四国であって、伯耆・因幡・出雲・石見・美作・備後の国名はない。

このうち周防・長門は事前の室津軍議の策定では、守護・大将併置が明記されている。安芸では足利一門大将桃井盛義が、国人小早川氏と派遣されている。守護としては、武田信武が足利軍主力の撤収を支援して殿軍として八幡山に残留して奮闘していたことから、いうまでもなく足利方守護としてはその地位を保ったままであったと判断される。つまり『梅松論』室津軍議の記載を組み合わせて推定すると、安芸では守護武田と大将桃井の守護・大将併置であるということになる。次の備後であるが、『梅松論』室津軍議には実は備後国としては記されず、誤って備中国として鞆尾道に今川三郎四郎兄弟を派遣したと記す。事実、備後国尾道の浄土寺には、今川顕氏・貞国連署奉書が発給されている(16)ので、備中国を併せて所管した可能性はあるかもしれないが、直接所在したのは備後尾道であると考えられる。また備後国守護正員としては朝山景連が存在しているので(17)、実際は守護朝山と大将今川の守護・大将併置である。

一方、派遣の記載のない国においての状況としては、石見では足利一門の大将上野頼兼の建武三年五月十日以来の活発な軍事行動が確認され、(18)美作には大将三浦介(19)が軍勢とともに足利本軍に合流したとする『梅松論』の記述が、室津軍議の記載から少し後の部分でみられる。また当時の軍忠状や申状および挙状などを通覧すると、畿内以西の播磨に接する但馬でも、前述のように部将今川頼貞が播磨から仁木等とともに転戦して京都北西部から洛中に進攻したことが知られる。(20)また出雲でも鎌倉末期以来塩谷高貞が守護である徴証(21)があるので『梅松論』にも記されず、かつ文書史料からも当該期の足利方大将の軍事指揮徴証が確認できないのは、因幡・伯耆の二ヵ国にすぎない。中国地方九ヵ国と播磨と但馬さらに四国という広範囲の地域にすべて足利方諸将が活動する中で、因幡・伯耆の二ヵ国のみ大将の発遣が行われていなかったとは考えにくいが、この時期の足利一門大将は、活動の広域性と指揮下国人の出身国の多様さが確認できるので、この二ヵ国の国人も、近隣に派遣された大将の指揮下にあった可能性も高い。

このようなことから室津軍議の性格と『梅松論』の著者の重視した点、それはすなわち当時の宮方、足利方双方共通の軍事的常識でもあったに相違ないということが明確化してこよう。実際には東海、京都から九州に至る広範囲で足利方派遣諸将の活動徴証が散見されるにもかかわらず、『梅松論』に明記されているのは山陽道諸国と四国であり、中国地方でも山間中央部および山陰道諸国には全く言及していない。この事実は、この軍議の目的の最も大事な点が、瀬戸内海沿岸諸国の確保にあり、足利氏の死命を制するという当時共通の認識があったことを明示している。繰り返し強調するがこの軍議のねらいは、尊氏が落去した九州への征討軍の追撃阻止であり、このため瀬戸内海の制海権の確保が命題となっていたと考えられ、その結果として諸将派遣地域は山陽道各国および四国が重視されたのは当然の帰結といえよう。

したがって、室津軍議の最重要課題である瀬戸内海制圧に必要な中国地方の瀬戸内沿岸諸国は、残存文書の徴証と『梅松論』双方から再確認すると西から長門・周防・安芸・備後とすべて守護・大将併置が決定された事実が明らかである。このように検討してみると、敵側と対峙する前線で、最も重視すべき備前国のみ足利一門大将の石橋和義単独の派遣というのは不自然であると思われる。すなわち当時の状況としては、瀬戸内の管制という前提から、山陽道諸国にはすべて守護ないし大将が設置されたはずであり、備前国以西では、瀬戸内海に面するすべての国で大将・守護の併置であることからも、備前でも大将以外に守護が存在した可能性もまたきわめて高いと判断されるので、この点について備前安養寺所蔵の関連文書を紹介して検討する。

備前安養寺にはこの時期の当国守護に関する重要な文書三通と、当該期の文書が他にも数通存在する。

［史料1］

備前国安養寺衆徒等申

欲早被寄附料所於当寺、弥致御祈禱興行寺家子細事、

副進

一通　赤松入道吹挙状案　今月十七日御祈禱
並軍忠所見

右当寺者為信源上人草創之地、本尊者弥陀観音尊像利生之願惟新、鎮守者山王七社擁護之恵掲焉也、依之為武家御祈所代々御崇敬之砌也、爰衆徒等致種々勤行、奉祈　将軍家御願成就之旨、剰自当国至于京都度々御合戦抽忠勤畢、其段且赤松入道吹挙状分明也、謹備右、就中自去年十二月廿九日以来、自国他国軍勢日々令宿当寺之間、或以仏性燈油料足為軍兵之儲、或以僧侶止住資縁擬人馬之粮、加之壊温屋為楯、破房舎為薪、是故一寺忽令衰微者也、雖然無愁寺家零落、偏抽祈精丹誠、不顧衆微力、専致合戦忠、労勤功忠異他、争不預忠賞哉、将又今月十七日午剋厳重霊瑞在之、社頭頻鳴動、猛風忽吹而白旗三流現虚空、人皆所感見也、旗者軍之標幟也、是非祈精叶冥慮御方令乗勝給之瑞相乎、尤可有御帰依者也、然早被寄料所於当寺、殊廻寺家興行之謀、増為致御祈禱之忠、

粗言上如件、

建武三年三月　日

（『岡山県古文書集』26）

［史料2］

安養寺衆徒等申状案

（史料1と本文の文言同文で、末尾年号のみ異なる）

建武三六月　日

（『岡山県古文書集』27）

［史料3］

安養寺勧請山王権現可有御帰依事

右去年三月比、当国大将軍尾張左近将監殿自児嶋可奉致　将軍家御祈禱之旨被相触之間、始同十一日七ヶ日間、一寺衆徒等於山王御宝前致種々之勤行抽御祈禱之処、同十七日相当結願日、於社頭白幡三流現虚空、云徃反之輩云住民等各々感見之、同廿日将監殿御入三石城之時御逗留于当寺之間、件白幡者山王三聖定被顕御方可令乗勝給之瑞相歟之由、衆徒等令言上之処、為当国守護並加治新左衛門尉奉行被召尋奇瑞感見之輩、殊有御信仰、弥可致懇祈之旨蒙仰畢、依之三石城墎無為、将軍家御上洛無事矣、而今依御方御忠、当庄御管領之上者、尤可有御崇敬者也、

（年欠）

（『岡山県古文書集』34）

［史料4］

寄進　安養寺

備前国藤野保内国衙分田地弐町事

右所者、為御祈禱料足所奉寄進当寺也、然者早可被抽忠勤之状、依仰執達如件、

建武三季四月十一日

左近将監源朝臣（花押）（石橋和義）

（『岡山県古文書集』24）

これらの史料を通覧すると、［史料1］と［史料2］は年号が建武三年の三月と六月で異なる他は、若干の字句の異同があるもののほとんど同文同内容である。これらの申状両通の内容で最も重要な主張として力点が置かれているのは、将軍家のための祈禱を七日間行った結願の日である今月十七日に、白旗が空中に出現した奇跡について、これは将軍家にとっての奇瑞であり、祈禱の結果であるからとして恩賞を請求する点にある。そして具書として赤松入道の挙状が副進されているが、推挙の内容として、今月十七日御祈禱と軍忠所見が併記されているのである。

では、この文書が作成された時期的背景から確認してみよう。建武三年三月頃は、同年二月十二日夜半に足利尊氏が兵庫島の陣を撤収して九州落去中であり、以来、備前、播磨では、残留した足利方と宮方追討軍が随所で交戦中であった。播磨では三月十六日に赤松、新田両軍の戦端が開かれ、赤松支援のため足利一門今川頼貞が、播磨国人広峰氏を指揮下に播磨加西郡付近で活動中で(22)、さらにこの動きに策応して、四国から淡路を通過して播磨の要衝大蔵谷へ進出した細川頼春の牽制行動も確認される(23)。

また申状では去年十二月二十九日以来諸国の軍勢が寺域に駐留して損失を受けたことを述べている。この時期につ

いては、たとえば安芸国では足利方守護武田信武証判の着到状および軍忠状の日付から、建武二年十二月二日には国人の集結が開始されており、(24) 備前でもこれ以前には足利方の軍兵が大挙集結中であったことは当然であると思われる。そして［史料3］の年欠文書であるが、文頭に「去年三月比」と記し、［史料1・2］で記述するところの将軍家への祈禱と白旗出現の奇跡について記しているので、本文書の作成年代は建武四年にかかるものと断定し得る。

この申状では、「尾張左近将監」、すなわち石橋和義が児島から備前三石城へと転戦移動した経過が述べられており、室津軍議で決定された同人の備前発遣の事実が裏付けられる。すでに述べたように当該期の足利方の軍事体制の特徴として、足利一門諸大将には、外様守護の軍勢大将と比較して、とくに大きな軍事指揮権が付与されていたのだが、石橋和義も当然将軍分身としてこの方面の上級大将として行動したものと推定される。また［史料1・2］には赤松入道の挙状の存在しか記されていないが、この［史料3］では石橋和義は「当国大将軍」と表現され、安養寺に将軍家の祈禱命令を伝達したのは児島に在陣中であった同人であったことも判明する。さらに、奇跡の見られたという三月十七日直後の、同二十日には石橋和義自身三石城に入り、かつ安養寺に逗留したという表現からは、軍勢を城に入れ大将は寺に居住したというような印象をうけるが、この時期の軍事的緊張がそのようなことを許す状況下にあったかどうかは不明である。あるいは逗留という文言を用いてはいるが、ただ寺に立ち寄ったことを表現するだけかもしれない。逗留の日時は文面からは確定しえないが、三石に二十日に入城の事実を衆徒が承知していたことと、同寺までの距離が至近なことの二点を考慮すれば石橋和義が安養寺を訪問したのは、同日二十日か、翌日であった可能性は高い。また『梅松論』が伝える室津軍議で、備前の松田氏は三石に派遣されたとするが、石橋和義に同行したと思われる同氏についての言及はない。さて、［史料3］申状で最も重要なのは、ここで衆徒が数日前に起きた空中に白旗が出現した奇瑞について口頭で報告したところ、石橋和義は、「当国守護並加治新左衛門尉」を奉行として事実審理を実施したとする点である。本文書では、石橋和義については、冒頭に「当国大将軍尾張左近将監」と記しているので、後半に表記される「当国守護」とは別人であることが明らかである。したがって、奇跡の目撃者に対して奉行人として事情聴取を行ったのが、当国守護と加治新左衛門尉であったと記されている事実から、建武三年三月二十日時点で、備前国に足利方によって補任された守護正員が存在したことに疑問の余地はない。

［史料4］は、石橋和義がこの審理の結果として、安養寺に備前藤野保内国衙分の田地二町を寄進した寄進状であると推定される。本文書にはこの件との関連を記していないから、この寄進が、奇瑞に対する恩賞として与えられたものではないかもしれないが、両文書が時間的にきわめて接近していることから無関係とは考えられない。しかし寄進状が当該期の通例と比較するまでもなくきわめて迅速に発給されているので、このように奉書型式をとってはいるが、一つには、尊氏がいまだ九州在陣中で中継し裁許伝達が困難なこと、次に、時間的経過が短すぎることの二つから、事実としては石橋和義の独自裁量による給付であったことは間違いない。つまり、室津軍議派遣の足利一門大将石橋和義が行賞権限を独自裁量で行使しうる立場にあったことが確認できる。ただし、［史料2］の作成年月日を建武三年六月とするならば、本寄進状受理の後に再度の申状が提出されたということであって、わずか二町歩の田では寺として奇瑞現出の恩賞としては不満と判断したものであろうか。

さて、このように、建武三年三月ごろには、備前国には石橋和義が大将として行動中であり、同時に守護も設置されていた事実も明確となった。そこで［史料1・2］に記されているように、近辺に同陣していたはずの松田氏ではなく、赤松入道が挙状を安養寺衆徒に与えている事実に注目したい。いうまでもなくこの申状は恩賞請求を目的としているから、この時期の多くの国人が作成する軍忠状の最終型式、あるいは恩賞沙汰遅延による訴訟としての申状と同じ体裁を採用している。具書として軍忠申告の申状に副進された挙状の作成主体は、広域的な軍事活動を行う足利一門大将か、各合戦の即時型軍忠状をもとに提出される一括型のそれに証判を施す守護以外ありえないから、安養寺衆徒の「今月十七日御祈禱并軍忠所見」に関して推挙している人物こそ備前国守護正員に他ならない。したがって赤松入道が建武三年当時の備前守護であった事実が明らかとなるのである。

この赤松入道とは、赤松円心のことであると考えられるが、この時期に戦われた白旗城攻防戦で同城に籠城中であった赤松円心が安養寺へ赴くことができたかどうかについて、以下若干付言したい。この三月二十七日新田義貞が播磨一宮伊和神社に禁制を下しているが、(26)同文書正文は同国弘山安楽寺御堂で作成された旨の奥書があり、少なくとも二十七日にはすでに播磨国宍粟郡地域が宮方軍主力の制圧下に入った状況が判明する。事実、播磨国斑鳩および周辺での両軍の交戦開始が確認されるが、新田方の石見国周布兼宗の軍忠状(27)によれば、三月十六日に新田軍に着到し、白旗城攻防戦は、同月晦日から開始されたと記している。赤松勢にあった播磨国人島津忠兼の軍忠状では同月十六日には平野部にある斑鳩での戦闘に参加し、最初から五月十九日まで籠城したと申告して赤松円心が証判を与えている。この島津忠兼軍忠状では、白旗城での戦闘開始の日付を知ることはできないが、十六日には平野部で交戦しているから、籠城はその後のことであることだけは間違いない。そして五月十九日以前までは同城の攻防が継続したのであるが、宮方は新田義貞以下主力をもって攻囲しつつ、一方で部将脇屋義助、大井田氏経、江田行義等をしてさらに西方に進出せしめ、各地に散在する足利方拠点の制圧につとめたので、石橋和義の三石城も攻囲されるに至った。このように、問題の三月十七日の奇跡の直前の十六日には、赤松円心は播磨国中部平野で戦闘を行っており、白旗城攻防の開始は同月晦日であると新田方の周布兼宗が軍忠状でいっていることから、籠城までの間に一〇日間余りあって、石橋和義の命を奉じ奉行として加治新左衛門尉とともに、奇瑞の実検に安養寺へ赴く時間的余裕はあったと推測されよう。

さて以上のように、安養寺所蔵の建武年間の文書を検討した結果、建武三年三月には赤松円心の備前守護在職が確認され、足利一門大将石橋和義とともに同地域確保につとめていたと判断され、備前国も守護・大将併置であった事実が判明する。このことは、『梅松論』の伝える室津軍議の内容とは少しく異なるから、同軍議を評価する上では、見落としてはならない。そして、九州落去の際に議定された室津軍議は、宮方追討軍の阻止と再上洛のための体制整備を目的とした結果、当該期における山陽道諸国がすべて守護・大将の併置制度であった事実が明らかとなった点で重要であると思われる。

註

（1）佐藤進一氏『室町幕府守護制度の研究』下、同国の項参照。
ここで佐藤進一氏は「備前安養寺文書」を引用され、「備前には国大将・守護の政策がとられたことは明かである。……」としながらも『太平記』巻十四の記述から守護には松田盛朝を推定され、吹挙状発給者の赤松については言及されていない。

（2）『大徳寺文書』暦応二年八月二十八日付将軍家執事高師直施行状。

（3）吉井功兒氏『建武政権期の国司と守護』（一九九三年、近代文芸社刊）、角川書店版『日本史辞典』他。

（4）「備前安養寺文書」は『岡山県古文書集』第一～四輯に所収されているが、『岡山県史　史料編』の中世編には抜粋だけである。今回安養寺ご住職のご好意により同寺に伝存する中世文書のすべてを拝見することができた。

（5）建武三年正月三十日丹波篠村軍議と派遣諸将の問題については、拙稿「成立期室町幕府軍事制度の一考察―室津軍議以前の畿内近国における諸将配置について―」（『山脇学園短期大学紀要』二八所収）を参照していただきたい。本章では必要部分を紹介再説するにとどめる。

（6）「小佐治文書」建武三年六月岩松頼宥証判小佐治基氏軍忠状。
拙稿前註(5)前掲論文では、小佐治基氏軍忠状証判者を岩松頼宥とし、頼宥は同人であろうと推定したが、頼有（頼有）と直国の関係については同人説（千々和実氏）、異人説（寛政重修諸家譜等）があって定かでない。

（7）「広峰文書」乾　建武三年五月広峰昌俊軍忠状今川頼貞証判、「広峰文書」乾　建武五年四月三日今川頼貞請文、「三宝院文書」暦応三年五月二十七日今川頼貞請文等。
（8）「片山文書」建武三年二月三日仁木頼章軍勢催促状、「西源院本太平記」には、「……丹波国ニハ……仁木頼章ヲ大将トシテ……」とある。
（9）『毛利家文書』永和二年五月毛利元春自筆事書案、拙稿前註（5）前掲論文参照。
（10）『熊谷家文書』建武四年八月野本鶴寿丸軍忠状。
（11）『古文書集』三　越後高田榊原式部太夫家旧蔵仁木義長軍忠状。
（12）「熊野速玉神社文書」建武三年二月二十一日付熊野山新宮神官宛および熊野山新宮衆徒宛石塔義慶下文二通。
（13）『熊谷家文書』建武三年六月二十五日朝倉仏阿軍忠状他。
（14）「真乗院文書」延元元年三月和田助康軍忠状では豊島河原（瀬川）合戦は二月十・十一日両日の戦闘として軍忠申告している。足利方として戦闘に参加した史料としては、「入江文書」建武三年八月田原直貞軍忠状では二月十一日に打出山で合戦したとし、『萩藩閥閲録』建武三年二月周布兼宗軍忠状では十日に西宮浜手で合戦したとしている。
（15）『梅松論』の史料的考察は、小川信氏「『梅松論』諸本の研究」（『日本史籍論集』下巻、吉川弘文館、一九六九年）参照。
（16）「備後浄土寺文書」建武三年三月四日付で、大田弥五郎と椙原淡路守宛てに備後浄土寺に対し因島地頭職の下地打渡を命じた連署奉書二通が残されているが、『南北朝遺文』では発給者を細川顕氏と畠山貞国に比定している（『南北朝遺文』中国・四国編二七一・二七二号）。そしてこの両使宛ての施行に応えて、同三月六日に大田貞冬、同七日には椙原泰綱の請文が各々「御奉行所」宛てに提出されている。請文との日付の関係から施行状発給者の二名は大田、椙原両名の所在地に至近の場所で「御奉行所」を設置して活動中であったことを推知しうるので、連署奉書発給者二名の所在地は尾道がふさわしいであろう。しかし本文書の一方署判者である「源顕氏」の花押は、細川顕氏のものと全く相違しているのみならず、同人は同年二月十五日讃岐・阿波両国、四月十五日伊予国、五月十五日阿波国等四国国人に細川和氏との連署奉書の発給が認められ、四国で継続して活動中である事実が確認される。したがって他の文書で今川顕氏の花押を確認できないが、『梅松論』の記述にもあるように浄土寺文書の「源顕氏」は、今川氏の顕氏に比定されるであろう。
（17）当該期の備後国守護正員は朝山景連であるが、軍事指揮権が制限されていた。拙稿「南北朝初期の守護権限の一考察」『古文書研究』二七。

(18)上野頼兼の活動徴証としては、建武三年三月八日の筑後国荒木氏宛ての足利尊氏軍勢催促状(「荒木文書」)に、上野頼兼に従って行動すべき旨が記され、同国黒木城合戦に参加した国人提出の軍忠状には同人が証判を与えている。日付の下限は四月五日の竜造寺氏の軍忠状に対する証判である(「竜造寺家文書」建武三年四月五日竜造寺実善軍忠状)。

次いで五月十八日には石見国人永富氏の石見国内での軍忠状に証判を行っており、同月十日以来戦闘指揮を執っていた事実が判明するので(「武久文書」建武三年五月十八日永富季有軍忠状)、上野頼兼の石見移駐はこの間である。中国地方に転戦した後の上野頼兼は、周防大内氏・長門厚東氏などの外様守護をその指揮下におく上級大将として活動した。拙稿前註(17)前掲論文参照。

(19)田辺久子氏『室町幕府守護職家辞典』下、三浦家の項によると、当該期には三浦高継が美作守護とするが、根拠となる「紀伊三浦文書」建武三年四月二十七日足利尊氏軍勢催促状は検討の要ある文書とされているので、文書史料で同人の美作国での軍事指揮権保有の確実な徴証となるものは管見に入らない。同人が実際に派遣された可能性としては首肯し得るが、後考に俟ちたい。

(20)前註(7)(8)参照。前掲「広峰文書」および「片山文書」。

(21)「佐草文書」建武三年四月六日塩谷高貞遵行状。

(22)前註(7)前掲「広峰文書」。

(23)『黄薇古簡集』巻六、建武三年四月二十一日漆原兼有軍忠状。

本文書は『大日本史料』六編の三『阿波国徴古雑抄』、『南北朝遺文』中国・四国編に各々所収されているが、文書名が浅原兼有軍忠状となっていた。しかし、「染谷文書」建武三年二月十五日の細川和氏・顕氏連署奉書をみると漆原三郎五郎宛てに阿波国勝浦に勲功地を宛行って(これは後に三浦和田氏と相論となり、「中条家文書」に足利直義の裁許状が残されている)おり、また『鎌倉遺文』永仁四年漆原兼敦譲状には、阿波国富吉荘が同氏の散在所領であった事実が確認されるので、本文書の三郎五郎兼有は漆原氏である事実が明らかとなる。おそらく「浅」と「漆」の草体が酷似していることからの誤りで、『黄薇古簡集』から刊本に収録され、以後それを踏襲したための誤謬である。また花押影ながら影写本でみる限り「善通寺文書」細川頼春寄進状(『香川県史　八』所収)の花押と一致したので、証判者は同人と認められるので、細川頼春の同時期における阿波、讃岐両国の国人を指揮下にした淡路、播磨への軍事活動が確認される。

(24)「小早川家証文」建武二年十二月二日逸見有朝着到状。
(25)『岡山県史　中世編』。
(26)「伊和神社文書」延元元年三月二十七日新田義貞禁制写。
(27)『萩藩閥閲録』延元元年四月二十三日御神本兼宗軍忠状。

第二章　篠村軍議と室津軍議

南北朝動乱の初期において、幕府成立に最も重要な時期は、建武三年と考えられ、幕府の諸機関はこの年に設置をみている。(1)この事実は、内乱当初よりの足利方の軍事的優勢が確保されたことによるが、この優勢の要因となった成立期幕府軍事体制の特徴に、建武三年二月の九州落去の途次に決定された室津軍議に示される一門守護・大将重用策が指摘されている。(2)そこで、この任用にあたっての室津軍議および、それに先行する九州落去決定以前に行われた篠村軍議等によると推定される諸将の畿内周辺配置とその意味を考えてみたい。建武三年中に幕府機構を構成する重要な諸機関が速やかに設置することが可能となったのは、同年六月の九州よりの京都再上洛が成功した事実に基づいている。この軍事的勝利は九州での勢力結集の成果ももちろんではあるが、態勢再編に必要な時間を確保するという重要な役割を果たした中国・四国地域における足利方の処置が奏功した結果でもあると思われる。すなわち、足利尊氏の九州下向と再上洛については、その地理的関係から京都と九州の中間地域である中国・四国の制圧確保が絶対的に必要であり、室津軍議の目的はまさにその点にあったことは明らかである。そしてこの時、室津軍議以前の軍議策定によると思われる、九州よりの再上洛までの畿内近国域の宮方追撃阻止と、同地域確保の任にあたった足利方諸将の畿内残留が確認されるのである。

足利尊氏の九州落去にあたっては、沿路に影響力を期待された大内、厚東、朝山などの、非足利氏系外様守護の軍事指揮権を制限しながらも起用し、(3)一門守護・大将を派遣して併置し、同地域の確保に努める方針が決定された。この時採用された守護・大将併用という体制は、尊氏の九州落去という頽勢を挽回するため、足利一門を中核としつつも鎌倉以来の旧族守護の協力を要請した結果をも示していると評価される。(4)また成立期幕府軍事指揮権の特質についてみると、足利一門諸将の起用に際しては、従来の一国別の軍事指揮官という守護の権限を越えるものが認められ、一方、同地域における在来外様守護の軍事指揮権が制限されていたことを指摘した。そして、外様守護の存在がやむを得ぬ地域には、足利一門を国大将として派遣し、また一門を守護として任用した際にもやはり軍事指揮権に優越性が認められる。これらの足利一門は、従来守護に優越する権限を付与されて内乱のごく当初からの軍勢催促状の発出や、本来将軍の専権事項である感状の発給および各種行賞権を行使しており、これらの権限は同地域の外様守護には認められないことに注目しなくてはならない。

このような軍事指揮権にみられる外様と一門の守護・大将の権限の相違は、臨時の措置であった室津軍議までに最終的に決定し、一般外様守護に優越する一門の軍事指揮権は、将軍分身としての地位に相応しいものと位置づけられる。

本章では、尊氏の九州落去から再上洛までの時期に限り、中国・四国への大将派遣を定めた室津軍議に先行する軍議によってすでに従来守護に優越する権限を付与されて、畿内・近国に分置された足利一門諸将の存在とその意味を明らかにしたい。

建武三年、足利尊氏の九州西走後、畿内・近国には、軍議によって策定されたと思われる足利方諸将の残留が確認される。ここではその時期を建武三年二月の尊氏畿内退去から同年五月二十五日湊川合戦までとして、畿内および近国における足利方諸将の活動ないし存在の事例を上げてみよう。

建武三年五月の今川頼貞証判広峰昌俊軍忠状[5]には、「今年三月、大将軍当国周遍寺仁御座之時、付御著到致軍功畢、其後御越但馬国之間、昌俊者楯籠于広峰山之城……同四月四日著于但州同五月三日牧田河原合戦仁不惜一命致忠、同五月六日於丹波国佐治山致軍労、又同十六日但州気比城合戦……」とある。これによれば、播磨国人広峰氏は尊氏九州落去中には、足利一門今川頼貞に着到状を提出して播磨国の本拠に籠城し、同時に今川頼貞は、同年三月の時点で播磨国加西郡周遍寺付近に所在し、四月以降広峰昌俊等を率いて但馬、丹波などに転戦している。このことは、暦応三年五月二十日、越中国人院林了法の軍忠状への証判の実否を問う幕府執事高師直奉書に答えて提出された同二十七日の今川頼貞請文にも、「……院林了法軍忠事、去建武三年四月十四日丹波国夜久野合戦以来……」と述べていることからも確実である。したがってまず播磨・越中等の国人を指揮下にして但馬・丹波に行動した今川頼貞の存在が確認できる。

次にやはり足利一門の岩松頼有であるが、彼は建武二年十一月、中先代乱後、鎌倉にいた足利尊氏・直義追討のために下向してきた新田軍を、三河国矢作に迎撃しているものの、その後筑前多々良浜合戦にはその名を見出せない。しかしその間の動向については、近江国御家人小佐治右衛門三郎基氏が、足利方の京都再上洛後の同年六月、岩松頼有に提出して証判を得た軍忠状によって知ることができる。関係部分を抄出すると、「近江国御家人小佐治右衛門三郎基氏申軍忠事、右賜大将足利岩松殿御教書、構油日嵩龍山寺城郭、奉入大将軍相催一族等、日夜致警護……」とある。これによると、岩松頼有の軍勢催促状を受けた小佐治基氏は、近江国甲賀郡油日岳龍山寺に城郭を構え、頼有を迎えて一族等とともに籠城した。そして尊氏の九州よりの東上再上洛に伴い、これに呼応して入京しようとする岩松頼有に、なお留まって城の守備をするよう命ぜられている。小佐治基氏がその軍忠状の中で、「右賜大将足利岩松殿御教書」と表現する「御教書」は、他の通例に鑑みて軍勢催促状に相違なく、岩松頼有は、従来では内乱当初足利尊氏・直義に限定されていたと考えられていた軍勢催促状の発給権限を彼の守護管国以外である近江国人に対して行使していたことが確認し得る。つまり岩松頼宥は当時近江国守護正員ではないので、今川頼貞同様、特定国に限定されない軍事指揮者としての国大将的立場で、軍勢催促を行った事実が明らかとなる。

この場合、岩松頼宥の近江残留は、その時期から考えて、室津の軍議による指令とは考えられず、北畠顕家の奥州勢に挟撃され足利方の敗勢が決定的になり、山内首藤通継などが討死した建武三年正月三十日前後に洛中を東へ離脱して、近江国内の山城に立て籠ったと思われるが、このことは、室津軍議以前の戦局の帰趨が明らかになってきた段階で、すでにある程度の頽勢挽回のための軍議策定がなされたことを示唆している。そこで九州落去の決定に至る事情について考えてみよう。

建武四年八月に野本朝行子息鶴寿丸によって、提出された軍忠状[13]によれば、当時足利方に加わっていた野本朝行はこの間の事情を次のように述べている。

（前略）一、同二月一日、朝行自丹波国志野村至播磨国兵庫、将軍御共仕、同十日、摂津国西宮合戦之時、属左馬頭殿御手、進于御前令登山、致軍忠畢、其子細、大高伊予守被見知畢、一、同十一日、摂津国手嶋河原合戦之時、於河原被取御宿陣之処、俄兵庫江御帰之間、其夜被召具御共畢、一、同十二日、左馬頭殿、自兵庫摩耶城御発向之間、御共仕之処、皆以可有打死之由、被相触之間、存其旨之処、亦俄被召御船之刻、夜陰之間、朝行不存知之、不御共仕之条、失本意畢、且雖相似不忠之至、西国居住一族等、猶以如此、朝行当所不知案内上、御敵已近付来之間、失為方而無力交入京都、同卅日、逃下京都之処、於三河国、為野伏等欲落命事及度々畢、且其子細、高五郎兵衛門尉、高美作太郎等、委細所被存知也、其後被向遠江国井原城之間、追落御敵之後申暇、関東江令下向畢（以下略）

以上のごとく野本朝行は、二月十一日手嶋河原合戦後の同十二日に至って、足利直義が率いる兵庫摩耶城から発向する軍勢中にいたが急遽発向中止となった上、尊氏、直義等が夜陰に出船西下したので、仕方なく追撃してきた新田勢に降り帰洛した模様である。その後京都を離脱して、高師兼、同師秋とともに遠江国井原城付近で宮方と交戦している。(14)野本朝行の場合は本人提出の軍忠状に述べる以上の事情から、所定の指令による残留とは言い難いが、いったん兵庫摩耶城から出戦しようとした直義が、「皆以可有討死之由、被相触之間、……」と士気を鼓舞しながら、関東から従ってきた野本等にも告げずにわかに没落した事情からもその混乱切迫した状況が看取できる。しかしながら、この兵庫島まで追撃して来る新田勢に対し、指揮者を失って取り残された足利方武士の多くが降伏して帰京したことは周知のことであるが、高師兼、師秋はすでに鎌倉での中先代乱以来足利直義に従っており、また高一族と足利氏との関係から推察しても、尊氏、直義等が幕僚的位置にあったと思しき師兼、師秋等高氏一族にも知らせず退去したとは考えられない。したがって師秋等は、洛中における戦闘のいずれかの段階で指令を受け東下し、脱落して関東へ逃げ帰る足利方敗兵をも糾合して東海地方で軍事行動を行ったと考える方が自然である。(15)この東海地方では、四月以降、新田義氏が足利方に対する掃討戦を展開し、吉良宮内少輔四郎と仁木および細川氏庶流と見られる仁木義高・同子息義長および細川頼種等は、四月二十日三河国吉良庄において宮方に抗戦し、尊氏京都奪回後に至っても、六月八日、九日八幡、二十八日本野原などで戦闘を継続した結果、(16)仁木義高、細川頼種は戦死している。(17)

また畿内近国に残留したわけではないが、建武三年初頭の京都攻防戦に敗れた後、佐竹氏本宗家では、貞義の子息師義が尊氏に従って京都に赴き、同じく義篤・義春は東国に帰還して常陸で活動したとされる。(18)また後述するように安芸国守護武田信武も畿内に残留した模様である。

紀伊国では、「熊野速玉神社文書」に徴すると建武三年二月二十一日に、熊野山新宮神官等に伊勢国一市郡内御山戸を、同じく熊野山新宮衆徒等に伊予国西条荘を宛行う下文両通を石塔義慶（義房）が発給している。[19]文書の性格からは、発給者が同地に所在した確証とはしがたく、他の傍証とすべき史料で再確認できないが、当該期の他の例、細川顕氏・和氏および桃井義盛等の通例から、[20]発給の日付をみるとやはり九州落去の以前、いずれかの段階で発遣されて紀伊国に所在し、熊野衆徒等を招致していたと判断し得る。

『梅松論』により備前国に発遣されたとされる石橋和義は、[21]足利尊氏再上洛までの間、当時の備前守護人であったと推定される赤松則村とともに同国内を行動していた事実を示す徴証がある。[22]

また建武三年四月二十一日阿波国国人漆原三郎五郎兼有は、同二十日播磨国大蔵谷にあった淡路国司高倉少将等の軍勢と交戦した旨の軍忠を申請、細川頼之証判を受けている。[23]これは白旗城攻防戦のおりからこの攻囲に参加あるいは支援の高倉少将の軍勢と、これを牽制して阻止しようとする四国足利方の軍勢の小競り合いであって、尊氏再上洛の湊川合戦以前にも四国足利勢が淡路を通過して播磨に上陸して合戦したことが判明する。したがって、建武三年五月末の尊氏再上洛までの間、後醍醐側の尊氏討伐実施を牽制する実効をあげえたのは、わずかに、近国では今川頼貞の丹波・但馬、西国では、赤松・石橋を中心とする播磨・備前の足利方の行動と、これを支援する細川頼春の率いる四国勢であった。

それではこのような畿内周辺の諸将配置の方針決定がいつなされたのか、という問題については、足利方の敗勢が決定的になった建武三年正月三十日の戦闘の直後と考えるのが最も蓋然性が高い。

この日の戦況について『梅松論』は次のようにいう。[24]「……雌雄両年に及ぶ間弓折れ矢つき。また馬疲人気をうしなひし故に御方の戦破て。其日の夕に丹波の篠村に御陣を召る……」。また同日の状況を記す『太平記』の記述には、「去月（正月）晦日逆徒都ヲ落シカバ……」、「……将軍ハ其日（一月三十日）丹波ノ篠村ヲ通リ……」とあり、いずれも足利軍が洛中の合戦で敗退して丹波篠村に退却したことを伝えている。また先の野本鶴寿丸軍忠状の建武三年二月一日条には「同二月一日、朝行自丹波国志野村、至播磨国兵庫、将軍御共仕……」とあって二月一日には丹波篠村を兵庫にむかって移動したことが判明するので前日の同地所在は確実である。

室津軍議の重要性はいうまでもなく、その後の戦局挽回に多大の影響をもたらしたという結果のみならず幕府守護、大将制度の基本方針を示したことにある。しかしながら後に示すように室津軍議で決定されたのは、九州落去を前提にして、退路にあたる後方地域での敵方追撃の防御を第一義とした中国・四国地方への大将の発遣のみであることに注意しなくてはならない。一方では前述のように室津軍議にその名を見ない多くの足利方諸将が、畿内近国はじめ遠く関東に至る東海地域で、尊氏再上洛までの期間の足利方国人の糾合および宮方の九州征討軍派遣阻止に活動していたことが知られる。

このような活動の前提となるような、室津軍議以前に頽勢挽回のためある程度長期的な見通しに立った、一門を召集して行われるような軍議の開かれたのは、すでに述べたように、この正月三十日の篠村であったものとみられる。その間の事情について文書史料では軍議にふれるものは管見に入らないが、記録類では「其日の夕に丹波の篠村に御陣を召る。翌る建武三年二月朔日猶都に責入べき其沙汰有といへども退て功をなすは武略の道なりとて、細川の人々赤松以下西国の輩を案内者として申されけるは。先御陣を摂津国兵庫の嶋にうつされて。諸国の御方に志を同して同時に都に責入べしとて」と篠村での軍議が行われたことを『梅松論』は伝えている。ここでは洛中の合戦で敗退して篠村に再結集した足利方の中には翌日二月一日にただちに洛中進攻を主張する意見のあった一方、とりあえずいったん兵庫島まで退却し、人馬の給養を行い諸国の味方と共同して、同時に京都を包囲攻撃する作戦が採用された経過が記されている。そして赤松円心の摩耶要害籠城の意見が提出、撤回されるなどの曲折を経て、西宮・瀬川両合戦での敗北により早急な京都奪回の不能が感得された模様であるが、この時点で未だ九州落去は念頭になかったことが確実である。したがって京都周辺諸将の配置を決定した建武三年一月三十日の篠村軍議は、尊氏九州落去を前提として策定されたものではなく、篠村から兵庫へ移動してその後まもなく包囲の態勢を整えてすぐにも実施しようとした京都奪回のための措置であったと判断される。しかし十日・十一日の打出浜、瀬川合戦の敗北から九州落去がにわかに決定実行されると、結果として畿内・近国に発遣ないし配置を指示されていた足利方諸将は、あるいは近江の岩松頼有や、次に述べる所在不明の武田信武のように籠城して逼塞状態に陥るものや、今川頼貞以下の諸将のようにある程度の軍事活動を行うにたる兵力の集結に成功した大将もでる結果となったのである。

次に、建武二年十二月二日以来安芸国守護正員としての徴証がある武田信武の行動を見てみよう。(25)武田信武は、足利尊氏の建武政権離反の意思が明らかになった建武二年末頃には在国していたらしく、ただちに足利方として安芸国内に軍勢催促を行い、着到を受理し、(26)同年十二月二十三日以降同国内宮方の熊谷蓮覚等をその居城矢野城に攻囲している。(27)この後安芸国人等を率いて上洛した武田信武は、翌建武三年正月十三日御瀬、十六日粟田口、法勝寺、十七日西坂本、十九日八幡と転戦している。(28)しかしその後の動勢は判然としない。佐藤進一氏は「足利尊氏九州落去の後も防戦の為に畿内にとどまった」とし、『広島県史　中世編』(29)でも、足利尊氏九州下向後も八幡山に楯籠り畿内を転戦したとの同様の見解を叙述する。

一方でこの時武田信武は、八幡山から落去し、兵庫に脱出したとする説および、同じく武田信武の安芸国落去を伝える後年の甲斐武田氏の記事も見出されるので、同人の行動の跡をおってみよう。まず足利尊氏等の九州落去とともに武田信武も八幡から退去したとする所説から検討する。藤田氏は『新田氏研究』第五章第五節に武田信武八幡落去について次のように記す。(30)「これより先、武田信武、西坂本楠軍の警備を捨てゝ西の方八幡に走り、その後謀を兵庫の元凶に通づ……北畠・楠木の諸軍、力を合わせて八幡城を包囲し、攻撃最も劇し。賊兵多く遁れ去り、武将波多野某の如きは、力窮まって自刃せんとする屢〻、七日信武等と僅かに身を以て兵庫に脱するを得たり。……」。これを見ると建武三年二月七日の武田信武の八幡落去の史料的根拠は、「武将波多野某」の行動を記した軍忠状にあると思われる。これを史料に徴すると、写しであるが、同年二月二十五日の日付を持つ波多野景氏軍忠状があるので次に示す。(31)

波多野彦八郎景氏申、今年正月十二日、属于御手京著仕、同十三日、馳向供御瀬、同十六日、山僧以下凶徒等令下洛之間、自当所致後縮、馳出法勝寺前、致至極軍忠、追登山上訖、同十七、八両日、発向西坂本、同十九馳籠八幡城、迄于同二月七日致忠畢、爰彼合戦最中、将軍家御下向兵庫島之間、御敵等得理天寄来、取囲彼城之間、雖欲馳参御坐当島、敢以不叶所存之間、唯於当所可討死仕旨存之、已被趣于自害之庭事度々也、而不慮雖存命仕、倩案忠勤浅深、是併等于討死功者哉、然者奉捨大将、落失軍勢多之、所詮早任事実、可給御証判候、恐惶謹言、

建武三年二月廿五日　　藤原景氏状

進上　御奉行所

承候了（武田信武）在判

この軍忠状によると、足利尊氏が兵庫に移動したことで、正月十九日以来八幡在陣中の武田信武等は、敵の包囲を受けて指揮下の武士多数の脱落があった模様で、波多野景氏は二月七日まで同所に止まり、防戦に努めたと述べているが、「雖欲馳参御坐当島……」と表現し、本文書提出の二月二十五日には景氏自身兵庫にいることを前提として記述されている。証判者は写しであるので不明だが、同日付の兵庫助信武の感状写が波多野彦八郎宛てに発給されているので、(32)従来やはり武田信武に比定されている。しかし二月二十五日に、兵庫島において波多野が武田に軍忠状を記述、提出するということはきわめて不自然であり、ありえないと思われる。『梅松論』によると尊氏等は、十二日に

兵庫島を出帆して室津に落ちており、『太平記』古写本の一本は新田義貞の京都凱旋を十三日として、[33]一万余人の足利方降人を伴っていたと伝えている。したがって二十五日になお兵庫島に武田等が残留し軍忠状を受理する状況にはなかったと推定される。また本文書の証判者を、武田信武とする根拠となる書下様式の感状は、やはり写しである上に、証判型式の複合文書ではないのに表に「一見状」と追記するのは、当該期の文書と比較して異例の表現であり、文言にも疑いなしとしない。

次に、やはり武田信武の畿内退去を伝えるもう一つの史料は、『天正玄公仏事法語』[34]の記事である。以下関係部分を抄出する。「信光公第六世孫信武在尊氏将軍幕下、建武初洛中逆虜蜂起、公隔淀河一道水布陣於城南男山、不是淮陰侯、嚢沙背水英略也哉、数戦兵尽、纔従七騎、常得勝利、時謂之七騎武者也、将軍且退息浜於関西筑之前州、公亦去芸州居之、亡何将軍再起義兵入洛、公将三軍発芸州亦応焉……」。この記事については、成立が建武年間から二百数十年を経過する上に、武田氏の祖先顕彰の意図が明白であるという疑いに伴う史料的価値の低さを否定できないが、それをあくまで一般的疑いにとどめたにせよ、信武の畿内退去の行方が安芸本国であると述べる点に問題があると思われる。そこで検討のために、尊氏九州下向中の建武三年二月から再上洛の同年六月までに武田信武の守護国であった安芸国および軍事指揮下にくみこまれた隣国備後国内に関連して発給された足利方の文書を通覧してみると以下の通りである。

建武三年

	日付	文書名	宛所	出典	備考
1	二月十六日	足利尊氏軍勢催促状	阿曽沼二郎	阿曽沼文書	
2	二月十六日	足利直義軍勢催促状	阿曽沼二郎	阿曽沼文書	

3	二月十九日	足利尊氏軍勢催促状	長井縫殿彦寿丸	田総家文書	検討の要あり
4	二月十九日	足利尊氏書下写	朝山次郎左衛門尉	朝山系図勘記	
5	二月二十五日	波多野景氏軍忠状写	武田信武証判	黄薇古簡集巻一	検討の要あり
6	二月二十五日	武田信武感状写	波多野景氏	黄薇古簡集巻一	検討の要あり
7	二月二十八日	足利尊氏書下写	阿曽沼二郎	萩藩閥閲録三五	
8	三月四日	今川顕氏・貞国連署奉書	大田弥五郎	備後浄土寺文書	
9	三月四日	今川顕氏・貞国連署奉書	椙原淡路守	備後浄土寺文書	
10	三月六日	大田貞冬請文	御奉行所	備後浄土寺文書	
11	三月七日	椙原泰綱請文	御奉行所	備後浄土寺文書	
12	三月八日	平賀共兼着到状	高師泰証判	平賀家文書	
13	三月八日	桃井義盛下文	吉川経久	吉川家文書	
14	三月八日	桃井義盛下文案	三戸頼顕	毛利家文書	
15	三月八日	桃井義盛下文案	三戸頼顕	毛利家文書	
16	三月八日	桃井義盛下文案	熊谷直経	熊谷家文書	
17	三月八日	桃井義盛下文案	内藤泰廉	内藤家文書	
18	三月九日	桃井義盛軍勢催促状	周防親家	吉川家文書	
19	三月二十三日	足利尊氏軍勢催促状	長田内藤二郎	内藤家文書	
20	三月二十四日	桃井義盛軍勢催促状	吉川辰熊丸	吉川家文書	

21	三月二十八日	三戸頼顕軍忠状写	桃井義盛証判	毛利家文書
22	三月三十日	足利直義軍勢催促状	吉川辰熊丸	吉川家文書
23	四月二日	桃井義盛軍勢催促状案	三戸頼顕	毛利家文書
24	四月二日	周防親重軍忠状	桃井義盛証判	吉川家文書
25	四月六日	足利尊氏感状写	杉原信平	備後福山志料
26	五月一日	足利尊氏寄進状	厳島神社	厳島神社文書御判物帖
27	五月二日	高師直施行状案	厳島神社	厳島神社文書巻子本
28	五月二日	波多野景氏等着到状写	証判者不明	黄薇古簡集巻一
29	五月六日	三戸頼顕軍忠状案	武田信武	毛利家文書
30	五月六日	三戸頼顕軍忠状案	武田信武	毛利家文書
31	五月七日	周防親家軍忠状	武田信武	吉川家文書
32	五月七日	周防親家軍忠状	武田信武	吉川家文書
33	五月七日	逸見有朝軍忠状写	武田信武	小早川家証文
34	五月十日	吉川経朝軍忠状	武田信武	吉川家文書
35	五月十日	逸見有朝軍忠状写	武田信武	小早川家証文
36	五月十四日	足利直義御教書	朝山次郎左衛門尉	鈴鹿太郎氏所蔵朝山家文書
37	五月二十日	足利尊氏下文写	杉原信平	備後福山志料
38	六月十一日	足利尊氏軍勢催促状写	津口・山内一族	山内首藤家文書

これらの文書を通覧して明らかなように、尊氏九州落去から再上洛までの期間中における安芸・備後両国では、武田信武の発給文書ないし証判を有する文書は全く管見に触れず、いずれも疑いのある建武三年二月二十五日の波多野景氏軍忠状の証判と、同日発給とする感状を最後に、同年五月六日三戸頼顕軍忠状に証判を与えるまでの発給文書はないようである。この五月六日三戸頼顕軍忠状を見ると、同日付で別内容の軍忠状もう一通を提出している。一通は建武二年十二月の安芸国内における熊谷氏の矢野城攻撃について申請するものであり、もう一通はその後の上洛しての建武三年正月十三日から十九日八幡籠城守備にいたるまでの洛中洛外での戦闘について上申する。その前者軍忠状の内容は、安芸に帰国していた三戸頼顕が三月二十八日、同国内に派遣されていた桃井義盛にすでに申請しているが、前年の安芸国内で行われた武田信武指揮下の矢野城合戦の上申であり、この事実は、三月二十八日頃に、武田信武が安芸国内にいないことを意味している。すなわちこれが現在すでに残存しない武田信武へ再提出済みの即時型軍忠状(35)を基にしたより上級権限を有する足利一門大将の桃井義盛への軍忠申請であるなら、その後まったく同内容の五月六日軍忠状の武田信武への重複提出を行う必然性はないからである。またこの間浄土寺因島地頭職について、浄土寺雑掌の申請により三月四日今川顕氏・貞国連署施行状が、椙原泰綱・大田貞冬の二名を両使としてその沙汰付を命じているのをはじめ、吉川経久等の安芸国人に対する預置も桃井義盛の下文型式の預ヶ状によって発給されている。また安芸国内の軍勢催促も桃井の催促状が三月九日周防親家、四月二日三戸頼顕に宛てて出され、また同日、周防親家は「自最前馳参御方、於所々致軍忠候了、以此旨可有御披露候、恐惶謹言」というはなはだ漠然とした具体的軍忠内容の記載を欠く軍忠状を提出し、やはり桃井が証判を加えている。一方、足利尊氏再上洛前後から、武田信武の軍勢大将としての活動徴証が復活し、先の五月六日三戸頼顕軍忠状への証判をはじめ、以下安芸国人の軍忠証判はほとんど再び武田信武が行っている。代わって桃井義盛は、洛中合戦たけなわの七月一日小早川氏平軍忠状の証判者としてのみあらわれるが、(36)安芸国人の軍事指揮権は、ほぼ完全に武田の掌握下に復した模様である。これらの事実から、建武二年十二月から翌年二月までおよび尊氏再上洛前後以降に、安芸国人の安芸・京都での合戦の唯一の指揮者と認められる武田信武が、尊氏再上洛までの間のみ、安芸国内でなんらの活動徴証を見ないことと考え合わせると、安芸不在と断定せざるを得ない。一方、『広島県史　中世編』で同人の畿内残留を主張するものの、証拠として列挙する軍忠状を子細に検討するとほとんどが、二月七日までの八幡籠城攻防戦以後の軍忠を申請していない。しかしこの中で建武三年六月二十五日尼智阿熊谷有直後家代朝倉仏阿軍忠状(37)によると安芸国内の前年からの軍忠を列挙する典型的な長文日記体の最後項目に、「令発向八幡而、至大将御上洛之日、抽軍忠……」とあり、足利直義の袖花押が与えられている。したがって、朝倉仏阿は、足利直義等が再上洛してくるまで畿内に残留したものと思われる。また同じく「永和二年五月書之」の奥書を持つ毛利元春自筆事書案に、(38)「建武二年冬、将軍家於関東御一統就御中違海道御進発之刻、……於京都正月十六日合戦以後、度度数忠節畢、武田信武者籠八幡山、将軍御下向之刻桃井兵部大輔末修理亮殿中時芸州為大将御留之間、属彼御手可忠節之由……」とあることからも、その事実が推知しうる。しかし畿内に残留したと思しき少数の国人の軍忠状にも、二月七日以降尊氏再上洛までの畿内戦域での、具体的行動ないし戦功について申告しているもののないことは、畿内残留が所定の軍議策定によるものだったとしても、足利尊氏の九州落去により脱落帰国する国人が相次いだ結果、有効な軍事行動の実施が不可能となって逼塞状態で潜伏していたのが実情と判断される。このことは、近江国甲賀山中に城郭を構えて再上洛まで潜伏状態に陥った岩松頼有の場合も同様であったと思われる。再上洛後の武田信武は、少なくとも七月十五日までには京都より下国し、備後国人山内、長谷部、三善大田氏等を率いて同国内宮方との抗戦の指揮を執っていることが確認される。

すなわち、備後国内を戦闘地域とした建武三年七月十八日の日付を持つ武田信武証判の山内観西軍忠状写(39)が存するが、同文書は、同年十月十日長谷部信仲、(40)十月十一日大田佐賀寿丸代官藤原光盛提出の両見知証人請文(41)によると、同七月十七日夜半の合戦における戦功を申請した即時型軍忠状であることが明らかとなる。したがって本文書正文に証判を与え得る武田信武は、その戦闘地域たる備後国にいて直接指揮にあたっていたことは間違いない。さて、すでに述べたように、これ以前の五月までの間安芸国内においては、前掲文書群に確認できるように、桃井義盛が三月八日に吉川経久に宛てて同国内吉茂庄内池田村三分一地頭職を勲功賞として預け置く旨の下文を与えたのを始めとして三戸、熊谷、内藤等の各氏に同様の下文を発給して国人掌握に努める一方、在国の大将として軍勢催促も行っている。これらの活動は室津軍議の決定にしたがって足利尊氏から与えられた将軍分身としての行賞権限行使であることはいうまでもない。室津軍議直後の二月十五日、足利尊氏は、小早川氏に「属桃井修理亮」して軍忠すべき旨の軍勢催促状を下し、(42)安芸での大将として桃井義盛を指定している。細川一族の四国発遣の場合、同じく将軍分身としての行賞権の委任による権限行使は、細川顕氏・細川和氏連署奉書の下知状によって、国人等の掌握、統率が計られており次に例示する二通に見られるように、若干の相違がある。

細川和氏・細川顕氏連署奉書(43)

阿波国勝浦庄公文職肆分壹事、為勲功之賞所被宛行也、守先例可致沙汰者、依将軍家仰、下知如件、

建武三年二月十五日

兵部少輔（花押）

阿　波　守（花押）

漆原三郎五郎殿

桃井義盛下文

可早令領知安芸国吉茂庄内池田村三分一地頭職事、

右以人、依有忠、所預置也、任先例、可令領掌之状如件、

建武三年三月八日　修理亮（花押）

下　吉川彦二郎経久

同じ室津軍議発遣による大将であるにもかかわらず発給文書の書式にこのような相違が見られることは、いかなる理由によるものであろうか。当該期における将軍行賞権の代行に用いられた文書の型式にさして大きな機能的差異が想定されていたとは思えないが、これについて若干の検討を行ってみよう。桃井・細川両氏はいずれも足利一門にその出自を有するものの、一門内の家格はどちらが上位に位置するか判断できず、むしろ双方ともに高いほうではないので、(44)この点からの考慮は除外すると、派遣された場所の地域的状況を重視せざるを得ない。第一に、まず四国内においての軍勢大将としては、細川一族に匹敵するような守護級有力武将は伊予国河野氏以外は見出せないこと。(45)第二に、現実にこの時細川一族が足利方軍勢を組織した地域は阿波・讃岐が中心であって、(46)この両国は、前代以来北条氏との関係が深かった地域であり建武政権下において反乱が継続し、足利一門たる細川氏の派遣により速やかに軍事的掌握が可能であったことを考慮しなくてはならない。以上の点については細川一門の四国派遣の主要因としても、すでに指摘されている。(47)一方、安芸国においては、武田信武が守護正員として存在し、準一門守護として隣国備後に対してもその軍事指揮権を行使しうる国大将的性格を具備しており、武田が畿内に残留したとはいっても、代わりに急遽派遣された国大将たる桃井義盛が、安芸国内で足利尊氏上洛までという限られた時間に国人掌握の実効をあげるためにはより以上の権限を示す必要があったのではあるまいか。以上が桃井および細川の国大将としての権限行使の上で発給文書の書式の相違となったおもな理由と推測される。『梅松論』の伝える室津軍議においては、他に足利一門

の名門斯波高経の長門国派遣が決定されたと記すが、この決定が実行された徴証は全くない(48)。おそらく菊池氏による少弐氏の有智山城攻略などの情報によって、兵力の分散を回避して、足利尊氏と行動をともにしたものと判断して誤りないであろう。

ここで以上を概括して、足利尊氏が、建武三年初頭の京都攻防戦に敗れ、二月十二日兵庫島を船で西走してから、同年六月に京都再占領に至る期間における、畿内・近国および中国・四国地方における足利方諸将と地域をまとめてみよう。

A　室津軍議策定による派遣大将（『梅松論』(49)）［＊は足利一門・根本被官出身大将］

＊細川和氏・＊顕氏	四国
「守護」赤松則村	播磨
＊石橋和義・「守護」松田盛朝	備前（実際の備前守護は赤松則村）
＊今川顕氏・＊貞国	備後（守護朝山景連は軍事指揮徴証なし）
＊桃井義盛・小早川	安芸（守護武田信武は畿内残留）
大島義政・「守護」大内長弘	周防
＊斯波高経・「守護」厚東武実	長門

B　篠村軍議策定による派遣大将(50)

＊岩松頼有	近江
＊今川頼貞	丹後・但馬
＊仁木頼章	丹波

武田信武　　山城・摂津
＊＊高師兼・師秋　　遠江
＊吉良貞経　　三河
＊石塔義慶（義房）　　紀伊

これらは、尊氏の九州落去中に、当該地域において何らかの活動徴証が確認し得る諸将と、所伝の存する足利一門および被官の発遣諸将である。すなわちA群の室津軍議の決定にみられる発遣は、尊氏の九州落去を前提にして策定された結果、京都から九州までの沿路にあたる中間地域の中国・四国に集中し、備前以西の各国すべてが守護・大将併置制である。これに対して、室津軍議以前に決定された篠村軍議策定の結果としてのB群の諸将の配置は、A群の諸将配置地域に比較して、畿内周辺に存在している。これは、室津以前の諸将派遣が、比較的短期的展望のもとに、早期の京都奪還を前提に実施されたことによるものであることを明瞭に示しているのである。

以上検討してきたように、建武三年足利尊氏の九州落去中には、室津軍議による中国・四国地域のみならず、篠村軍議等の室津軍議に先行する軍議決定によって派遣された畿内・近国周辺地域の足利一門諸将の活動ないし存在が確認できた。その活動域と配下国人の本貫地等から判断すると、九州落去を前提に策定された室津軍議以前に分遣された一門諸将にも、室津軍議による一門諸将同様の広域的で、国大将的な軍事指揮権が付与されていたことが明確となってくる。

すなわち室津軍議以前にも、ただちに京都を奪回するため少なくとも篠村において軍議が行われており、一門諸将が畿内周辺に派遣された事実が確認されたが、室津軍議以前の軍議策定による諸将は、当初の即時京都奪還を目的とした包囲網形成のための分遣であり、結果として尊氏九州落去中の後醍醐側に対する牽制勢力として存在することとなった。そしてこれらの軍議では、室津軍議で採用したような明確な大将・守護併置策は確認できないものの、広域的軍事活動を行う大将という共通性を確認できる。そしてこれらの建武三年正月末から二月初めに行われた軍議を意義づけるならば、室津軍議以前の軍議で畿内・近国に、室津軍議で中国・四国地方に足利氏一門諸将を配置した結果となり、それが最終的な足利氏の京都奪還を可能にした体制であったと結論できよう。

註

（1）佐藤進一氏「室町幕府開創期の官制体系」『中世の法と国家』東京大学出版会、一九六〇年。
（2）小川信氏『足利一門守護発展史の研究』序論二、吉川弘文館、一九八〇年、『岩波講座日本歴史中世二』所収「南北朝内乱」、一九七五年。
（3）拙稿「南北朝初期の守護権限の一考察」『古文書研究』二七。
（4）備後守護・朝山景連については、『広島県史　中世編』Ⅲ「南北朝と室町政権」参照、長門守護・厚東武実については、『長門国守護職次第』。周防守護大内長弘については、『京大本梅松論』よりそれぞれ建武政権下における守護であった可能性が高いと判断されている。佐藤進一氏『室町幕府守護制度の研究』下の各国の項もまたそれらの意見を踏襲する。
（5）今川氏は、吉良長氏の子国氏を祖とする足利一門で、頼貞は、『尊卑分脉』によれば今川範国の庶兄頼基（頼国）の子。
（6）「広峰文書　乾」所収。
（7）「三宝院文書」。
（8）同「三宝院文書」。「広峰文書」建武五年四月三日付今川頼貞証文にも広峰昌俊軍忠について「建武三年三月以来……」とあって、広峰昌俊が、今川頼貞に従って丹波等を転戦した事実は明らかである。
（9）岩松氏は、足利義兼の長子義純と新田義兼の女との間の子時兼を祖とする。内乱中終始足利氏と行動を共にしていることからも、『尊卑分脉』では同氏を畠山の支族とし、室町時代には足利一門と認識されていたといわれる。岩松頼有には、岩松頼有と別人であるとの説もあるが（石野弥栄氏「南北朝期の河野氏と九州」『栃木史学』四）、活動徴証の残る時期からは別人であると断定し得るほどの時期的差は認められず、ほとんど同時期に同族内で同音名の二人が存在したとは考えにくい。同一人の花押の相違は、当該期にまま認められるが、官途の変化や出家等の多用な理由により行われたと思われ、別人説の決定的根拠とは認めにくく、この場合同一人の改名と考えるのが自然ではないだろうか。

(10) 奥富敬之氏『室町幕府守護職家辞典』上、岩松家の岩松直国の項、一九七頁。

(11) 「小佐治文書」亭佐治基氏軍忠状。

(12) 滋賀県甲賀郡甲賀町油日。

(13) 「熊谷家文書」。

(14) 足利義氏の長子長氏を祖とする嫡流と、長氏の嫡子満氏の猶子経氏を始祖とする一流がある。宮内少輔四郎は後者の経氏の孫、貞経に比定される。また群書類従本「高階氏系図」によれば、五郎兵衛尉は師兼、美作太郎は師秋に各々比定される。

(15) 『古文書集』三、越後高田榊原式部太夫家旧蔵、建武三年九月仁木義長軍忠状。

仁木孫太郎入道義高討死之時、子息弥二郎義長軍忠之事

右亡父義高、今年四月八日、御敵新田左馬助已下乱入于参河国候間、属大手大将軍宮内少輔四郎殿御手、至同廿日於吉良荘致合戦、於御前追落御敵畢、同凶徒等於同国八幡取陣候間、六月八日令発向彼陣、同九月抽上極軍忠、同追落御敵畢、同廿八日、於本野原抽合戦忠候条子細同前、新田左頭助以下御敵如令没落三河国之後、落下遠州候間、同九月十三日、自篠原合戦、迄于引間天竜川合戦、抽軍忠之処、於天竜川端亡父義高令討死畢、此等子細毎度被成御覧候者、可賜御判候哉、恐惶謹言、

(16) 仁木・細川両氏は、足利義兼の庶兄義清の孫実国・義季を各々祖とする足利一門末流。

(17) 『尊卑分脉』(脇坂本・前田家本・内閣本)には、「清和源氏　頼種　七郎五郎、法名崇興、為左近太夫義久子、建武三・六・廿、於三河国吉良合戦討死」とある。正確には、宗義子で義久養子であり先の『古文書集』仁木義長軍忠状に徴すると、吉良合戦での戦死は建武三年四月二十日であったと判断されるので、『尊卑分脉』の六月とする注記は誤りである。

(18) 『太平記』巻十六(南都本・北条家本・今川家本他多くの古写本同じ)。

(19) 石塔氏は、足利義氏の子頼茂を祖と伝えるが、『尊卑分脉』では実は、孫で子に擬すと注記している。

(20) 桃井氏は、足利義兼の孫で祖父義兼の継子となった義胤を祖とする。

（21）足利泰氏の長子家氏を祖とする一門中の上位で、和義は家氏の曾孫。

（22）「備前安養寺文書」建武三年三月安養寺衆徒等申状および同寺年欠の関連申状の両通により、三石城籠城以前の石橋和義が、赤松則村と同行し備前安養寺および児島付近に所在した事実が確認し得る。また従来不明であった、建武三年当時の備前守護職が赤松入道（赤松則村）であったことも判明する。

（23）『黄薇古簡集』巻六、漆原兼有軍忠状。
本文書は、従来『大日本史料』六―三、『阿波国徴古雑抄』および『南北朝遺文　中国・四国編』に所収されていたが、それらは、「浅原」となっていた。しかし前掲「染谷文書」建武三年二月十五日細川和氏・顕氏連署奉書などとの関連から三郎五郎は実名兼有であり、阿波国勝浦庄および富吉庄西方地頭職を保有していたのは漆原氏であったことが明らかである。また本文書の証判は、花押影であるが、『香川県史　八』所収『善通寺文書』細川頼春寄進状の花押と一致した。したがって建武三年の当該期に飯尾および漆原などの阿波国人を指揮していたのは細川頼春であった事実が判明する。

（24）『梅松論』諸本の研究については、小川信氏「『梅松論』諸本の研究」（『日本史籍論集』下巻所収、吉川弘文館、一九六九年）に詳細な研究がなされているが、ここではそれに従い、古写本の中でも史料的価値の高い京都大学史学研究室蔵本、いわゆる京大本を中心にして、群書類従本も参考にした。
建武三年正月二十七日および三十日の合戦において、『太平記』の諸本では、巻十五「正月廿七日合戦事」として楠正成の計略により足利方が大打撃を被った経過が記述されており、『梅松論』でも、上杉武庫禅門・三浦因幡守貞連・二階堂下総入道行全・曽我太郎左衛門入道が、さらに三十日に二階堂行周が戦死したと記し、いずれも足利方の大敗北の事実を伝えている。文書史料でも「山内首藤文書」建武四年三月山内通継子息土用鶴丸通知代官時吉申状に亡父通継の軍忠を記した上で、「……去年正月三十日、京都御合戦時於三条河原令討死了……」とあって山内通継の討死も知られる。

（25）「小早川家証文」建武二年十二月二日逸見有朝着到状に証判したものが上限であるが守護との表現を文中文言に含む関連文書は、「吉川家文書」建武三年三月吉川辰熊丸申状「……去年十二月二日、当国守護武田兵庫助、奉揚　将軍家御旗、……」とあってすでに建武二年十二月二日には安芸国守護であったことが判明している。また、武田氏は足利一門ではないが、源義家を遠祖とする同族源氏であることが意識されていたと思われる。

（26）「吉川家文書」建武二年十二月七日吉川師平着到状他。

(27)「吉川家文書」建武三年五月七日周防親家軍忠状、同建武三年三月吉川辰熊丸代須藤景成申状案他。
(28)「吉川家文書」建武三年五月七日周防親家軍忠状他。
(29) 佐藤進一氏「南北朝の動乱」中央公論『日本の歴史』および、『広島県史　中世編』Ⅲ「南北朝と室町政権」二六六頁。
(30) 藤田精一氏『新田氏研究』五章五節八六頁。
(31)『黄薇古簡集』巻一。
(32)『黄薇古簡集』巻一。
(33)『西源院本』。他の古写本はさらに早く八日とするが、「真乗院文書」延元元年三月日の和田助康軍忠状によると、豊島河原（瀬川）合戦は、二月中・十一日両日に行ったとしている。また足利方の記録では、『萩藩閥閲録』建武三年二月周布兼宗軍忠状では同十日、「入江文書」建武三年八月田原直貞軍忠状でも十一日になお各々西宮および打出周辺で交戦している事実が確認される。したがって『太平記』の八日とする古写本は誤りであろうが、遅くとも足利尊氏等が、十二日に兵庫を落去したとする『梅松論』の所伝は動かし難い。
(34)『甲斐国史料集成』八、所収。
(35) 拙稿「軍忠状に関する若干の考察」『日本古文書学論集7　中世Ⅲ』所収。
(36) これは、足利一門を一方証判者とする一括申請型の同一軍忠状の二重証判制度を示すものとも判断できる。拙稿「南北朝初期における幕府軍事制度の基礎的考察」『小川信先生古稀記念論集　日本中世政治社会の研究』所収。
(37)「熊谷家文書」。
(38)「毛利家文書」。
(39)「山内首藤家文書」。
(40) 同「山内首藤家文書」。
(41) 同「山内首藤家文書」。
(42)「小早川家証文」。
(43)「下総染谷文書」。当該期の細川和氏・顕氏連署奉書には、掲出文書の他に、①「秋山家文書」建武三年二月十五日秋山孫四郎宛連署奉書写、②『後鑑』所収「予州松山旧記」建武三年四月十五日菅生寺衆徒宛連署奉書写、③「菅生文書」建武三

年五月十五日村岡藤三郎入道跡宛連署奉書写等が確認されている。また漆原三郎五郎および秋山孫四郎宛の奉書は、漆原氏が上野国漆原の地を本貫として阿波国富吉庄を有する阿波国人であり、秋山氏が讃岐国人であることと、両通が同日発給である事実から、室津から四国へ向から船中か、四国到着後まもなく発給されていることは確実である。

(44) 小川信氏『足利一門守護発展史の研究』序論、吉川弘文館、一九八〇年。

(45) 伊予国河野氏は、当該期において、足利一門の細川皇海が同国に発遣された際にも国内国人に対する軍勢催促権を留保されている事実が認められる。拙稿「南北朝初期に置ける守護権限の一考察」『古文書研究』一七。

(46) 讃岐国は、宝治元年六月以降幕府滅亡に至るまで、北条家に守護職が相伝されている。佐藤進一氏『鎌倉幕府守護制度の研究』同国の項。

(47) 前註(44)前掲書第一編第一章四三頁。

(48) この中で大島義政・斯波高経は、派遣されたとされる長門・周防両国内において全く活動の徴証を見ず、すでに言及したように九州に尊氏と行動を共にしたと推定される。大島氏は新田一門であるが、内乱初期から足利方に与同し、義政の子義高は、後に三河守護(延文五年~応安六年)に補任されている。

(49) この他畿内・近国ではないが三浦高継が美作国に大将として派遣されたとする説(田辺久子氏『室町幕府守護職家辞典』下、新人物往来社、一九八八年、三浦家の項)があるが、根拠となる「紀伊三浦家文書」建武三年四月二十七日足利尊氏軍勢催促状は、検討の要ある文書とされており、可能性はきわめて高いと思われるが、後考に俟ちたい。

(50) 短期的な京都奪回の包囲のための諸大将であるから室津軍議のような一門出身大将と外様守護の組み合わせは見られない。

あとがき

本書は序文に紹介した九本の論文をもとに構成されているので、所収論文の原題と初出掲載を本書掲載順に以下に掲げる。

第一部　南北朝期の軍事関係文書

第一章　軍忠状の機能と型式

「軍忠状に関する若干の考察」『古文書研究』第二一号、一九八三年

第二章　軍忠認定における着到状の意味

「着到状の基礎的考察」『史学』第五四巻第二・三号、一九八五年

第三章　守護挙状の機能と特徴

「南北朝初期における挙状に関する基礎的考察」『史学』第六六巻第二号、一九九七年

第四章　挙状成立と戦功認定

「挙状の成立について」『史学』第六七巻第一号、一九九七年

第二部　足利一門の軍事指揮権

第一章　軍勢催促状と守護

「南北朝初期における守護権限の一考察」『古文書研究』第二七号、一九八七年
第二章　守護発給感状からみた足利一門
「南北朝初期における守護発給感状に関する一考察」『古文書研究』第三八号、一九九四年
第三章　足利一門関係文書
「南北朝初期における幕府軍事制度の基礎的考察」小川信先生の古稀記念論集を刊行する会編『小川信先生古稀記念論集　日本中世政治社会の研究』続群書類従完成会刊、一九九一年
第三部　室津軍議と守護制度
第一章　室津軍議と備前守護
「建武三年における備前守護に関する一考察」『史学』第六五巻第一・二号、一九九五年
第二章　篠村軍議と室津軍議
「成立期室町幕府軍事制度の一考察」『山脇学園短期大学紀要』第二八号、一九九〇年

第一部第一章の「軍忠状の機能と型式」は、もともとは卒業論文の一部で、それに加筆修正して『古文書研究』に発表し、さらに修士論文として慶應義塾大学に提出したものである。この間、慶應義塾大学の高橋正彦先生と同図書館貴重書室の白石克先生の御厚意により、慶應義塾大学所蔵の重要文化財「相良家文書」の閲覧を許され、必要に応じて見ることができた。「相良家文書」には南北朝期の軍事関係文書が比較的多く残されており、良質な中世文書を手に取って子細に見る機会を与えられたことは非常に幸運であった。論文中にとくに「相良家文書」を多用しているわけではないが、南北朝期の軍事関係文書に関心を持ち続けているのは、「相良家文書」のおかげである。さらに他

で中世文書を拝見する機会があるたびに、それらの文書と比較する自分のなかでの基準文書になっていることは大きな財産であると思っている。第二章「軍忠認定における着到状の意味」も、軍忠状を見ていく過程で、軍忠状の文中に頻出する「着到」文言の意味の多様なことから、軍忠状とは別に考察して三田史学会の『史学』に掲載を許されたものである。この二論文は、学部の時に早稲田大学の瀬野精一郎先生の授業を二年間受講させていただいたことが大きく影響している。瀬野先生は、当時『南北朝遺文』九州編の編纂に多忙を極めておられたが、慶應義塾大学に出講してくださり、授業で朗々と「深堀家文書」を訓読されたことが印象的で、史料読解の手ほどきを受けた私の恩師の一人である。

第三・四章は本書の構成上第一部に入れたが、近年の論考なので、第二部で中心的に扱った足利一門守護・大将の軍事権限の優越性を前提にした論考となっている。大学院では大学交流の交換単位の規程のおかげで、瀬野先生のゼミに出席させていただき、また慶應義塾大学の大先輩である峰岸純夫先生に二年間教えを受けることができたことは望外の幸せであった。峰岸先生は、古文書を読むとは三つの意味があると教えられた。その三つとは、何と書いてあるか文字をただ読むというのが一つ、次はその文書の歴史的背景を知るということであり、最後にその古文書から問題提起をして論文がかけるということが研究者にとって最も大事な古文書を読むという意味であるということであった。なんと書いてあるかも満足に読むことができなかった私にはこの教えは、前途の厳しさを知らせてくれると同時に方向性を与えてくれた忘れがたいお話であった。さらに博士課程の時には、指導教授の高橋先生にお願いして、『足利一門守護発展史の研究』を発表されて間もない小川信先生に出講していただくことができて、三年ものあいだほぼ個人授業に等しい形でご指導を受けることができた。この小川先生の研究成果として足利一門の大量起用という基本構造から、その権限が外様出身守護に優越するのではないかという周辺の細目を扱った結果が第二部である。

この第二部では、南北朝初期の軍事関係文書の機能や発給状況からみて、室町幕府守護制度の成立期においては、従来説かれているような将軍のもとでの対等な画一的権限を保有していたのではなく、足利一門出身守護には外様守護に優越する軍事権限が与えられていたことを明らかにする論考を収めた。第三章では、このような成立期幕府軍事体制の基本的特質を論じているが、すでに発表掲載された当時の書評などで指摘されているように、全国的、網羅的な研究ではないので単純に一般化することは躊躇される。地域的には、鎌倉府管轄の関東や信濃国などは同門の後輩というよりは学友の松本一夫氏によって、より精密実証的な研究が進められており、全国規模での具体的な解明も近いものと思われ、本書がその端緒となれば幸いである。

第三部には室津軍議に関する論考を収め、室津軍議の意義や、建武三年中に足利尊氏が京都を奪回確保することができた全体状況を、九州落去の際の篠村・室津両軍議の処置が奏効したものであることを述べた。

本書収録の各論考に見るように、いままでの研究の対象は、観応擾乱以前の南北朝初期という時期に限定されている。それはおもに私の怠惰と不勉強のせいであるが、擾乱以後の守護権限の変化を明らかにするためには、内乱期に成立した幕府の初期の守護制度を軍事指揮権という観点から自分なりに徹底しておきたいとの思いも若干はあったからである。なお預置や恩賞給付などの手続きや関連文書が残されているので、これらを検討して後、擾乱以後の同様な考察が今後の大きな課題であることはいうまでもない。

本書収録の各論考は、執筆の時期や目的が異なっているだけでなく、本書収録にあたって必要最小限の若干の字句の修正のみにとどめたため、ほぼ発表掲載されたままの形である。したがって註などの付け方など若干重複する部分もあることをお許し願いたい。

最後になったが、学生のときからお世話になっている古文書学会会長の中尾堯先生と研究活動に深い理解を示して下さった山脇学園短期大学の山脇馨学長にも感謝したい。また本書出版にあたり吉川弘文館の大岩由明氏と山脇短大講師の生駒哲朗氏に大変お世話になった。

本書は、父母の恩や高名な先生方の学恩に報いるにはあまりにも貧弱な内容ではあるが、多くの恩を受けた方々に感謝の意をこめ、私の今後の研究のためのステップにしたいと思う。

一九九八年三月

漆原徹

中世軍忠状とその世界（オンデマンド版）

Digital Publishing

2019年9月1日　発行

著　者　漆原《うるしはら》　徹《とおる》

発行者　吉川道郎

発行所　株式会社 吉川弘文館

〒113-0033　東京都文京区本郷7丁目2番8号

TEL　03(3813)9151(代表)

URL　http://www.yoshikawa-k.co.jp/

印刷・製本　株式会社　デジタルパブリッシングサービス

URL　http://www.d-pub.co.jp/

漆原　徹（1954～）

ISBN978-4-642-72763-1

著者略歴
一九五四年　東京都生まれ
一九八六年　慶應義塾大学大学院文学研究科史学専攻博士課程単位取得修了
現　在　山脇学園短期大学教授

〔主要論文〕
「軍忠状に関する若干の考察」(『古文書研究』二一号、一九八三年)
「南北朝初期における幕府軍事制度の基礎的考察」(小川信先生古稀記念論集『日本中世政治社会の研究』続群書類従完成会、一九九一年)
「南北朝初期における挙状の基礎的考察」(『史学』第六六巻第二号、一九九七年)

中世軍忠状とその世界

平成十年七月一日　第一刷発行

著　者　漆《うるし》原《はら》徹《とおる》

発行者　吉川圭三

発行所　株式会社　吉川弘文館
郵便番号　一一三―〇〇三三
東京都文京区本郷七丁目二番八号
電話〇三―三八一三―九一五一〈代〉
振替口座〇〇一〇〇―五―二四四番

印刷＝亜細亜印刷・製本＝石毛製本

索　　引

あ

い

う

え

お

か

さ

し

す

せ

そ

た

ち

つ

て

と

な

に

ね

の

は

ひ